qinghai quyu jingji

青海区域经济

主　编/杨自沿

副主编/那小红　王照侠

合肥工业大学出版社

图书在版编目(CIP)数据

青海区域经济/杨自沿主编．—合肥：合肥工业大学出版社，2017．4
ISBN 978－7－5650－3339－1

Ⅰ．①青…　Ⅱ．①杨…　Ⅲ．①区域经济发展—研究—青海
Ⅳ．①F127．44

中国版本图书馆 CIP 数据核字(2017)第 088688 号

青海区域经济

杨自沿　主编　　　　责任编辑　张　慧

出　版	合肥工业大学出版社	版　次	2017 年 4 月第 1 版
地　址	合肥市屯溪路 193 号	印　次	2017 年 6 月第 1 次印刷
邮　编	230009	开　本	710 毫米×1010 毫米　1/16
电　话	人文编辑部：0551－62903205	印　张	17
	市场营销部：0551－62903198	字　数	308 千字
网　址	www. hfutpress. com. cn	印　刷	合肥现代印务有限公司
E-mail	hfutpress@163. com	发　行	全国新华书店

ISBN 978－7－5650－3339－1　　　　定价：36．00 元

引　言

区域经济是国民经济的基本组成部分。党的十八大报告明确提出，继续实施区域发展总体战略，充分发挥各地区比较优势，是全面建成小康社会的重大任务。青海省有着悠久的人文历史、独特的民族风情、辽阔的地域空间和复杂的自然环境，孕育了丰富的自然资源、民族文化资源，这为发展民族特色经济创造了有利的条件。随着西部大开发战略的逐步落实，青海经济与社会发展取得了巨大的成绩。但我们应该清醒地看到，相比于中东部地区，青海区域经济欠发达且发展差距大。在全面建设小康社会的攻坚阶段，青海省委认真贯彻习总书记提出的“四个扎扎实实”重大要求，科学谋划全局，抓住青海发展这一最突出短板，提出快速发展区域经济的重大战略，是治青理政的固本之基，意义深远。

国家对区域经济发展的重视，既给青海提供了机遇，也提出了挑战。了解青海经济发展历史、认识青海经济发展现状、振兴青海经济发展步伐，激发对青海这一片故土的热爱之情，是每一个青海儿女的渴望，也是每一个青海儿女的使命。青海广播电视大学适时地开展地方特色课程资源的研究，建设并开设“青海区域经济”这门课程，是符合现实需要的，必将对推进青海区域发展产生积极作用。由于前人针对青海区域经济的研究还不系统，青海本土更没有可供借鉴、直接利用的地方性教材，因而本教材的编写是一个创新的过程。在教材编写过程中，编写组力争做到能够达到一定的层次和深度，向学生全面展示青海区域经济发展的概况、特点和发展趋势等，以期为青海省培养出大批既懂区域经济学基础理论知识，又能够从事区域经济相关管理和服务工作的实用型人才，满足青海区域经济发展实践对应用型人才的需求。

本书所选用的资料、数据大部分来源于2016年青海有关正式统计资料，突出展现了“十二五”以来青海区域经济各方面的发展状况，能使学生了解到青海经济的最新发展情况。教材中对青海区域的工业经济、特色优势产业、城镇化、商贸物流、金融业、精准扶贫等主要方面的历史演变过程及发展现状等都做了系统详细的梳理和解说。本教材内容丰富，数据翔实、语言简练，力求将青海的区域经济发展情况全面地介绍给学生，能够让学生从学习中得到一些关于青海区域经济的直观印象和启示。

经济是社会发展的重要支撑。研究青海区域经济发展问题，不仅可以提高青海省的经济效率，而且对于民族团结具有非常积极的意义。希望青海有更多有关区域经济研究的教材问世。我们有理由相信，经过全省人民一个时期的不懈奋斗，青海的区域经济建设必将迎来崭新的局面。

编　者

2017 年 2 月

目　　录

第一章　区域经济基本概念（上）

【学习目标】

1. 重点掌握区域的概念，经济区域的概念、分类，区域经济的概念和特征

2. 掌握产业结构的概念、产业结构的配置

3. 了解区位理论、区域生态文明

第一节　经济区域

一、区域

1. 区域和地区

区域指地球表面一定的地域空间，它是地区的泛称。

地区是指特定的区域①。

2. 区域特征

（1）整体性

区域的整体性是指区域内具有较一致的某种特征，这种一致性往往是由区域内部单元的联系所构成的。

（2）结构性

区域的结构性主要体现在以下方面：

第一，层次性，比如城镇体系就是一种典型的层次结构，中心城市下控制次级城市，次级城市下控制小城镇，小城镇下控制农村。

第二，自组织性，主要表现为区域的竞争与集聚等方面。

① 金元欢，王建宇等：《区域经济学》，浙江大学出版社，2001。

第三，稳定性，主要表现在区域的客观性及地域上的不变性，若区域是不稳定的，那么区域的整体是难以体现的。

(3) 可度量性

区域的可度量性是指区域是在地理上具有一定的边界的，而这个边界是可以定位和可测量的。

(4) 开放性

区域的开放性是指区域是一个开放型的耗散结构系统，大小系统是相互配合的，系统内外进行大量的人、财、物等的交换。

3. 区域分类

区域按照其内部的特性，可以分成以下几类：

(1) 自然区域

其是以自然地理因素和环境划分而形成的区域，如水文区、土壤区、气候区、地貌区等。

(2) 经济区域

其是指经济上密切相关的某一空间范围，一般而言，经济区域包括经济中心、经济腹地和经济网络等要素。

(3) 文化区域

其是基于某种文化现象如语言、宗教等方面对区域的划分，如闽南语地区、回族聚居地等。

二、经济区域

1. 经济区域概念

经济区域是指人类经济活动与时空条件有机结合而形成的相对完整的地理空间，是人类运用科学技术、工程措施等对自然环境进行利用、改造和建设过程中形成的特定的生产领域综合体，是由生产、流通、分配等环节构成的区域。

2. 经济区域分类

按照划分标准不同，经济区域可以分为各种类型。

(1) 形态特征

经济区域可分为均质区和极化区。

均质区即某一经济区域，其区域内各经济变量一致性最大。如东、中、西三大经济带，老、少、边、穷地区等，它们的内部结构均一，要素分布均衡。

极化区即某一经济区域，其区域内包括一个或多个在经济发展中起决定作用的集聚点，即区域增长点或增长极。

（2）物质内容

按照物质内容划分，经济区域可分为工业经济区、农业经济区、铁路沿线经济区、公路沿线经济区、流域经济区、旅游经济区等。

经济区域与其他区域的一个主要区别是其具有自身特定的三大构成要素：经济中心、经济腹地和经济网络，无论什么类型的经济区域，这三个要素都缺一不可。

第二节　经济区、经济区划

一、经济区

1. 经济区的概念

经济区是一国政府组织国民经济活动重要的地域单元，是指以劳动地域分工为基础客观形成的，不同层次、各具特色的经济地域，即经济区是生产力发展的产物。经济地域与一般的地理区域是有区别的。

2. 经济区的特点

（1）匀质性或者同类型

匀质性或者同类型即区域内的自然资源、自然条件、社会经济条件类似，经济发展水平和所处的阶段大致相同，经济发展方向一致等。

（2）经济联系和经济结构合理

即区域内各主要经济主体间生产联系合理，交通运输便捷，信息渠道和商品流通通畅等。

（3）经济管理上的合理性

即便于区域产业的布局以及便于区域规划、经济发展计划和政策的制定。

二、经济区划

1. 经济区划的概念

经济区划是依据社会劳动地域分工规律和区域划分原则，根据特定时期国民经济发展的目标、任务和客观存在的不同水平，本着发挥区域比较优势、扩大区域市场和加强地区经济联系的思路，对全国进行的战略性区域划分。

2. 经济区划分类

（1）单一功能区划：如农业区划、工业区划、旅游区划、商业区划等。

（2）综合性区划，可以分为两类：①流域区划：以分水岭为界的区划，将某一个流域划分为一个经济区，主要是结合流域治理来协调流域内的经济发展，如我国的长江经济区。②综合经济区：即综合考虑区域内经济发展的方向、战略重点、产业结构及其与全国的相互关系，从总体布局的角度来划分经济的经济区域。

一般而言，经济区划是以综合性经济区最为常见。

3. 经济区划划分的依据[①]

经济区划划分是一项复杂的系统工程，涉及自然、技术、经济和社会等各个方面。一般而言经济区域划分要考虑以下几个方面的因素：

（1）自然条件

自然条件主要包括地理位置、地质、气候、水文、生物、土壤等自然条件的状况。自然条件完全相同的地区是不存在的。由于自然条件的差异，在不同地区发展同一种生产，投入等量的劳动，产出则大不相同，经济效益也有明显差异。

（2）经济条件

经济条件主要包括地区经济发展历史、现有产业结构特点及未来发展方向。具体应该考虑以下几个方面：①国民经济全面发展与充分发挥地区优势相结合；②地区经济专业化与综合防治相结合；③地区发展现状与远景规划相结合；④充分发挥经济中心的作用。划分经济区划时要考虑其本身的经济中心，无经济中心，谈不上经济区。

（3）生活条件

各地区文化、教育、科学、技术水平的差异直接反映着当地的劳动资源素质，影响着地区劳动生产率及产业的布局。此外，划分经济区时还要考虑民族自治区的适当完整性及有利于经济发达地区对少数民族地区的支援。

（4）照顾行政区划的完整性

我国行政区除行使行政管理职能外，同时兼有经济管理和组织的职能。因此，在划分经济区时，要适当照顾行政区划的完整性。

---

① 张金锁，康凯：《区域经济学》，天津大学出版社，1998，100-102 页。

第三节　区位理论

一、区位

1. 区位的概念

区域经济研究中认为区位有绝对区位和相对区位之分，如经纬度、具体的地理位置、空间几何位置等就是绝对区位。由各种地理因素与人类各种活动之间相互联系、相互作用而产生的相对位置就是相对区位。

所谓的区位即为某一主体或事物所占据的场所，具体可标识为一定的空间坐标。

区位的概念一般包含三个方面的内容：即区位单位、区位因素和区位决策。

（1）区位单位是指布局在某一区位上的某一社会经济统一体，它是区域经济的布局主体。例如在研究工业区位时，某一工业整体就可以视为一个区位单位，某个工厂也可以视为一个区位单位。

（2）区位因素是指区位单位在进行布局时的外部约束因素。由于各区位上区位因素的差异，区位差异才会产生。

（3）区位决策是指区位决策单位对区位进行选择的过程。

2. 区位的主要理论

（1）农业区位理论

农业区位理论是德国经济学家杜能最早提出的，根据杜能的观点，他是假设一个“孤立国”，并对“孤立国”的存在条件做出了一系列的假设。在“孤立国”中，第一圈层为紧接城市的自由农业区；第二圈层是林业区；第三圈层是轮作农业区；第四圈层是谷草农作区；第五圈层是三圃制农作区；第六圈层是牧业区。这些圈层以城市为中心，构成了一个同心圆。杜能通过这个同心圆说明农业收益与运输距离的关系是距离越近收益越大，反之则收益越小。因而，农民所选择种植的作物经营种类与距离密切相关。杜能的理论回答了如何合理布局使农业生产节约成本并获得最大利润的问题。

（2）工业区位理论

工业区位理论是德国的经济学家韦伯最先提出的，他认为，首先工业区位的选择取决于生产成本的大小，任何一个理想的工业区都应该选择生产成本最低的地点，因为要做到生产成本最低就必须要尽量减少运费，而运费又取决于运输距离和原料的具体特性。其次是劳动成本对运费定位的影响，韦伯认为，在某一个具有廉价劳动力而且劳动力供应充裕的地方，劳动力成本也会对区位选择产生影响。也就是说，企业从运费最低点迁到这个地方，如果增加的运费能够小于它所节约的劳动力费用，就应该离开运费最低点，转移到这个有廉价劳动力的地方。再次是集聚效应对运费和劳动力定向的区位的再次影响，由于生产规模扩大而形成的经济利益，能够使企业获得更多的经济利益，而且各个企业还能通过共同使用社会公共设施、原材料、零部件、中间产品等获得额外利益，这种集聚效应则会改变已经定位的工业区位。韦伯的工业区位理论，确立了最小费用的区位原则，对工业企业布局具有实际指导意义。

（3）“中心地”理论

“中心地”理论最早是由德国地理学家克里斯·泰勒提出的，他认为，一个经济区域必须有自己的核心，这些核心就是若干大小不同的城镇，它们位于服务区的中央，因而被称为“中心地”；城镇能够为其周围的居民和单位提供多种服务，服务存在服务半径和市场区形状的问题；对于独立的“中心地”来说，其总体费用最小而服务范围最大的服务区应该是圆形的。这种研究是以完全竞争为前提的。

二、影响区位选择的主要因素

1. 自然因素

自然因素包括自然环境和自然资源，它们直接影响着农业的区位选择。在各种自然条件中，降水、气温、日照等决定农业生产布局，土地质量的优劣直接影响农作物的产出水平，甚至有些地方不宜进行农业生产。比如在建立企业时，工厂要建在环境较好的地方，要求自然资源能够供给充足。至于城市建设对自然环境的要求也是越来越高。总之，自然条件是影响产业布局的一个重要因素。

2. 土地

土地主要是通过其自身的特性以及所处的经济区位而产生影响。土地以两种基本形式参与经济活动：一是作为劳动对象，农业生产活动离不开土地，土地的自然属性起着决定作用；二是作为活动的空间，如工业、交通以及城市建设用地等，这些土地利用形态是起着决定性作用的。建厂不仅要求有地势平坦、面积较大的土地，还要求土地价格相对低廉。

3. 原材料

原材料在区域经济活动中十分重要。原材料因素有其可运性、可替代性的特点，通过运费大小和在产品成本中的构成以及其价值等对区位产生影响。如今，工业原材料的组织空间已经扩大到全球范围，围绕工业企业建立了一系列的供应商园区等，工业经济活动已经不像以前那样被动地依附于原材料产地。

4. 能源

作为各种经济活动发展的重要物质基础，能源对于产业发展极为重要。能源作为产业活动的影响因素，不仅表现在能源供给上，还反映在产业经营成本、效率以及对环境的影响上。

5. 劳动力

劳动力在质和量上都存在着差异，劳动力的空间分布及其移动费用往往导致劳动力成本上的差异。因此，劳动力是劳动密集型生产活动区位的重要影响因素之一，劳动密集型产业其劳动成本会对区位选择产生主要影响；相反，那些非劳动密集型产业受劳动力成本的影响就会比较小。一般而言，人口密集的地区特别是大城市地区，有着多种多样的熟练劳动力，它们在利用劳动力时要比小城市或者农村更有利。

第四节　区域经济

一、区域经济

1. 区域经济的概念

区域经济是以不同等级的地域单元为基础，在充分发挥本区域优势的基础上建立起来的具有区域特色的地域性经济，是某一特定区域内经济、社会活动及其相互关系的总和①。

2. 区域经济的特征

（1）地域性

地域性即一国的经济发展不论是产业还是部门、城镇，都会落实到一定的区域，并受该区域内的自然条件、社会经济条件的巨大影响。地域性是区域经济最基本、最显著的特征。

（2）中观性

区域经济是一种介于宏观经济（国民经济）和微观经济（企业经济）间的中观性经济。

---

① 孙翠兰：《区域经济与新时期空间经济发展战略》，中国经济出版社，2006。

（3）差异性

不同的区域在诸如地理位置、自然条件、自然资源、社会经济条件等方面不尽相同，这也是区域经济发展不平衡的一个重要决定因素。

（4）开放性

区域经济的开放性体现在充分承认并利用不同区域所具有的各种经济要素及程度上的差异，以开放式的态度注重区域间的经济往来。

区域经济赖以存在的客观基础：一是自然禀赋的差异性；二是经济活动的不完全可分性；三是空间距离的不可灭性。

二、区域经济差异性

1. 区域差异概念

区域差异是指区域与区域之间在经济发展中存在的差别。区域差异在区域经济中是客观存在的。

2. 区域差异的类型

区域差异在区域经济发展中是客观存在的，一般来说区域差异有三种类型：条件差异、位势差异和趋势差异①。

（1）条件差异

条件差异是指区域内的地理位置、自然条件和历史基础方面的差异。研究区域经济，划分经济区，必须正确认识区域之间存在的自然差异。

（2）位势差异

位势差异是指区域之间经济发展水平的现实差异。它包含了两层含义，一是绝对的位势优势，这是指区域之间经济发展的总量差别，比如国民生产总值、国民收入等；二是相对的位势优势，这是指区域之间经济技术水平的单位平均差别，比如人均国民生产总值、人均国民收入等。

（3）趋势差异

趋势差异是指区域之间发展趋势的差异，或者是表示区域经济发展方向的差异。

在这三种差异之间，自然差异是区域差异的基础，它对位势差异和趋势差异的形成及其差异程度起着直接的决定作用。同样，位势差异作为一种现实的区域差异，对趋势差异的形成也有很大的影响。

---

① 王飞：《区域经济学》，山西人民出版社，2006。

第五节　区域产业与区域产业结构配置

一、区域产业

1. 产业分类

产业分类就是根据产业的某些相同或者相似特征将全部经济活动分成不同的集合①。本节将介绍几种比较重要的产业分类法。

（1）两大部类分类法

该分类法把社会总产品从实物形态上按其最终使用方向划分为生产资料的部类和生活资料的部类，并相应把生产这些产品的部门也划分为两大类，即生产生产资料的部类和生产社会资料的部类。这种产业分类法是产业结构理论的基本理论基础，但从实际应用来看比较困难②。

（2）农轻重分类法

该分类法把社会生产划分为农业、轻工业和重工业三大部门。农业包括种植业、畜牧业、渔业和林业；轻工业包括纺织、食品、制革、皮毛、家具、造纸、印刷等产业；重工业包括燃料、冶金（如钢铁）、煤炭、石油、化工等产业。

（3）三次产业分类法

该分类法是把全部经济活动划分为第一次产业、第二次产业和第三次产业。第一次产业包括：种植业、畜牧业、林业和狩猎业等；第二次产业包括：采矿业、制造业、建筑业、煤气、电力、供水等工业部门；第三次产业包括：商业、金融及保险业、运输业、公务和其他。可以这样认为，第一次产业是广义的农业，第二次产业是广义的工业，第三次产业是广义的服务业。

（4）标准产业分类法

该分类法是为统一国民经济管理的统计口径而由联合国于 1971 年制定和颁布的一种产业分类法。此法是把全部经济活动分为十个大项，每一个大项下面分成若干个中项，每个中项下面又分为若干个小项，最后又将小项分解为若干个细项。

其中十个大项是：

① 种植业、狩猎业、林业和渔业；

---

① 丁生喜：《区域经济学》，青海人民出版社，2012。

② 丁生喜：《区域经济学》，青海人民出版社，2012。

② 矿业和采石业；
③ 制造业；
④ 电力、煤气、供水业；
⑤ 建筑业；
⑥ 批发与零售；
⑦ 运输业、仓储业和邮电业；
⑧ 金融业、房地产业、保险业及商业性服务业；
⑨ 社会团体、社会及个人的服务；
⑩ 不能分类的其他活动。

中国制定的国家标准《国民经济行业分类与代码》（GB/T 4759-94）也采用《国际标准产业分类》在1988年第三次修订版的分类标准。

（5）功能分类法

这种分类法是根据各个产业在区域产业系统中的地位、作用和功能，将区域的全部产业划分为主导产业、关联产业、基础产业、潜导产业。功能分类法由于能够体现区域劳动地域分工的要求，能够体现区域各产业的地位和作用以及相互联系的密切程度，它是最近几十年以来我国学者经常运用的方法。

主导产业是指在区域经济发展过程中，各个产业在区域产业系统中的地位、作用、功能是不同的，其中有一个或几个处于主要的支配地位，这就是主导产业。

关联产业是指直接配合和围绕主导产业发展起来的产业，它在投入产出或工艺、技术上与主导产业的联系最直接也最密切，可以说是为主导产业的建设发展而存在的。

基础产业是指除主导产业及其关联产业之外的其他产业部门都可以称为基础产业，它是主导产业及其关联产业的基础。

潜导产业是指在当时并不重要，作用还不很大，但是发展潜力比较大，或者是代表将来产业发展方向，前景比较好，可以在较短时间内上升为主导产业的产业。潜导产业存在于关联产业和基础产业之中，并非独立其外。

产业功能分类法是一个极为重要的分类方法，在区域经济及其产业结构研究中被经常利用。

2. *产业结构的概念*

在经济领域，产业结构的概念始于20世纪40年代。最初时其概念还不够规范，“产业结构”既可以解释为某个产业内部企业间的关系，也可以解释为各个产业之间的关系结构。[①] 随着对产业经济研究的不断深入和发展，产业结构的概念逐渐明确下来。产业结构是指在一定地域范围内的各种条件作用下所形成的国民经济第一、二、三产业间的比例关系及其空间组合。它包括部门结构，也包括空间结构[②]。

产业结构是在社会再生产过程中形成的产业之间的生产、技术、经济联系。产业结构是区域经济能否健康发展的重要影响因素之一。

二、区域产业结构配置

产业结构配置的目的是促进产业结构优化或合理化。其本质是围绕主导产业建立起以主导产业为核心、各产业协调配套的区域经济系统。

1. 主导产业的选择

产业结构的确定和选择不能脱离区域经济发展的阶段和水平，同样，主导产业的选择也必须与区域经济发展阶段和水平相适应，这是主导产业选择的前提。

主导产业选择的四个标准[③]如下：

第一，产业的市场潜力。市场需求是促进产业发展的强劲动力，作为产业中的主导产业不仅应该具有巨大的现实市场需求，而且也应有巨大的潜在社会市场需求，并且市场前景看好。

第二，产业的比较优势。主导产业必须是在生产上比较优势较大的产业部门，比较优势小或者比较而言在生产效率上处于劣势的产业部门，不应作为主导产业。

第三，产业规模。作为主导产业，其产业规模必须足够大，只有规模较大的产业部门才能够成为一个区域经济系统的主体和核心，才能承担起一个区域地域分工的任务，能够做出其应有的贡献；规模较小的产业部门由于不具备这些功能，构不成一个区域经济的主导产业。

第四，产业关联度。产业的关联一般包含了两层含义，一个是理论上的关联，即产业之间存在上下游关系，相互之间依赖性强，联系非常密切。例如，纺织业和服装业、钢铁工业和机械工业等。另一个是实际意义上的关联，即具有理论关联的上下游产业在实际生产过程中真正发生关系。例如，油田开采出的石油供应区内石化企业作为原料进行深加工，铁矿石开采出来供应

---

① 宋东水：《产业经济学》，高等教育出版社，2005。

② 王飞：《区域经济学》，山西人民出版社，2006。

③ 郝寿义，安虎森：《区域经济学》，经济科学出版社，1999。

区内钢铁冶炼企业进行冶炼，钢铁又可以供应区内机械加工企业生产各种机械产品等，这样产业的关联就真正得以实现。

主导产业的一个功能是作为区域经济系统的主体和核心，在它本身增长较快的同时也能够带动区域内其他产业的发展。因此就要求主导产业必须与区域内其他产业有较强的关联性。

2. 关联产业的配套

在区域产业结构中，主导产业固然重要，但也不能忽视与主导产业配套的非主导产业，否则会给区域经济发展带来不利的后果。

关联产业包括后向、前向和旁侧关联产业。

（1）后向关联产业

后向关联产业是指为主导产业提供产前服务的产业。它们向主导产业提供原材料、燃料等中间投入以及机器设备、生产工具和修理安装等劳务。

（2）前向关联产业

前向关联产业是指为主导产业提供产后服务的产业。它将主导产业的中间产品进行深度加工，从而提高产品的附加价值，然后进入消费领域。

（3）旁侧关联产业

旁侧关联产业是指为主导产业提高产中服务的产业。比如主导产业、后向关联产业和前向关联产业的发展，将会刺激其他为其服务的经济活动，为了充分利用区域内各种资源，往往要发展一些与主导产业要素密集型互补的产业部门，这就构成区域主导产业的“旁侧关联效应”。

3. 基础产业配套

基础产业按照服务对象和本身性质划分，可以分为生产性基础产业和生活性基础产业及社会性基础产业。

（1）生产性基础产业

生产性基础产业是指为主导产业和关联产业发展本身提供公共服务的部门的总体，比如交通运输、金融商业、邮电通讯、能源供给、物资供应、供水等。

（2）生活性基础产业

生活性基础产业是指为产业职工及其家属提供公共服务的部门的总体，比如住宅及公用设施生活服务、公共事业等。

（3）社会性基础产业

社会性基础产业是指既能为产业发展又能为职工家属提供服务的部门，比如教育、科研、卫生、环保、治安等。

4. 产业结构合理化

（1）产业结构合理化的概念

产业结构合理化主要是指产业与产业之间协调能力的加强和关联水平的提高。产业结构的合理化就是要促进产业结构的动态均衡和产业素质的提高。

（2）产业结构合理化的判断标准

产业结构的合理化通常采用与“标准结构”进行比较的方法。所谓“标准结构”是在大量历史数据的基础上通过实证分析而得到的，它反映了产业结构演变的一般规律。一般是将其作为参照系，与某一被判断的产业结构进行比较，从而检验被判断的产业结构是否“合理”。库兹涅茨的“标准结构”见表 1－1①。

表 1－1　产业的“标准结构”

	1964 年币值的人均国民生产总值的基准水平（美元）								
	<100	100	200	300	400	500	800	1000	>1000
产业部门构成（部门产值占国内生产总值的比例）									
第一产业	52.5	45.2	32.7	26.6	22.8	20.2	15.6	13.8	12.7
制造业	12.5	14.9	21.5	25.1	27.6	29.4	33.1	34.7	37.9
基础设施	5.3	6.1	7.2	7.9	8.5	8.9	9.8	10.2	10.9
服务业	30.0	33.8	38.5	40.3	41.1	41.5	41.6	41.3	38.6
劳动力部门构成									
初级产业	71.2	65.8	55.7	48.9	43.8	39.5	30.33	25.2	15.9
制造业	7.8	9.1	16.4	20.6	23.5	25.8	30.3	32.5	36.8
服务业	21.0	25.1	27.9	30.4	32.7	34.7	39.6	42.3	47.3

资料来源：根据周正华《产业结构优化论》第 38 页的表改编，上海人民出版社 1992 年版

三、区域产业结构的评价②

1. 区域产业结构评价的原则

（1）市场导向原则

产业结构要以市场为导向，市场需要什么产品就应该建立什么样的产业，

① 丁生喜：《区域经济学》，青海人民出版社，2012。

② 王朝良：《宁夏区域经济》，中央广播电视大学出版社，2011。

形成符合市场要求的产业结构。

（2）协调发展原则

选取主导产业、发展关联产业和基础产业，要综合考虑并保持产业结构的协调发展。

（3）因地制宜原则

要根据地区条件和发展能力，制定某一区域的产业政策，避免出现置区域条件于不顾的选择产业，更不可盲目跟风，否则会造成资源浪费和不可弥补的损失。

（4）保护生态原则

新项目在投入时要严格遵循环保要求，已经造成对环境污染和生态破坏的产业必须要进行调整而不能坐视不管。

（5）效益最佳原则

产业结构的调整要以经济效益、生态效益和社会效益为整个考虑的评价要求。

2. 区域产业结构评价的主要内容

根据学者的研究分析①，已经形成的区域产业结构是否合理，可以从以下几个方面做出定性评价：

一是已经形成的产业结构同一定区域的资源结构是否适应，能不能发挥区域的资源优势。

如果已经形成的产业结构中比较多地利用了区域内的相对丰富、价格相对便宜的生产要素，并在市场竞争中处于有利的地位，那么产业结构就是比较合理的，反之就是不合理的，需要调整。

二是已经建成的区域产业系统是否能够承担全国地域分工的主要任务，对全国或者上一区域层次产业结构的优化和协调是否能做出独特的贡献。

如果已经形成的产业体系其发展规模是适度的，能够生产并大量向外运送其产品，对大区域或全国的发展贡献较大，那么可以认为这样的区域产业结构是比较合理的，否则就是不合理的，需要调整。

三是区域内产业之间的关联度是否协调，特别是主导产业与非主导产业之间是否协调。

如果产业之间的主导产业不仅自身发展良好，而且还能带动非主导产业的发展，非主导产业也能很好地支持主导产业的发展，就可以认为这个产业

---

① 郝寿义，安虎森：《区域经济学》，经济科学出版社，1999，第225-230页。

结构是合理的，反之就是不合理的，需要调整。

四是区域产业结构的转换能力和应变能力如何。

区域产业结构是一个永无止境的变化过程，即使从当前看是比较合理的，随着区域内外环境的变化，也会逐步出现不合理的情况，因而需要及时进行调整。这就涉及一个产业结构转换能力的问题，如果区域的产业结构转换能力强，转换速度快，调整起来比较顺利，就可以说该区域的产业结构具有相应的转化和应变能力，反之则表明该区域的产业结构具有的转化和应变能力有待提高。

五是产业结构的结构性效益高低是衡量区域产业结构合理与否的最终标准，也是一个区域经济发展的最终目标。

如果一个区域的经济效益较好，并且是由其产业结构带来的，就可以认为这个区的产业结构是比较合理的，反之就是不合理的，需要调整。

第二章　区域经济基本概念（下）

【学习目标】

1. 重点掌握区域经济增长与区域经济发展理论、区域经济增长与发展的关系

2. 掌握城镇、城镇体系和城镇规模的概念

3. 了解区域经济的研究方法

第一节　城镇、城镇化及城市

一、城镇、城镇体系及城镇规模

1. 城镇概念①

城镇（City）是指有一定数量的非农业人口聚居的、有相当规模工业和服务业聚集的地区，它是区域政治、经济、文化、科技和信息的中心。按照《中华人民共和国城市规划法》，我国的城镇包括城市（City）和镇（Town）；城市又包括直辖市和市。

在我国的历史上，“城”是指一种防御性的构筑物；“市”是指交易的场所；“镇”是指工商业中心，农产品或手工业产品的交易场所。古人云，“镇是一方之首山”，即指一定地域内最高大的“山”，驻有兵马，遂为“镇守”，也是军事防卫的意思，只是保卫的不只是所在的山，还包括周围区域。以后，在兵马所在地出现了大规模的集市，虽然名称仍然称镇，但已是“镇市”，或称“市镇”。因此城镇是由于社会经济的发展、社会分工、非农业经济增长而形成的。

① 李秉毅：《构建和谐城市：现代城镇体系规划理论》，中国建筑工业出版社，2006，第6-7页。

2. 城镇体系的概念与特点

（1）城镇体系的概念

城镇体系是指在一定地域范围内以中心城市为核心，由一组规模不同、特点各异而又相互关联的城镇组成的空间系统①。

（2）城镇体系的特点

一般认为，城镇体系的特点有以下四个方面：

一是整体性。城镇体系是由城镇、联系通道、联系流和联系区域等多个要素按一定规律组合而成的有机整体。二是关联性。其是指体系内城镇之间有着合理的分工和密切的经济社会联系。三是层次性。城镇体系的层次性包括行政级别层次和规模层次两个方面。四是动态性。城镇体系形成之后并非是固定不变的，而是处于发展和演变之中，外界环境和内在因素的变化都有可能使之发生形态上、规模上和结构上的改变。

3. 城镇规模内涵②

城镇规模是指城镇人口、经济等要素的集中程度，是反映城镇大小的数量指标，一般分为自然规模和经济规模。自然规模多以城镇人口数量和占地面积来表示。经济规模是城镇经济实力的具体体现，一般用经济指标来表示。

城镇的规模不是越大越好，也不是越小越好，而是以适度为好。城镇规模过大，必然导致市政建设与管理费用大幅度上升，出现各种“城市病”，城市经济难以健康运行和发展。反之，如果城镇规模过小，不能担负起城镇的各项基本职责，不能达到最佳的经济规模，则会造成规模不经济。

二、城镇化

1. 城镇化

“Urbanization”一词一般译为“城市化”，主要用于说明国内外的乡村向城市转变的过程。由于“Urban”包含有城市（City）和镇（Town）的意思，世界上许多国家镇的人口规模比较小，有的甚至没有镇的建制，“Urbanization”往往仅指人口向“City”转移和集中的过程，故称为“城市化”；中国设有镇的建制，人口规模不少于国外的小城市，人口不仅向“City”集聚，而且向“Town”转移，这也可以看成是中国特色的城镇化，为了显示这种与外国的差别，有的学者把中国的“Urbanization”译为“城镇化”③。所以，外国的或者一般而

---

① 郝寿义，安虎森：《区域经济学》，经济科学出版社，1999。

② 王朝良：《宁夏区域经济》，中央广播电视大学，2011。

③ 辜胜阻：《非农化及城镇化理论与实践》，武汉大学出版社，1999。

言的“Urbanization”称之为“城市化”，中国的“Urbanization”则称为“城镇化”。

一般认为，城市化或城镇化（Urbanization）是指伴随着工业化的发展，非农产业不断向城镇集聚，从而农村人口不断向非农产业和城镇转移、农村地域向城镇地域转化、城镇数量增加和规模不断扩大、城镇生产生活方式和城镇文明不断向农村传播扩散的历史过程。

城镇化就其本质而言，是一种传统社会向文明社会全面转型和变迁的自然历史过程。

2. 城镇化与工业化

城镇化是经济社会发展的必然趋势，是工业化、现代化的重要标志。工业化与城镇化相互联系，缺乏工业化的城镇化不可能实现可持续发展，工业化的发展有赖于城镇化集聚效应的发挥。钱纳里模型对工业化与城镇化水平之间的关系进行了详细的分析（见表2-1）。

表2-1 钱纳里发展模型的城市化和工业化率

人均GDP（美元）	城市人口占总人口比重（%）	制造业增加值占GDP比重（%）
400	49.0	27.6
800	60.1	33.1
1000	63.4	34.7
大于1000	65.8	37.9

资料来源：钱纳里：《发展的型式：1950—1970》

3. 城镇化与经济水平

1957年，美国经济学家钱纳里对世界各国的人均国内生产总值和城市化水平进行统计发现两者存在正相关关系，即人均GDP越高，城市化水平也就越高；一个国家或地区城镇化水平越高，人均GDP水平就越高（见表2-2）。

表2-2 城镇化水平与人均GDP的相互关系

城镇化水平	国家（地区）个数	人均GDP（美元）
60%以上	34	3858
40%~59%	43	2155
20%~39%	39	700
19%以下	42	310

资料来源：《世界银行发展报告》，根据1997年世界158个国家的地区统计

三、城市

1. 城市的概念

城市是社会生产力发展到一定阶段的产物，是生产要素集约化和业态多样化的社会有机体。冯云庭等认为，城市具有载体功能、经济功能和社会功能[①]。也就是通常讲的，城市由“城”“市”两部分组成，“城”主要由道路、交通、楼宇、建筑、绿地、水等人文景观和自然景观组成，“市”则主要由商业、餐饮、旅游、金融等行业组成。

2. 城市产生与发展的区域基础[②]

（1）区域自然条件

大多数城市的分布，既要求气温适中，又要求有适度的降水。自然地理条件如地质、地貌、气候、水文、土壤、植被作为人类生存环境，通过人口分布而影响城市的形成与发展。一般来说，大城市对自然条件的依存关系比非特殊职能的小城镇要紧密得多。

（2）地理条件

地理条件包括矿产资源、淡水资源、动植物资源的丰饶度及其组合，基础设施的状况，区域的劳动力数量和质量，经济发展的历史传统，未来的开发潜力等。由于城市在任何时候都是一个复杂的开放系统，它要从区域获取发展所需的食物、原料、燃料、劳动力，同时城市要为区域提供产品和服务。城市和区域之间的这种双向联系无时无刻不在进行。

四、城镇化的形式及衡量标准

城镇化既是物质文明进步的体现，也是精神文明前进的动力。

1. 城镇化的形式

城镇化形式主要包括以下几个方面：

（1）人口城镇化

人口城镇化是指随着一个国家或地区生产力的发展、科学技术的进步以及产业结构的调整，农村人口居住地点向城镇迁移，农村剩余劳动力向城镇二、三产业转移，从而使城镇数量增加、城镇规模扩大、城市人口数量不断增加、人口比重逐渐提高的过程。

---

① 冯云庭：《城市经济学》，东北财经大学出版社，2008，第16-17页。

② 王飞：《区域经济学》，山西人民出版社，2006，第464-467页。

（2）地域城镇化

地域城镇化是指在地域空间上，农村人口逐渐转化为以人口的高度聚集为主要特征的城市性地域的过程。

（3）经济活动城镇化

经济活动城镇化是指经济关系、经济活动在地理上聚集以及生产方式日益趋向于城市特征的过程。

（4）生活方式城镇化

生活方式城镇化是指随着社会身份、职业、社会角色的变化，人们的行为方式、思想观念、道德意识、社会交往、受教育程度、生活习惯、综合素质等方面的进步与改善的过程。

2. 城镇化水平的衡量标准①

一般来说，城镇化水平主要从人口变动、经济变动和社会变动三个方面加以衡量。

（1）人口变动状况

人口变动状况主要指非农业劳动力占总劳动力的比重。据专家研究成果表明，一个经济社会水平较高的国家，其非农业劳动力占总劳动力的比例至少不能低于60%，这是城镇化的重要指标。

（2）经济变动状况

经济变动状况主要包括城市GDP占整个GDP的比重、经济集聚度、城市辐射能力、城市基础设施等，其中城市GDP占全部GDP的比重为主要指标。（注：GDP是Gross Domestic Product的缩写，中文意思是国内生产总值。GDP的一般计算公式：GDP=投资+消费+净出口）

（3）社会变动状况

社会变动状况主要包括城市居民人均可支配收入、城市人均居住面积、住房成套率、社会保障覆盖率等，如城市居民人均可支配收入应达到3000美元以上，等等。

3. 中国的城镇设置标准

中国人民大学的孙久文、叶裕民在《区域经济学教程》（2010年出版）里对新中国成立以来中国关于城市的设置标准、建制镇的设置标准以及城乡划分几经变动进行了详细阐述。本节仅介绍改革开放以来的变化过程。

① 周云宏等：《加快城镇化进程研究》，四川大学出版社，2011，第4-7页。

（1）城市设置标准

改革开放以来，国务院于 1984 年调整了建制镇的设置标准，分别于 1986 年和 1993 年先后调整了市镇设置的标准。1986 年 4 月，国务院批转民政部《关于调整设市标准和市领导县条件的报告》，规定“非农业人口 6 万以上，年国民生产总值 2 亿元以上，已经成为该地经济中心的镇，可以设置市的建制”，同时对撤县设市也做了相应的规定。1993 年，国务院颁发了《国务院批转民政部关于调整设市标准报告的通知》。这一次设市标准建立了一整套设市的指标体系，根据县的人口密度不同，分为人口密度大于 400 人每平方千米、101 人每平方千米至 400 人每平方千米以及不足 100 人每平方千米三种情况，分别设置了 14 个关于县政府驻地和全县经济发展方面的指标，达到这些指标则可以设立县级市。

（2）建制镇的设置标准

1984 年，在《国务院批转民政部关于调整设市标准报告的通知》中，从两个方面下调了建制镇的设置标准：一是区县级地方政府国家机关，均设置镇的建制；二是将具体标准修改为“总人口在 2 万以下的乡，乡政府驻地非农业人口超过 2000 的，可以建镇；总人口在 2 万以上的乡，乡政府驻地非农业人口占全乡人口 10% 以上的，也可以建镇”。

（3）城乡标准的划分

中国关于城乡划分的标准曾经一度混乱。为解决这一问题，在 1990 年第四次全国人口普查时，国家统计局调整了统计口径，规定：市人口是指设区的市所辖的区人口和不设区的市所辖街道人口；镇人口是指不设区的市所辖镇的居民委员会人口和县辖镇的居民委员会人口；乡村人口是指除市镇人口以外的人口。

1999 年 12 月，国家统计局印发了《关于统计上划分城乡的规定（试行）的通知》。通知指出：“城市，是指经国务院批准设市建制的城市市区”，“镇，是指经批准设立的建制镇的镇区”，“乡村是指城镇地区以外的其他地区”，并对“市区”和“镇区”作了具体的规定。以后，我国的城镇化率都是按照这个标准统计计算的。

4. 新型城镇化

所谓新型城镇化，就是推进城镇化由偏重数量规模增加向更加注重质量内涵提升转变，由偏重经济发展向更加注重经济社会协调发展转变，由偏重城市发展向更加注重城乡一体化发展转变①。

① 顾朝林，赵民，张京祥：《省域城镇化战略规划研究》，东南大学出版社，2012。

新型城镇化的特征包括：

首先，工业化、信息化、城镇化、农业现代化“四化”协调互动，通过产业发展和科技进步推动产业和城镇的融合，实现城镇带动的统筹城乡发展和农村文明延续的城镇化。

其次，人口、经济、资源和环境相协调，倡导集约、智能、绿色、低碳的发展方式。

再次，构建与区域经济发展和产业布局紧密衔接的城市格局，以城市群为主体形态，大、中、小城市与小城镇协调发展，提高城市承载能力。

最后，实现人的全面发展，使得农业转移人口有序市民化和公共服务得到有序、协调的发展，建设包容性、和谐式城镇。①

第二节　区域经济增长与区域经济发展理论

一、区域经济增长

1. 区域经济增长的概念

研究认为，区域经济增长有狭义和广义之分。狭义区域经济增长是指一个国家或地区生产的产品和劳务总量不断增加，通常是以货币的形式表示的国内生产总值不断扩大的过程。广义的区域经济增长还包括人均国民生产总值的提高、产品需求量的增加及对人口数量的控制等，它把人们生活水平的提高作为一个考量的因子来分析区域经济增长的水平②。

2. 区域经济增长的内容

一是一个国家或者地区人们所需要的商品和劳务潜在的生产能力的扩大及实际增加；二是决定一个国家或地区生产能力、各种资源、资本积累的数量和质量与技术水平等因素的扩大和改进。

二、区域经济发展

1. 区域经济发展的概念

根据郝寿义在《区域经济学原理》（2007 年出版）里对区域经济发展内涵所作的描述认为，区域经济发展是指区域内总产出不断增加、区域产业结

---

① 张占斌：《新型城镇化的战略意义和改革难题》，国家行政学院学报，2013（01）。

② 孙久文，叶裕民：《区域经济学教程》，中国人民大学出版社，2003。

构及空间结构不断优化、区际引力与辐射能力不断提高的过程。区域经济发展强调的是在特定的地域空间上经济发展，具有时间和空间相结合的特殊属性。

2. 区域经济发展的内容①

首先是人均收入水平的提高，通常用人均 GDP 来衡量，但还应包括使用工业化和城镇化水平等指标。

其次是以技术进步为基础的产业升级。在发达国家里，产业升级往往表现为 GDP 构成的变化，就三次产业来说，第二产业和第三产业所占比重不断提高，第一产业所占比重持续不断下降，或第三产业中，新兴的现代服务业的比重不断提高，传统服务业的比重不断下降。

最后是城镇化水平的提高。经济发展表现在有更多的民众参与到经济发展的过程中来，他们由传统的农民转变为现代产业工人，集中到城镇从事效率更高的第二产业和第三产业。在这一过程中，工业化和城镇化是两个主旋律，工业化意味着经济发展，城镇化意味着社会进步。

三、区域经济增长与发展的比较

1. 区域经济增长与发展的关系

经济增长与经济发展是不可完全割裂开来进行分析的。经济增长是经济发展的基础，经济发展是经济增长的结果。一般而言，没有经济增长就不可能有经济发展。

云南财经大学的孟庆红在《区域经济学概论》（2003 年出版）中对区域经济增长与发展的关系作了详细的阐述，认为：区域经济增长与发展既有联系又有区别。一方面经济增长会促进经济发展；另一方面，经济发展又包含了经济增长。经济发展是一个比经济增长含义更广泛的概念，它不仅是产出的增加和增长率的提高，而且还包括在国民生产总值或国民收入继续增长的基础上，经济发展状况的转变和制度的变迁，低下的生活水平的提高，低下的劳动生产率趋于上升，人口增加压力有所减轻，农业在国民经济中的比重下降，工业化、城镇化进程加快等。

但是，经济增长不是必然产生经济发展的结果。许多发展中国家经济增长的经验证明了这一点。即使在经济高速增长的情况下，如果由于制度上的原因，产出增长的结果造成了收入和分配的两极分化、失业情况加剧、资源

① 王朝良：《宁夏区域经济》，中央广播电视大学，2011。

快速消耗等，就说明是“有增长无发展”“没有发展的经济增长”的奇特现象。

2. 区域经济增长与发展的机制

一般认为在区域经济系统内部，经济发展和经济增长的机制都是从需求和供给两个方面来分析的。

一是需求的拉动，包括区域内的需求和区域外对本区域产品和劳务的需求，由需求拉动生产。

二是供给的驱动，包括原材料、资本、技术、劳动的供给，必然会带动相关产业的发展并形成新的需求。

3. 影响区域经济增长与发展的要素

经济活动是人类最重要的社会活动，区域经济发展的核心是增长。因此，分析区域经济增长的影响因素是研究区域经济增长的起点，对于促进区域经济发展具有重要意义。

影响区域经济增长的要素一般包括：区域自然资源和自然条件、区域的劳动力要素、资本、技术、结构变化和制度等①。

（1）自然资源和自然条件

自然资源和自然条件是区域经济增长的物质基础。

自然资源是指在自然界中一切能被人类利用的自然物质要素，包括地壳的矿物岩石、地表形态、土壤覆盖层、地上与地下资源、海洋资源、水资源、太阳光能、热能、降水以及生物圈的动植物资源；自然条件是指除自然资源以外的所有影响经济增长的诸自然因素，包括自然地理位置、地质条件、地貌条件、水文条件、气候条件等。

自然条件和自然资源的影响首先表现在劳动生产率方面。一个区域土地的肥沃程度、矿山的丰富程度、地貌条件等都会影响区域的经济增长。

自然条件、自然资源对区域的产业结构会产生影响。比如自然条件和自然资源直接影响该区域农业和采矿业的分布和发展，进而影响该区域的经济结构。

（2）区域的劳动力要素

劳动力是生产力的主体。任何经济活动都需要劳动者的参与才能进行，劳动力因素对区域经济增长具有重要的影响作用。

研究一个区域的劳动力对经济增长的影响必须从劳动力的总量和素质两

① 郝寿义，安虎森：《区域经济学》，经济科学出版社，1999。

个方面来考虑。

第一，劳动力总量。区域的劳动力总量具有两个方面的含义，一方面它表明劳动力要素的供给水平，另一方面因为它和人口总量有关，所以也表明区域的市场大小。一般来说，劳动人口数量多对经济增长是有利的。但在劳动力过剩的情况下，劳动力人口多就会对就业造成压力。

第二，劳动力素质。劳动力素质是影响区域劳动生产率的决定性因素，而提高劳动生产率是加大区域经济增长的重要途径。劳动力素质包括劳动者的身体素质、科学文化素质和思想道德素质。提高劳动力素质，可以大幅度提高区域劳动生产率，从而加大区域经济增长步伐。

（3）资本

所谓资本指的是以机器、设备、厂房为主的物质资本。对于我国各区域来说，目前由于人口红利依然存在，劳动力的投入比较充裕，不会成为制约经济增长的约束条件。而资本的多少往往成为促进或阻碍区域经济增长的基本要素。资本对区域经济增长的影响可以分为三个方面。

第一，新增投资。新增投资是对扩大再生产的投资，经济增长作为扩大再生产的过程，其直接的源泉就是要有新增投资。一般来说，新增投资的增加与经济增长成正比。

第二，重置投资。重置投资是由折旧基金转化而来的那部分投资，提高重置投资水平有利于区域不断采用先进的技术设备，促进产品升级换代，改善劳动条件和生产条件，提高劳动力素质等，从而能够加快区域经济增长。

第三，投资效率。投资效率的提高具体表现为生产资料利用效率的提高，如设备、燃料、动力和原材料利用效率的提高，单位产品物质消耗系数的降低等，意味着用同样多的生产资料或等量资本可以生产出更多的产品，从而能够提高区域经济增长水平。

（4）技术条件

随着科学技术的迅猛发展，科学技术对区域经济增长的影响越来越大。从 20 世纪 60 年代以来，人们可以清楚地看到，科学技术成为人类社会文明的原动力，是强国富民之源。因为，科学技术的快速发展，特别是以高科技为代表的技术水平的提高，对区域经济增长的作用比过去更为明显。现代化生产的发展，愈来愈在更大程度上依赖社会劳动生产率的提高，依靠对现有资源利用程度的提高，而这又在很大程度上取决于科学技术水平。依靠先进的科学技术方法，可以大大地提高经营管理水平，优化资源配置，改善区域生产力的组织形式，从而加快区域经济增长。比如，现在人们可以开采地表以下 6000 米深的石油和天然气，可以开发 1 万米以下的海底资源。

（5）结构变化

经济增长是经济发展的条件和基础。经济发展不仅意味着产出数量的增加，而且会随着经济结构、社会结构以及政治结构的变化而变化。

第一，产业结构变化。伴随着区域经济增长，区域的产业结构必然发生变化，其变化的过程一般是：第一产业在经济活动中的比重会下降，第二产业特别是第三产业的比重会明显上升。产业结构变动是资本寻求利益最大化的结果，随着资本收益的增加，意味着资本在既定的情况下，增加了产出，随之带来了区域经济增长。

第二，就业结构变化。区域产业结构变化相应地引起该区域就业结构的变化，劳动力从第一产业向第二产业转移，再从第二产业向第三产业转移，劳动力产业间的转移能够提高劳动生产率，促进区域的经济增长。

第三，组织结构变化。伴随着经济发展，区域内企业的组织结构将会发生变化，尤其是大型企业集团组织的形成将能获得规模效益，降低成本，提高产品的竞争能力，促进区域经济的增长。

（6）制度

中国著名经济学家樊纲在《渐进改革的政治经济分析》一书中指出："制度之所以重要，就是因为它是决定经济效率和社会进步的最重要的因素。"制度在区域经济增长中起着非常重要的作用。新制度经济学家诺斯指出：制度是一系列被制定出来以约束行为主体或效用最大化的个人行为的规则、守法程序、道德和伦理的行为规范。制度包括经济规则、社会规则和政治规则。

现代经济发展的实践表明，资源的有效配置与经济增长密切相关，经济增长是自然资源、劳动力、资本和技术等多种要素相互作用的结果。但要素的配置效率决定着经济增长速度，而经济制度又影响着资源配置的效率，进而影响经济增长。制度对经济增长的影响主要表现在两个方面。

第一，政府通过制定区域经济政策，影响各区域的经济增长。政府可以通过制度的安排，改变各区域的因素供给特征和因素配置效率，影响各区域的经济增长速度。

第二，制度创新能力的差异，影响区域的经济增长。制度所涵盖的范围很广，不仅包括体制、政策和法规，还包括道德、伦理、观念和习惯等。由于各区域的道德、伦理和观念的差异，各区域制定制度的人在对政策法规的理解、适应和应用方面会产生差别，因而造成各区域在制度创新能力方面的不同。

第三节　区域经济政策与区域经济发展战略

一、区域经济政策

区域经济政策有广义和狭义之分，本节所介绍的是狭义区域经济政策。

1. 区域经济政策的含义

区域经济政策是政府根据区域差异而制定的促使资源在空间的优化配置、控制区域间差距扩大、协调区际之间关系的一系列政策的总和①。

区域经济政策一般可以分为国家区域经济政策和地方区域经济政策两类。

国家区域经济政策是由一个国家的中央政府及其所属的各有关机关，如财政部、税务总局、中央银行、经济部（在中国其职能目前由工业和信息化部和商务部共同行使）、计划发展部（在中国其职能目前由国家发展改革委员会行使）等负责制定的，通常用于这个国家之内具有某些相同特征的若干个地区。

地方经济政策则是由一个国家的一部分级别较高、被授予了一定的经济管理权限的地方政府，主要是一级地方政府（如美国的州政府、日本的都道府县政府，中国的省、直辖市、自治区政府）负责制定的，一般只能适用于由这个地方政府所管辖的行政区范围之内。

2. 区域经济政策的性质

（1）地域性。这是区域经济政策的最基本特征②。区域经济政策在使用范围上有明确的地域性，即它只适用于一个国家内特定的部分或个别地区。

（2）有限性。区域经济政策必须和区域其他政策配合起来运用才能发挥其作用，单一、孤立的区域经济政策对推动区域发展所起的作用是有限的。

（3）阶段性。区域经济政策是为了解决区域经济在发展过程中存在的问题而设计的。在区域发展的不同阶段，由于区域经济发展面临的主要问题的性质、类型往往是不同的，因而解决问题的方法和手段也不同。这要求区域经济政策要随着区域经济发展阶段的转换而适时调整和更新③。

3. 区域经济政策的手段

区域经济政策是一个政策体系。它包括财政政策、货币政策、产业政策

① 王一鸣：《中国区域经济政策研究》，中国计划出版社，1999。

② 丁生喜：《区域经济学》，青海人民出版社，2012，第 341 页。

③ 丁生喜：《区域经济学》，青海人民出版社，2012，第 342 页。

及贸易政策等[1]。

区域财政政策。区域财政政策包括：预算、税收、转移支付三种方法。

区域货币政策。区域货币政策包括：投资、贷款、区域性货币政策工具三种方式。

区域产业政策。区域产业政策包括产业结构、产业布局两种方式。

区域贸易政策。区域贸易政策手段大体上与国家贸易相同，两者的区别在于要因地制宜、因时制宜及因交易对象制宜。

需要说明的是，由于每一个区域经济政策都有其不同的作用，所以在实际运用时应该是对各项政策加以综合与协调，而不能孤立地单一使用某一政策。

二、区域经济发展战略

一般而言，把凡是具有前瞻性并事关发展全局的纲领性设想和谋划称为发展战略。

1. 区域经济发展战略的含义

区域经济发展战略是对区域经济总体发展的设想、思路和谋划。它根据不同地区生产要素条件的分布情况和该地区在国家经济体系中的地位和作用，对地区未来发展的目标、方向和总体思路进行谋划，以达到指导地区经济发展、促进地区经济腾飞的作用[2]。

2. 区域经济发展战略的特征

区域经济发展战略的本质特征一般归纳为全局性、系统综合性、长期性和阶段性、地域性、层次性等几个方面[3]。

全局性。区域经济发展战略研究的是决定全局的关键问题和影响全局的各个方面，它是发展目标和实现目标的方针、政策、途径、措施的高度概括，主要是针对经济发展的指导思想和基本原则，不是对经济发展的具体安排。

系统综合性。发展战略涉及区域内的城镇、乡村、产业、资源、环境以及社会发展、政府行为等许多情况，具有极强的复杂性和综合性，在进行发展战略规划时就要从全局出发，运用系统科学的方法，统一组织各领域、各行业的专家、人才进行综合性研究，从而对全局发展有总体性把握。

长期性和阶段性。区域经济发展战略要求领导者在制定战略时，能够立

---

① 孙翠兰：《区域经济与新时期空间经济发展战略》，中国经济出版社，2006。

② 孙久文，叶裕民：《区域经济学教程》，中国人民大学出版社，2003。

③ 方创林：《区域发展战略》，科学出版社，2001。

足当前，放眼未来，处理好近期战略、中期战略和长远战略的关系，并且当某一阶段的战略完成了它的使命时，必然要被新的战略所取代。

地域性。区域经济发展战略必须根据区域的具体情况制定，因而带有强烈的地域性特征，不同的地域范围、层次、地点，不同的区情、主体，制定的区域经济发展战略往往也不相同。

层次性。在制定战略决策时要有全局意识，局部要服从全局，下一层次的战略要与上一层次的战略相符合，各个地区的战略应该服从于全国的战略布局。

3. 区域经济发展战略的内容①

不同的地区、不同的经济发展阶段、不同的社会经济基础条件以及不同的经济发展目标，制定的经济发展战略有很大的不同。但一般情况下，区域经济发展战略应该包括以下内容：

一是制定发展战略的指导思想和原则。它主要是区域经济发展战略中，旨在解决区域经济中出现了哪些矛盾、向什么方向引导以及在这种引导下应该遵循什么规律、依赖什么途径等等，这是区域经济发展战略的灵魂。

二是经济发展的总目标、总任务与战略重点。按照既定的指导思想，根据现实的需要和可能条件，规定出比较具体的国民经济总体发展目标和总任务。体现总目标的是一系列指标，如总量指标、人均指标、经济结构指标、经济质量指标等。战略重点的选择首先是那些目前和今后长期制约区域经济发展的因素，要集中力量加以解决。同时还要有那些对整个国民经济有强大带动力的增长极或者增长点。

三是发展战略的目标分解与具体任务。将经济发展的目标和任务按照国民经济的部门和区域分解为若干的目标和任务，以便在制订计划时加以遵循。

四是实施的策略与政策选择。为实现经济发展的目标和任务，需要有一系列的政策和策略加以配套，主要是一些大政方针和重大的政策措施。比如产业结构取向、鼓励投资的政策、重大基础设施政策、国家支持下的经济开发政策、对外经济贸易的政策等等。

五是战略实施的制约因素。在实施既定战略时，应该根据现有的条件和未来可能创造的条件，及时分析可能产生的制约因素，并对这些制约因素形成的原因和解决的方法做进一步的分析。

4. 区域经济发展战略的几种形式

平衡发展战略。平衡发展战略强调产业间的关联互补作用，主张在区域

---

① 陈自芳，熊国和：《区域经济学概论》，浙江人民出版社，2002，第388-389页。

间和区域内平衡部署生产力，实现区域经济的平衡以及同步发展。

不平衡发展战略。不平衡发展战略主要是由那些主张不平衡理论的学者，如佩鲁、缪尔达尔、赫希曼等人提出的，他们认为这是由于发展中国家资本缺乏，因而必须把资金集中起来投向少量的“瓶颈”部门和具有带动力的主导部门，让它们先发展起来。

不平衡协调发展战略。即在实施不平衡发展的同时，应当进行区域的协调发展，把重点发展和协调发展结合起来，注意协调产业之间和区域之间的关系。

第四节　区域贸易与区域经济合作

一、区域贸易

1. 区域贸易的内涵

区域贸易是指一个地区与其他地区进行商品交换的活动。区域贸易既包括一个地区的国际贸易，也包括了这个地区同国内其他地区的贸易活动。其中国际贸易活动涉及币种、国际结算、社会政治经济制度和较大的文化差异等，而国内贸易不涉及币种、国际结算、社会政治经济制度，区域文化差异也比较小。

2. 区域贸易的主要类型①

一是进口贸易、出口贸易和过境贸易。进口贸易是指将其他区域生产和加工的商品运入本区域进行销售的活动。出口贸易是指将本区域生产和加工的产品运往其他区域进行销售的活动。过境贸易是指某种商品从甲国经由丙国的边境向乙国运送销售，对丙国而言就是过境贸易。

二是有形商品贸易和无形商品贸易。可以看得见的商品的贸易是有形商品贸易，反之，则是无形商品贸易。在国际贸易中，联合国对有形商品贸易制定了详细的分类标准。无形的如运输、保险、旅游、技术等劳务的提供和接受也是区域贸易的主要内容。

三是直接贸易、间接贸易和转口贸易。直接贸易是指商品由生产国直接运销到消费国，没有第三方参与的贸易活动。间接贸易是指通过第三国或者其他中间环节，把商品从生产国运送到消费国的贸易活动。转口贸易是指一国进口

① 王朝良：《宁夏区域经济》，中央广播电视大学，2011。

某种商品不是以消费为目的，而是将它作为商品再向别国出口的贸易活动。

3. 物流理论

（1）物流的概念

物流就是作为商品的物质实体和劳务的流动。物流中的“物”是指一切有经济意义的物质实体，也就是商品生产、流通、消费中的物质对象。物流中的“流”是指物质实体的定向移动，既包括其空间位置的移动，也包括时间的延续，是一种经济活动。“物”和“流”合在一起就形成了物流的概念。

（2）区域物流的主要环节

一是物流网络。无论是内贸还是外贸，都需要有一个先进而完善的物流网络作为基础，没有这一基础区域贸易难以正常运作。

二是物流信息系统。信息系统关系到区域物流的现代化程度，缺少快速、敏捷的物流信息系统，缺少现代化的信息手段，就不能达到区域物流高效率和高效益的目标。

三是物流运输系统。区域物流需要一个现代化的运输体系，比如要有当地与外地的航空、铁路、公路等多地的运输力量的共同参与以及多种运输方式的协同配合。

四是仓库、设备等必要的物流基础设施。

二、区域经济合作

1. 区域经济合作的概念

区域经济合作就是相关经济体在遵循区域性的前提下，发挥区域内国家（地区）间的经济集聚效应和互补效应，实现经济体的产品甚至生产要素在合作区内自由流动，进而协调经济体之间的社会经济政策，达到资源的有效利用和优化配置，最终形成区域一体化的过程①。

2. 区域经济合作三要素

合作主体。区域经济合作主体可以是企业、事业单位和自然人，也可以是地方政府乃至主权国家及国际经济组织。

合作对象。区域经济合作的对象是生产要素，包括资金、技术、劳动力、信息等，这些生产要素通过商业行为在区域内发生位移与组合，都构成区域经济合作的范畴。

合作动力。区域经济合作的动力来自于各个主体对效益最大化的追求，

---

① 吴海昆，李勇：《青海丝路战略研究》，青海人民出版社，2016。

区域合作能够带来新的利益，包括商品贸易与生产要素经济互补。企业的合作活动以追求经济利益为主，政府的合作活动则同时追求社会效益，更多的是要通过生产要素在区域之间的有效流动，谋求地区之间的协调发展，提高本区域在更高一层次中的地位。

3. 区域经济合作的主要类型

根据合作的范围，可以分为主权国家之间的国际经济合作和一国之内的区域经济合作。

根据合作双方提供生产要素水平的不同，可以分为水平合作和垂直合作。

根据合作对象的不同和内容的不同，可以分为生产合作、技术合作、劳务合作和信息合作等。

根据合作主体不同，可以分为民间合作、官方合作和官民合作等。

第五节 区域经济研究的方法

在区域经济研究过程中，我们需要采用恰当的方法，以确保研究的深度和研究结论的可靠性，本节主要介绍一些基本的研究方法供大家学习①。

一、资料收集和整理方法

1. 室内收集法

室内收集主要是利用各种文献检索系统，收集有关研究区域自然、区位、人口、产业、城镇系统等方面的文字资料、图表资料以及国内外研究现状、已有的研究成果等。

2. 实地调查法②

经济地理学中，对自然条件和自然资源进行野外考察和技术经济评价，对区域产业布局的社会经济条件以及产业布局现状、特点进行详细的实地调查等室外工作统称为实地调查③。由于区域经济学实践性极强，所研究的区域经济问题又是一个复杂系统，因此在研究过程中必须重视实地调查。

（1）实地调查的方法

①全面考察，是指对整个考察区域或考察对象各个部分作观察、调查，

---

① 丁生喜：《区域经济学》，青海人民出版社，2012。

② 杨万种：《经济地理》，华东师范大学出版社，1992，第232页。

③ 杨万种：《经济地理》，华东师范大学出版社，1992，第231页。

从而取得全面、系统、准确的材料。②典型考察，是指在对考察对象全面分析的基础上，有意识地选择典型单位进行深入细致的考察，借以获得总体的特征和规律。③抽样考察，是指利用社会经济事物空间分布的随机性，按随机原则从总体中选取部分进行考察或调查，用以推算总体的一种考察方式。

（2）实地调查的阶段

①准备阶段。②野外工作阶段。③室内整理阶段。

二、区域描述方法

区域描述是通过语言文字对区域的区位、自然条件、社会经济背景条件、区域类型、区域功能、区域结构、区域优势、存在的问题等进行定性描述①。该方法最大的优势在于具有客观性与全面性。

1. 区域发展的自然条件以及社会经济背景条件的描述

主要包括区域自然条件和自然资源、人口和劳动力、科学技术条件、基础设施条件及政策、管理、法制等社会因素的描述。对这些条件的描述主要目的是明确区域发展的基础，摸清家底，为选择区域发展的方向、调整区域产业结构和空间结构提供依据。

2. 区域经济问题说明

主要是对区域经济发展水平及所处的发展阶段、区域产业结构和空间结构进行分析。它是在区域自然条件分析的基础上，进一步对区域经济发展的现状作一个全面的考察、评估，为下一步区域发展分析打好基础。

3. 区域发展分析

发展分析是在区域发展的自然条件和经济分析的基础上，通过发展预测、结构优化和方案比较，确定区域发展的方向，制定区域发展的政策并分析预测其实施效应。由于区域发展是一个综合性的问题，不仅有经济发展而且还包括社会发展和生态保护，因此，区域发展的定性分析也应该包括经济、社会和生态环境三个方面，并以三者综合效益作为区域发展分析判断的是非标准。

三、区域分析方法

1. 对比分析法

按照比较的形式分为：①纵向比较。②横向比较。

---

① 杨云彦：《区域经济学》，中国财政经济出版社，2004，第194页。

按照比较的具体内容分为：①经济区域之间的全面比较。②经济部门之间及部门内的比较。③经济中心的比较。

按照区域间的可比性分为：①对象属性的可比性。②资料的可比性。

2. 经济学的研究方法

区域经济学属于经济学范畴，所以经济学的一般研究方法都可以应用于区域经济问题的研究。在此，介绍几种有代表性的方法。

（1）规范分析

规范分析是指从一定的价值判断出发，提出一些衡量区域经济活动的标准，根据这些标准来研究分析区域经济现象和处理区域经济问题，将其作为制定区域经济政策的依据，并研究区域经济活动，通过何种途径才能达到符合这些标准的状态的一种区域解决问题的分析方法。

（2）实证分析

实证分析是指企图超脱或排斥一切价值判断，只研究区域经济本身的内在规律，分析区域经济是如何运行的以及它为什么是这样运行的，并根据这些规律，分析和预测人们的经济行为的效果。

（3）静态分析

静态分析是指在有关生产要素等假设条件不变的情况下，对经济现象的均衡状态以及有关经济变量达到该均衡状态时所要具备的条件进行研究的一种经济分析方法。

（4）动态分析

动态分析就是通过分析各个时期经济体系中各个经济变量的连续变动，来研究整个经济体系运动的一种经济分析方法。

（5）定性分析

定性分析就是分析研究经济现象内在的性质与规律性。即运用历史和逻辑相统一的抽象方法，对所获得的各种社会经济材料进行思维加工，归纳出影响经济运行机制的主要因素，并对主要因素进行分析和综合，演绎出经济发展的一般规律。

（6）定量分析

定量分析就是将所研究的经济现象的有关特征及其变化程度进行量化，然后对取得的数据进行数学处理，并从对事物量变过程的分析中得出结论和揭示经济现象规律。

第三章　青海区域经济总论

【学习目标】

1. 重点掌握青海的资源禀赋和优劣势、经济整体概况
2. 掌握青海的经济区域特征
3. 了解青海“十三五”时期发展思路

青海位于青藏高原，因境内的青海湖而得名。青海是我国人口密度最小、海拔最高、少数民族人口比例最高的省。如何立足省情实际，借助特色优势产业，推动区域协调发展，是青海始终面临的重大战略问题。为此，历届省委省政府进行了长期的探索和实践。“九五”时期，省委省政府提出“开发一线、带动两翼、稳定发展青南”的区域发展战略，把全省划分为西宁经济区、东部经济区、柴达木经济区、环湖经济区和青南经济区五大区域。“十五”时期，省委省政府又进一步提出遵循“因地制宜、分类指导、重点突破、构筑特色”的原则，把全省划分为东部综合经济区、柴达木资源开发区和三江源生态经济区三大区域。“十一五”时期，省委省政府提出重点发展东部地区和柴达木地区，适度发展环青海湖地区，保护和治理三江源地区，逐步形成经济与人口、资源环境相协调的发展格局。2007 年，省委省政府结合学习贯彻落实科学发展观和现阶段青海发展的客观实际，明确提出加快构建“四区两带一线”分工合理、各具特色、优势互补、良性互动的区域协调发展新格局的重大战略思想。2014 年，省政府印发青海省主体功能区规划，将全省划分为包括东部和柴达木的重点开发区域，包括国家级三江源草原草甸湿地生态功能区、祁连山冰川与水源涵养生态功能区和省级东部农产品主产区、中部生态功能区的限制开发区域，包括国家级自然保护区、国家风景名胜区、国家森林公园、国家地质公园等的禁止开发区域，限制和禁止开发区域面积占到了全省面积的近 90%。这些区域经济发展模式，都与青海自然条件、社会条件、发展形势紧密联系，符合当时的发展实际，具有科学性和指导性，促进了经济社会发展。然而，随着形势的不断变化，区域经济发展又是一个需

要长期研究、持续深化认识和实践的重大课题。为此，本章将通过介绍青海省概况，分析其经济总体特征以及发展中的优势、劣势，来呈现青海省区域经济的特点和面貌，探索区域经济发展之路。

第一节 青海概况

一、历史沿革

青海古称西海、鲜水海、卑禾羌海，自十六国时期称青海。藏语称措温波，蒙古语称库库诺尔，均意为青色的湖。古为西戎地，汉为西羌地。西汉后期曾于湖北岸置西海郡。隋朝时北部是中国领土。1242 年全部并入蒙古大汗国。从元朝开始时全部是中国领土，其土地属宣政院管辖。明属朵甘都司等。明末清初属和硕特蒙古政权。清朝初为卫藏地，后分设西宁办事大臣，又称青海办事大臣，为青海得名的开始。中华民国初设青海办事长官，后属甘边宁海镇守使。1929 年建青海省，省名至今未变。

二、省情特征

青海地势高，平均海拔在3500 米以上。辖2 市6 州，即西宁市、海东市，海西蒙古族藏族自治州、海南藏族自治州、海北藏族自治州、玉树藏族自治州、果洛藏族自治州、黄南藏族自治州。放到全国来看，青海是面积大省、人口小省、经济穷省，在资源、生态、稳定方面具有全局性战略地位。

1. 物产资源丰富，发展潜力巨大

青海资源禀赋高，属资源型省份。太阳辐射强度大，光照时间长，年总辐射量每平方厘米达 690. 8 ~ 753. 6 千焦耳，年绝对值超过 418. 7 千焦耳，居全国第二。水资源丰富，江河年径流量约 629. 3 亿立方米，人均占有量超出全国人均量的 82. 1%、世界人均量的 36%。外流河多年平均年产水总量 611 亿立方米，全省理论水能蕴藏量 2187. 3 万千瓦。截至 2015 年底，青海省已发现矿产种类 134 种，其中，查明有储量矿产种类 108 种。编入全国储量表的矿产中，有 56 种矿产列前 10 位，位居全国首位的有 11 种资源，列第 2 位的有 7 种，列第 3 位的有 8 种。20 世纪 90 年代原国家地质矿产部按 1990 年不变价格测算，青海有潜在价值的 65 种矿产保有储量潜在价值约 17 万亿元，占全国矿产保有储量潜在价值的 13. 6%，人均占有量为 326 万元，名列全国第二位。动物资源共有 400 多种，其中 69 种动物列为国家重点保护的一二类；药用植物500余种，其中，著名中药50多种。“十二五”期间，青海以煤、铁、铜、铅、锌、金、钾盐等紧缺优势矿产为主攻矿种，大规模投入，大兵团作战，力争在2015年实现重要矿产资源勘查、基础地质调查、矿产资源综合利用的重大突破，把青海建设成为我国21世纪重要矿产资源接续基地。

2. 地处“三江源”，生态地位重要

青海是长江、黄河、澜沧江的发源地，黄河年径流量的48.3%、长江年径流量的1.9%、澜沧江年径流量的17.7%源自青海，每年有596亿立方米的优质水源源不断地流向下游地区，因此青海素有“中华水塔”之称。“三江源”是全国乃至世界重要的水资源地和生态屏障、高原生物基因资源的宝库、全球气候的启动器和调节区。保护好“三江源”的生态环境，关系着全国的可持续发展和中华民族的长远利益，也关系到全球的生态安全。近年来，青海坚持实施生态立省战略，三江源生态保护和建设工程顺利推进，青海湖流域、祁连山等重点生态保护工程建设成效显现，退耕还林、退牧还草等生态综合治理力度加大，绿色发展成果显现，资源节约型环境友好型社会建设取得成效，三江源再现千湖美景，青海湖水域面积增加了近百平方公里，污染多年的湟水流域水质已达到国家控制标准。当前，青海正大力倡导树立绿色文明理念、切实加大节能减排和环境污染治理力度，三江源国家公园建设正式启动，努力建设生态文明先行示范区。

3. 少数民族占比高，文化形态丰富

青海是多民族聚居区。2015年底，全省少数民族人口280.74万，占总人口的47.7%，这个比重在全国省区中位居第三位，其中藏族、回族、土族、撒拉族、蒙古族等5个世居少数民族分别占全省总人口的24.44%、14.83%、3.63%、1.90%、1.77%。青海是一个文化形态丰富的地区。在文化发展的历史长河中，各民族文化相互交融，当代文化、地域文化、民族文化、宗教文化多元一体，交相辉映。这些年来，青海坚持以先进文化为引领，充分运用“原子城”这块精神高地，用“两弹一星”精神教育广大党员干部，进一步坚定理想信念。大力培育“五个特别”的青藏高原精神和“人一之、我十之”的实干精神。不断深化文化体制改革，积极发展文化事业和文化产业，努力打造文化名省。多民族聚居的省情特点，决定了民族工作始终关系青海的发展大局。近年来，青海牢牢把握各民族共同团结奋斗、共同繁荣发展的主题，全面贯彻党的民族政策，持续加大民族工作力度，全省特别是少数民族地区呈现经济快速发展、民族团结和睦、社会大局稳定、人民安居乐业的良好局面。根据省委十二届四次全会的部署，青海将按照“三年强基础、八年创先进”的“两步走”

目标，通过严格依法治理、深化思想引导、夯实基层基础、化解矛盾纠纷、贯彻民族政策、做好宗教工作、创新社会治理、加快统筹发展、保障改善民生、提升干部素质等举措，力争到2020年建成全国的民族团结进步先进区。

4. 产业特色鲜明，比较优势突出

青海资源的组合条件较好、利用价值高、开发潜力大，依托资源优势发展壮大的各类产业，特色鲜明，潜力明显。近年来，青海坚持绿色、循环、低碳的发展方向，优化生产力布局，拉长产业链条，着力发展循环经济和特色产业，大力推进循环经济发展先行区建设。在第一产业重点打造油菜、马铃薯、蚕豆、蔬菜、中藏药、特色果品、牛羊肉、奶牛、毛绒、饲草料等农牧业十大特色产业；在第二产业重点打造新能源、新材料、盐湖化工、有色金属、油气化工、煤化工、装备制造业、轻工纺织业、钢铁以及生物产业等工业十大优势产业；在第三产业重点打造金融、现代物流、科技服务、信息与中介、商贸餐饮、房地产、旅游、文化体育、社区服务以及商务会展等现代服务业十大产业。2015 年，全省地区生产总值 2417.05 亿元，按可比价格计算，比上年增长 8.2%。分产业看，第一产业增加值 208.93 亿元，增长 5.1%；第二产业增加值 1207.31 亿元，增长 8.4%；第三产业增加值 1000.81 亿元，增长 8.6%。第一产业增加值占全省地区生产总值的比重为 8.6%，第二产业增加值比重为 50.0%，第三产业增加值比重为 41.4%。人均地区生产总值 41252 元，比上年增长 7.2%。

5. 地广人稀明显，区域条件差异大

青海地域广袤，人口稀少。从人口分布看，据 2010 年第六次人口普查资料，青海平均人口密度为 7.8 人/平方公里，其中人口密度最高的是省会西宁市，人口密度为 295.6 人/平方公里，其次是海东地区，为 106.14 人/平方公里，黄南州为 14.23 人/平方公里。人口密度最低的是海西州，每平方公里只有 1.5 人。人口密度低于 10 人/平方公里的有海南州、海北州、果洛州、玉树州，人口密度分别为 9.62 人/平方公里、6.94 人/平方公里、2.38 人/平方公里和 2 人/平方公里，这种特殊省情决定了青海需走集聚发展的路子。青海省区域自然条件迥异，发展的差异性明显，存在四大地理板块——东部丘陵板块，该板块范围集西宁、海东两市。发展基础相对较好，重点是加快工业化和城镇化进程，努力建设农畜产品生产加工基地。西部荒漠板块，该板块系海西州。柴达木盆地素有“聚宝盆”之美誉，重点是发展循环经济，打造全国重要的盐湖化工基地和太阳能利用基地。中北草原板块，集海北、海南二州。该板块水草丰美，重点是有选择地发展生态旅游和现代畜牧业。南部雪山板块，集黄南、果洛、玉树三州。该板块海拔高，重点是建设全国重要的生态安全屏障。按照《全国主体功能区规划》，青海全省划分为重点开发区、限制开发区和禁止开发区，其面积分别占全省总面积的 10.18%、58.79%、31.03%。目前，青海正在立足省情特点，加强分类指导，坚持集聚发展思路，统筹区域发展，力争到2020年，进一步形成分工合理、各具特色、优势互补、良性互动的区域协调发展新格局，确保在总体上与全国同步建成全面小康社会。

第二节 青海区域经济发展自然条件特征

正确认识青海区域经济发展中的自然条件，准确把握区域性自然条件的整体特征、地域差异以及多样性等特点，是发挥区域优势的前提，更是培育地方特色产业的基础。自然条件包括诸多方面，本节主要从地理区位、气候区位、资源区位三个方面，对青海区域经济发展的自然条件进行分析研究。

一、地理区位的特点

青海省位于中国的西部、青藏高原东北部，与中国的新疆、四川、甘肃、西藏4省区相邻。地理坐标为东经89°20′~103°05′，北纬31°40′~39°15′。全省东西长约1200公里，南北宽约800公里，面积72.23万平方公里。根据全省第二次土地调查数据，现有耕地面积58.8万公顷，占总面积的0.8%，其中，旱地占68.8%、水浇地占31.8%；草场面积4210.08万公顷，占总面积的60%（可利用草场面积4081.46万公顷）。全省有林地面积67.7万公顷，占0.9%，其余为高山、湖泊、江河、戈壁、冰川等。面积仅次于新疆维吾尔自治区、西藏自治区、内蒙古自治区，居全国第4位。东部和北部与甘肃省为邻，东南部和四川省毗连，西北部与新疆维吾尔自治区接壤，西南部与西藏自治区相连，地理位置特殊，战略地位重要。

青海是青藏高原的一部分，在欧亚大陆腹地，全省海拔在3000米以上的面积占74%，海拔2000米以下的面积只占0.1%。境内地形复杂多样，既有巍峨高耸的大山，也有大小不一的盆地；既有起伏不平的高原丘陵，也有坦荡肥沃的草原。青海省境内地貌以高原山地为主，地势高峻，高差明显，地形复杂，地貌多样。整体地势呈现东低西高、梯级上升形态。地形大体可分为祁连山地、柴达木盆地和青南高原三个自然区域类型，东部是青藏高原向黄土高原的过渡地带。

二、气候区位的特点

青海远离海洋，深居内陆，加之地势高耸，是典型的高原大陆性气候；日照时数长，辐射强；冬季漫长，夏季凉爽；气温日差较大，年差较小；降水地区差异大，东部地区雨水较多，西部地区干燥多风、缺氧、寒冷，形成了特殊的气候条件。青海省气候呈现如下特点：

1. 太阳辐射强，光照充足

青海地处中纬度地带，太阳辐射强度大，光照时间长，年总辐射量每平方厘米可达690.8～753.6千焦耳，直接辐射量占辐射量的60%以上，年绝对值超过418.68千焦耳，仅次于西藏，位居全国第二。

2. 全年冷期较长，平均气温较低

青海境内年平均气温在-5.7℃～8.5℃，年平均气温在0℃以下的祁连山区、青南高原面积占全省面积的2/3以上，较暖的东部湟水、黄河谷地，年平均气温在6℃～8℃。全省各地最热月平均气温在5.3℃～20℃；最冷月平均气温在-17℃～5℃。

3. 降水量少，地域差异大

青海省境内绝大部分地区年降水量在400毫米以下。东部达坂山和拉脊山两侧以及东南部的久治、班玛、囊谦一带超过600毫米，其中久治最多，为772.8毫米。柴达木盆地少于100毫米，盆地西北部少于20毫米，其中冷湖只有16.9毫米。

4. 雨热同期，属三区交汇区

青海属东部季风气候、西北干旱气候与青藏高原气候交汇区。青海大部分地区5月中旬以后进入雨季，至9月中旬前后雨季结束，持续4个月左右。这期间正是月平均气温大于等于5℃的持续时期，是年内气温较高时期，也是雨水相对丰沛时期，这无疑对农作物及牧草的生长发育有利。

5. 气象灾害频发，危害较大

青海境内的主要气象灾害有干旱、冰雹、霜冻、雪灾和大风。其中：干旱频繁且严重，受害面积大，尤其是春旱，不管农区或牧区出现频率均较高，有“十年九旱”之说；降雹次数多，持续时间长，对农牧业生产危害较重；霜冻，尤其是山区早霜冻，严重影响着作物的产量和质量；广大牧区的雪灾和大风雪时有发生，严重威胁着畜牧业生产。

三、资源区位特点

青海自然资源丰富，是我国现代化建设的一个大有希望、正在开发的战略地区。青海省资源呈现出如下特点：

1. 光热资源

青海省地域广阔，太阳辐射强，日照时间长，光热资源丰富。全年日照时间在2500～3650小时，比同纬度地区的华北平原、黄土高原多400～700小时；全省每平方厘米年辐射总量达690.8～753.6千焦耳。广阔的土地和丰富的光热资源，有利于高原畜牧业发展和瓜果等经济类作物生长，利用潜力很大。

2. 草场资源

青海省是中国五大牧业区之一，草场资源丰富。全省有可利用草原面积3160万公顷，占全国可利用草原面积的15%。在辽阔肥美的草原上，生长着天然牧草940多种，其中营养价值较高的优良牧草约190多种，具有粗蛋白质、粗脂肪、无氮浸出物含量高，粗纤维含量低的特点。饲养的草食性牲畜主要有藏系绵羊、牦牛、马、骆驼、山羊等，普遍耐高寒、耐粗饲。尤其牦牛是青藏高原优势畜种，数量居全国第1位，占全世界牦牛总饲养量的1/3。牦牛除食用外，还可役使，有“高原之舟”之称。青海省东部地区气候温暖，是农业区，农业与饲养业发达。青海主要畜产品有牛羊肉、羊毛、羊皮、牛皮、肠衣、三绒（驼毛绒、牛毛绒、山羊绒）等。其中，牛羊肉瘦肉率高，无腥膻味，具有野味风格，在国内外市场享有很高的声誉；青海羊毛久负盛名，是驰名中外的优质地毯毛原料；三绒针织产品在国内市场有较高声誉；紫羊皮以其美观大方、质地优良、保暖性能好而闻名于世。

3. 农作物资源

青海省的大田作物主要是宜凉耐旱的春小麦、青稞、豌豆、蚕豆、马铃薯、油菜，还有一些蔬菜、瓜果等。青稞是青藏高原特有的耐寒作物，为牧民传统的主要食粮。春小麦单产水平很高，1978年，地处柴达木盆地的诺木洪农场在1公顷试验田上种植的春小麦，产量达15.19吨（折合亩产2026斤），是当时世界最高纪录。青海的蚕豆品质优良，具有粒大、色鲜、无虫蛀等优点，出口换汇率高。油菜有甘蓝型、芥菜型两种，具有生长期短、产量高、含油多的特点。水果乔本作物的优势品种主要有“三红”（红星、红冠、红元帅）苹果、长把梨、冬果梨等。另外，大蒜、枸杞、核桃、辣椒、花椒等作物也很著名。

4. 野生植物资源

在青海辽阔的土地上，分布着类型多样、品种繁多的植物群落，具有从森林向荒漠过渡的多种植被，即使在自然条件严酷的沙漠、盐泽和高寒山地，也有植物生长。其中藏量大、用途广的经济植物多达数百种。仅药用植物就有大黄、甘草、贝母、雪莲、黄芪、党参、藏茵陈、羌活、虫草、柴胡等百余种，尤其冬虫夏草是驰名中外的贵重药材。还有淀粉作物中的蕨麻，营养丰富，被称为“人参果”。另外，还有开发价值较高的野菜（如蘑菇、发菜等）、野果及观赏植物等。

5. 野生动物资源

青海省野生动物种类多、数量大、价值高，有不少属于国家保护的稀有珍贵品种。据统计，全省有鸟类 290 多种，哺乳兽类 109 种，平均每平方公里有经济禽兽近 60 只。禽鸟资源主要有黑颈鹤、血雉、雪鸡、白马鸡、兰马鸡、天鹅、斑头雁、鱼鸥、棕头鸥、鸬鹚、鹰雕等。青海湖的鸟岛，每逢春夏之交，各类候鸟从中国南方、东南亚以及印度半岛等地结群而至，总数达十多万只。野生兽类有野牦牛、野驴、野骆驼、雪豹、麝、马鹿、白唇鹿、马熊、猞猁、石貂、藏水獭、猕猴、藏羚羊、盘羊、水鹿、旱獭、高原鼢鼠等。青海河流、湖泊、水库等水域的鱼类资源分布也很可观，经济鱼类主要有青海湖裸鲤（俗称湟鱼）等 50 余种，内地淡水鱼有鲤鱼、鳙鱼、草鱼等鱼种，发展高原渔业有着广阔的前景。丰富的野生动植物资源，为发展青海多种经营提供了优厚的物质基础。

6. 水能、矿产资源

同全国各省、区相比，青海省是一个资源富省，自然资源十分丰富。青海省河流众多，境内大小湖泊 2043 个，水体总面积 13665 平方千米。已探明的矿产资源保有储量中，有 56 种居全国前 10 位、11 种居全国首位。

（1）水能资源

众所周知，我国的长江、黄河、澜沧江均发源于青海省境内，流经之处，山大沟深，落差巨大。青海省境内水能理论储量在 1 万千瓦以上的河流有 108 条，可装机 500 千瓦以上的水电站 241 处。龙羊峡至青甘交接的寺沟峡 276 公里的河段上，可集中连线建设 12 座大中型水电站，黄河上游青海境内共规划建设 25 座水电站，总装机容量达 2045 万千瓦，被誉为中国水能资源的“富矿”区。目前，已建成龙羊峡、李家峡、公伯峡、拉西瓦、积石峡等电站，装机容量已达到 1029.8 万千瓦。黄河龙羊峡以上干流河段全长 1360 公里，规划了 16 个电站，其中青海省境内 13 座，自上而下为黄河源（已建成）、特合土、建设、塔格尔、官仓、塞纳、门堂、宁木特、玛尔挡、尔多、茨哈峡、班多、羊曲等梯级，总装机容量 906 万千瓦，年发电量 362 亿千瓦时。

（2）矿产资源

青海的矿产品种比较齐全，分布集中，有很高的开采价值。

截至 2015 年底，青海省已发现矿产种类 134 种，其中，查明有储量矿产种类108种。编入全国储量表的矿产中，有56种矿产列前10位，其中锂矿、锶（天青石）、冶金用石英岩、电石用石灰岩、制碱用石灰岩、化肥用蛇纹岩、硫酸镁盐、氯化镁盐、钾盐、石棉、玻璃用石英岩等11种资源位居全国首位，列第2位的有7种，列第3位的有8种。按化学成分划分，有氯化物型盐湖、硫酸盐型盐湖和碳酸盐型盐湖。按矿系划分，有钾镁盐矿床、硼矿床、锂矿床、钠盐矿床、天然碱矿床。按元素划分，除钾、镁、钠盐等主元素以外，还伴生大量的硼、锂、锶、铯、溴、碘等元素。在青海的盐湖资源当中，铷、钾、镁、锂、锶、芒硝6种矿产储量居全国首位。青海省柴达木盆地的盐湖资源在全国有非常明显的比较优势，具有储量大、品位高、类型全、分布集中、组合好等特点。柴达木盆地是我国最大的可溶性钾镁盐矿床，截至2014年底，保有氯化钾资源量8.72亿吨、氯化镁资源量57.18亿吨、氯化钠资源量3039.63亿吨。锂、钾、镁3种矿产资源量居全国首位。

青海非金属矿产资源也很丰富，石棉、电石用石灰石、蛇纹岩、玻璃用石英岩、冶金用石英岩的储量在全国也名列前茅。石棉储量居全国第1位。茫崖的石棉以纤维长、可纺性强闻名于世。祁连石棉独特的湿纺性能可与加拿大魁北克棉相媲美。

青海的石油天然气资源主要分布在柴达木盆地西北部，目前共发现16个油田、6个气田。石油资源量达2亿多吨，已探明2.08亿吨；天然气资源量2937亿立方米，已探明663.29亿立方米。

青海的有色金属和黄金资源也比较丰富，储量较大的有铅115万吨、锌153万吨、铬23万吨。此外，镍、钴、钼、钨、锡、汞也有相当大的储量。岩金和沙金分布广泛，很有勘探和开发前途。青海省的煤炭资源也相对丰富。

在柴达木盆地的33个盐湖中，已初步探明氯化钠储量3263亿吨、氯化钾4.4亿吨、镁盐48.2亿吨、氯化锂1392万吨、锶矿1592万吨、芒硝68.6亿吨，上述储量均居全国第1位，其中氯化镁、氯化钾、氯化锂等储量均占全国已探明储量的90%以上。溴储量18万吨、硼矿1157万吨，居全国第2位。盐湖资源不仅储量大，而且品位高、类型全、分布集中，资源组合好，开采条件优越。

7. *旅游资源*

青海省自然风光雄奇壮美，旖旎迷人，旅游资源丰富，具有青藏高原特色。名胜古迹众多，古墓群、古寺庙、古岩画、古城堡等名胜古迹难以统计。汉族、藏族、回族、蒙古族、土族、哈萨克族、撒拉族等民族，都有着悠久的历史和优秀的文化传统，保持着独特而丰富多彩的民族风情和习俗。面积4583平方公里的青海湖是中国最大的内陆咸水湖，湖中的鸟岛、海心山、海西山、三槐石和沙岛等为中外游客所乐道。孟达林区面积为9544公顷，在循化撒拉族自治县境内，为国家级自然保护区。塔尔寺位于距西宁西南27公里的湟中县鲁沙尔镇，是藏传佛教格鲁派六大寺院之一，已有600多年历史。截至2015年，全省有世界级旅游资源11个，国家级旅游资源82个，省级旅游资源200余个。随着青海省旅游经济的快速发展，相应的旅游设施日趋完善，可为国内外旅游者提供多种有效的服务。

第三节 青海区域经济发展社会条件分析

西部大开发战略实施以来，青海省国民经济持续快速发展，经济结构进一步优化，综合实力日益增强，人民生活水平得到了不断提高。

一、行政区划

青海省区域划分有悠久的历史，从20世纪50年代开始，随着对青海省情和经济社会发展阶段认识的不断加深，青海区域划分进入不断调整和变更的时期。学者在研究青海经济发展时，根据经济区域的划分方法，将青海省划分为几大经济区域。普遍认同的，一是将全省划分为三个经济区，即青南地区、东部地区、海西地区；二是按照"四分法"，将全省划分为东部地区、环青海湖地区、三江源（青南）地区、柴达木地区，后又增加了兰青—青藏铁路沿线及湟水和黄河流域两个经济带，即"四区两带一线"；三是按照行政地区的划分方法。1949年，新中国成立以来，青海省行政区经过多次调整，现辖2个地级市、6个民族自治州，即西宁市、海东市、海西蒙古族藏族自治州、海南藏族自治州、海北藏族自治州、玉树藏族自治州、果洛藏族自治州、黄南藏族自治州。

本教材采用行政区域划分方法，按照青海省二市、六州这八个行政区划论述青海省区域经济发展的有关内容（如表3-1所示）。

表3-1 青海省所辖市县情况一览表

市、区、州	县级行政单位及驻地名称
西宁市	城东、城西、城中、城北区、大通回族土族自治县、湟中县、湟源县
海东市	平安区、乐都区、互助土族自治县、民和回族土族自治县、化隆回族自治县、循化撒拉族自治县

（续表）

市、区、州	县级行政单位及驻地名称
海西蒙古族藏族自治州	德令哈市、格尔木市、都兰县、乌兰县、天峻县、茫崖行政委员会、冷湖行政委员会、大柴旦行政委员会
海南藏族自治州	贵德县、兴海县、同德县、贵南县、共和县
海北藏族自治州	门源回族自治县、祁连县、刚察县、海晏县
玉树藏族自治州	玉树市、囊谦县、称多县、杂多县、治多县、曲麻莱县
果洛藏族自治州	玛沁县、甘德县、达日县、班玛县、玛多县
黄南藏族自治州	同仁县、尖扎县、泽库县、河南蒙古族自治县

二、人口分布及特征

人口是区域经济中一个最为重要的条件。

1. 人口总体情况

新中国成立前，青海省只有147.61万人。新中国成立后，随着经济建设的发展、人民生活水平的提高和医疗卫生条件的改善，人口增长很快。“十二五”以来，青海省委、省政府坚持以人为本的发展理念，在保持经济稳步快速发展的同时，合理推进人口发展、新型城镇化发展，全省人口发展呈现总量低速增长、城镇人口快速增加、人口受教育程度不断提高的态势。2014年末，全省常住人口为583.42万人，比2010年增加19.95万人；2015年末，全省常住人口为588.43万人。

“十二五”期间，青海省常住人口共增加24.96万人，其中自然增加23.96万人，自然增长率控制在“十二五”规划控制的目标内；省际净迁入1万人。

2. 人口分布情况

青海省自然条件具有极大的差异性，长期以来在社会历史、经济发展基础等综合因素作用下，各地人口分布极不均衡。青海省东部的西宁市和海东市占全省总面积的2.95%，却集中了全省63.98%的人口。位于西部和南部的广大地区，面积占全省面积的96.4%，人口却只占全省的36.92%。第六次全国人口普查结果显示，青海是全国人口密度极低的省份之一，每平方公里仅有7.8人，在全国31个省、自治区、直辖市中，仅高于西藏，位列第30位。根据2015年全国1%人口抽样调查结果推算，2015年末，全省各市、州常住人口及相关情况如下（如表3-2所示）。

表 3-2 2015 年青海各地区人口及其比重

地区	人口数（万人）	比重（%）
全省	588.43	
西宁市	231.08	39.27
海东市	145.43	24.71
海西藏族自治州	50.91	8.65
海南藏族自治州	46.40	7.88
玉树藏族自治州	40.17	6.82
海北藏族自治州	27.87	4.76
黄南藏族自治州	26.88	4.57
果洛藏族自治州	19.69	3.34

3. 民族特征

青海民族众多。全省共有 54 个民族成分，少数民族人口有 280.74 万人，占全省总人口的 47.7%，高于内蒙古、广西和宁夏等民族自治区。世居少数民族主要有藏族、回族、土族、撒拉族和蒙古族，其中土族和撒拉族为青海独有。20 世纪 80 年代由于特殊历史背景，青海省人口民族特点表现为汉族增长速度快、比重上升，少数民族增长速度慢、比重下降。

据 2010 年第六次青海省人口普查数据统计，藏族 1375062 人，占 24.44%；回族 834298 人，占 14.83%；土族 204413 人，占 3.63%；撒拉族 107089 人，占 1.90%；蒙古族 99815 人，占 1.77%；其他少数民族 22529 人，占 0.40%。同 2000 年第五次人口普查相比，汉族人口增加了 160211 人，增长了 5.67%；少数民族人口增加了 284951 人，增长了 12.08%。少数民族人口比重由 45.51% 提高到 46.98%。

各地常住人口分布情况是：西宁市 2208708 人，占全省常住人口的 39.25%；海东地区 1396846 人，占 24.82%；海西蒙古族藏族自治州 489338 人，占 8.70%；海南藏族自治州 441689 人，占 7.85%；玉树藏族自治州 378439 人，占 6.73%；海北藏族自治州 273304 人，占 4.86%；黄南藏族自治州 256716 人，占 4.56%；果洛藏族自治州 181682 人，占 3.23%。与 2000 年第五次人口普查相比，玉树藏族自治州人口增长最快，10 年间增长 40.78%；其次是海西州，增长 32.56%；而后依次是果洛藏族自治州、黄南藏族自治州、西宁市、海南藏族自治州。在青海 8 个州（市）中，除了西宁市、海东市、海西藏族自治州的人口以汉族为主以外，其余 5 个州的人口以少数民族为主，少数民族比重最高的是玉树藏族自治州。

三、青海经济发展历程及特征分析

1. 经济发展的阶段与特点①

自 1950 年 1 月 1 日青海省人民政府正式成立到 2015 年，青海经济社会发展走过了 65 年的光辉历程。65 年来，青海经济发展经历了由小变大、由弱变强、由慢变快、由贫穷到富裕的历史性变化，其发展历程可简要归纳为以下几个阶段。

（1）艰难起步阶段（1950—1978 年）

青海解放前，经济基础非常薄弱，农牧业经济占据主体地位。新中国建立后，先后经历了农业、手工业和资本主义工商业改造、“大跃进”、人民公社运动、“三线”建设以及十年动乱等一系列经济政治变革，工业经济从无到有，在计划经济体制内艰难起步、缓慢发展。这一时期青海经济发展的主要特点是：一是经济总量小。1950 年青海地区生产总值仅有 1.34 亿元，直到 1972 年才首次突破 10 亿元关口，经济总量从 1 亿元增长到 10 亿元共用了 23 年时间。1950—1978 年全省累计完成固定资产投资 67.69 亿元，年均投入强度只有 2.42 亿元。二是经济波动大。“一五”时期全省地区生产总值平均增速为 16.73%，“二五”时期平均增速只有 0.94%，“三五”和“四五”时期平均增速分别为 11.23% 和 7.37%，28 年间经济增速波动幅度达到了 15.79%。三是经济结构比较单一。主要以农业经济为主，工业经济发展起步较晚，相继从内地迁入和新建了一批机械、化工和军工企业。直到 1975 年，青海第二产业占比首次超过第一产业达到 38.3%。四是城乡居民生活水平较低。按照联合国关于恩格尔系数的测算标准，这一时期青海农村居民恩格尔系数在 60% 以上，总体处于贫困阶段。

（2）探索发展阶段（1979—1999 年）

这一时期我国的工作重点转移到了经济建设的战略轨道，是我国打破传统计划经济，进行市场经济体制改革的探索时期，国家先后在农村牧区开展了以“包产到户”为主要内容的农村经济体制改革，在城市开始进行以市场调节为取向的经济改革，青海开始探索实施资源开发战略。这一时期青海经济发展的主要特点是：一是经济恢复性增长。经济增速平均达到 7.6%，但低于同期全国平均水平，地区生产总值于 1993 年首次突破 100 亿元关口，经济

---

① 孙发平等：《青海省“十二五”发展成就及其经验启示》，青海社会科学，2015。

总量从 10 亿元增长到 100 亿元共用了 21 年时间。1979—1999 年，全省累计完成固定资产投资 808. 89 亿元，是 1950—1978 年的 12 倍。二是工业经济发展速度加快。工农业总产值中，工业产值的比重由 1985 年的 65. 5% 提高到了 1999 年的 77. 9%。三是城乡居民生活水平提高较快。农村居民恩格尔系数为 50% ~60%，城镇居民恩格尔系数为 40% ~50%，总体处于温饱阶段。

（3）高速增长阶段（2000—2010 年）

这一时期国家开始实施西部大开发战略，青海工业化、城镇化、市场化进程明显加快，经济进入了持续快速发展阶段。这一时期青海经济发展的主要特点是：一是经济高速增长。经济增速平均保持在 12. 5% 左右，高于同期全国平均水平，地区生产总值于 2009 年首次突破 1000 亿元大关，经济总量从 100 亿元增长到 1000 亿元只用了 16 年时间。2000—2010 年，全省累计完成固定资产投资 4930. 97 亿元，是 1978—1999 年间的 6 倍。二是工业化由初期向中期过渡。三次产业结构由 2000 年的 15. 2 ∶ 41. 3 ∶ 43. 5 调整为 2010 年的 10. 0 ∶ 55. 1 ∶ 34. 9，工业通过实施资源开发和转换战略得到了快速发展，为形成具有青海资源优势的特色工业体系奠定了基础。2001 年全省人均 GDP 首次突破 1000 美元，2010 年达到 4246 美元，根据美国学者钱纳里的工业化阶段理论和模型，青海工业化水平处于由初级阶段向中级阶段的过渡时期。三是城乡居民生活水平持续快速提升。农村居民恩格尔系数为 40% ~50%，城镇居民恩格尔系数为 30% ~40%，总体处于小康阶段。城镇居民医疗保险、城镇职工养老保险、农村新型合作医疗制度、农村居民最低生活保障制度、城镇住房保障体系等社会保障体系开始建立。

（4）向中高速增长过渡阶段（2011 年至今）

这一时期青海经济发展经历了西部大开发以来的高速增长之后，劳动力、土地、资本等生产要素成本不断上升，资源环境约束不断增强等一系列结构性减速因素逐渐凸显，经济发展方式向发挥特色资源优势与绿色循环低碳相结合转变，经济增长进入以提升质量和改善效率为主的中高速增长时期。这一时期青海经济发展的主要特点是：一是经济向中高速增长过渡。经济增速平均保持在 10. 7% 左右，略高于同期全国平均水平，地区生产总值 2013 年首次突破 2000 亿元大关，累计完成固定资产投资 12000 亿元。二是经济发展步入了工业化中期。三次产业结构呈现新的发展格局，新能源、新材料、生物医药等战略性新兴产业和健康养老、现代物流、电子商务、文化产业等现代服务业快速发展。三是发展方式加快转变。生态文明理念开始统领全省经济社会发展，经济结构开始了深度调整和转型升级，传统农牧业逐步向高原现代农牧业转变，传统工业逐步向战略性新兴产业转变，服务业的发展层次和水平明显提升。四是城乡居民生活水平进入富裕阶段。农村居民和城镇居民的恩格尔系数首次均处于30%～40%，城乡居民生活水平整体差距不断缩小。

2. 区域经济总体特征分析

新中国成立以后，青海省的经济经历了从低速发展到跨越式发展的过程，经济社会水平得到了快速提高。特别是西部大开发以来，青海省综合经济实力大幅度提升（如表3－3所示），生产总值翻10番以上。

表3－3 青海省经济跨越发展形势表

	新中国成立之初	2011年	2013年	2015年
经济总量	1.2亿元	1670.44亿元	2101.05亿元	2417.05亿元
人均GDP	83元	28775元	36510元	41252元
固定资产投资	371万元	1434.33亿元	2403.9亿元	3144.17亿元
财政一般预算收入	400万元	270.40亿元	368.56亿元	381.1亿元
进出口总额	870万美元（1980年）	92382万美元	140256万美元	193447万美元
城镇居民人均可支配收入	418.7元（1981年）	15603.31元	19498.54元	24542元
农牧民人均纯收入	191.6元（1981年）	4608.47元	6169.39元	7933元

3. 经济结构优化调整

（1）产业结构逐渐呈现优化

1949年，青海三次产业结构比为80：5.7：13.8，是农业居主导地位的“一三二”结构。“一五”计划提出了建立社会主义工业化初步基础的目标，拉开了青海产业结构调整的序幕，形成具有青海特色和比较优势的产业体系。“十二五”期间全省三次产业结构由2010年的10.0：55.1：34.9调整为2013年的9.9：57.0：33.1，2014年的9.4：53.5：37.1，2015年的8.64：49.9：41.41，2010年到2015年青海的产业结构呈现“两降一升”的格局。2015年全省地区生产总值中第三产业增加值达到1000.81亿元，增速（8.6%）高于全省地区生产总值增速0.4个百分点，第三产业比重较2014年提高4.4个百分点，第三产业得到了快速发展，现代服务业成为支撑全省发展与转型的生力军。

（2）第三产业人员成为就业的主力

新中国成立以来，就业人员在三次产业结构中的分配逐步优化，以包产到户即家庭联产承包制为主要形式的农村体制改革，不仅提高了全省农业综合生产能力，还将劳动力从农业中解放出来从事第二、三产业。2015 年三次产业就业比例为 35. 80：23. 00：41. 20，与 1949 年相比，第一产业就业人数下降了 40. 01 个百分点，二、三产业就业人数分别提升了 22. 0 和 42. 89 个百分点。

（3）工业结构调整实现较大突破

在工业总量和效益同时增长的情况下，青海省历届省委省政府依据国家产业政策的要求，结合本省资源优势，从加快资源开发到重点扶持优势产业，提高产品的深加工能力，到目前的大力发展循环经济和十大特色优势产业，全省工业做大做强，成为全省经济的主要支撑力量。

① 制造业比重提高，资源类行业比重下降。2015 年全省规模以上工业三大门类中，制造业增加值比上年增长 11. 7%，增速高于规模以上工业 4. 1 个百分点，占规模以上工业增加值的比重为 67. 8%，比 2014 年提高 3. 9 个百分点；采矿业（资源类行业）增加值比上年增长 2. 3%，增速低于规模以上工业 5. 3 个百分点，占规模以上工业增加值的比重为 16. 7%，比 2014 年下降 3. 7 个百分点。（注：资源类行业包括煤炭开采和洗选业，石油和天然气开采业，黑色金属矿采选业，有色金属矿采选业，非金属矿采选业，开采辅助活动，其他采矿业。）

② 轻工业比重提高。2015 年规模以上轻工业增加值占规模以上工业增加值的比重为 16. 4%，比 2014 年提高 2. 6 个百分点。

③ 非公有工业比重提高。2015 年规模以上非公有工业增加值比上年增长 13. 3%，增速比规模以上工业高 5. 7 个百分点，占规模以上工业增加值的比重为 48. 5%，比 2014 年提高 4. 5 个百分点。

④ 高技术产业和装备制造业比重提高。2015 年规模以上工业中，高技术产业和装备制造业增加值比 2014 年分别增长 26. 6% 和 22. 0%，分别高于规模以上工业增加值增速 19. 0 和 14. 4 个百分点，占规模以上工业增加值的比重分别为 6. 2% 和 5. 6%，比 2014 年分别提高 1. 3 和 1. 0 个百分点。（注：青海省高技术产业有化学药品制造，中药饮品加工，中成药生产，兽用药品制造，生物药品制造，卫生材料及医药用品制造，光纤、光缆制造，锂离子电池制造，电子器件制造，电子元件制造，仪器仪表制造，信息化学品制造。青海省装备制造业包括金属制品业，通用设备制造业，专用设备制造业，汽车制造业，铁路、船舶、航空航天和其他运输设备制造业，电气机械及器材制造业，通信设备计算机及其他电子设备制造业，仪器仪表制造业，金属制品、机械和设备修理业。）

⑤新兴产业呈快速增长势头。2015 年规模以上工业优势产业中新能源产业、新材料产业和生物产业增加值分别比 2014 年增长 29.7%、34.2% 和 21.9%。（注：青海省优势产业指新能源产业、新材料产业、盐湖化工产业、有色金属产业、油气化工产业、煤化工产业、装备制造业、钢铁产业、轻工纺织业、生物产业。）

⑥外商及港澳台投资企业占比提高。2015 年规模以上工业中外商及港澳台投资企业增加值比 2014 年增长 23.3%，增速高于规模以上工业 15.7 个百分点，占规模以上工业增加值的比重为 5.2%，比 2014 年提高 0.8 个百分点。

4. 现代农牧业稳步发展

新中国成立前，青海农牧业发展缓慢，结构单一。1949 年全省粮食产量仅为 29.57 万吨，油料 0.83 万吨，全省第一产业增加值仅 0.99 亿元。多年来，青海省积极推进农牧业生产方式转变，主打“生态、绿色、有机”牌，走特色发展之路，十大特色农牧业产业带基本形成，8 个百里万亩万头工程全部建成，“东部沙棘、西部枸杞”产业布局已显雏形，农牧业综合生产能力持续提高，农畜产品产量不断增加。

尤其是进入新世纪以来，青海省农牧业综合生产能力明显增强，粮食 8 年稳产丰收，生产方式向设施化、园区化、品牌化方向转变；2015 年全省农作物总播种面积 558.39 千公顷，粮食作物播种面积 277.06 千公顷，全年粮食产量 102.72 万吨，2008 年以来连续 8 年超过百万吨，油菜种植超过小麦成为全省第一大农作物。

自 2000 年实施退耕还林工程以来，枸杞在柴达木盆地开始种植，2007 年种植面积仅有 0.94 万亩、产量 402 吨，2014 年全省种植面积达到 33.85 万亩，2015 年枸杞种植面积达到 43.9 万亩，是 2010 年的 2.8 倍，产量 5.87 万吨。目前，通过围绕浆果资源高值化利用，已经开发出有机枸杞干鲜果、冻干枸杞、枸杞汁、枸杞粉、枸杞籽油软胶囊及枸杞酒系列产品，取得 8 项科技成果、15 项专利。

青海省作为我国五大牧区之一，牛羊养殖不仅是传统产业，而且是优势产业。近年来，在国家高度重视生态保护的前提下，每年青海省草原生态补偿达到 19.4 亿元。青海省委省政府积极引导农牧民转变发展方式和发展理念，着力构建适应发展需求、与市场接轨的畜牧产业结构。通过种草养畜、有机养殖等生态畜牧业高效生产模式，集成了饲草种植、草产品加工、牛羊标准化健康养殖、有机畜产品加工及溯源、生物有机肥等全产业链生产，实现了生态畜牧业循环生产，有力地推动了全省传统畜牧业向现代生态畜牧业生产方式的有效转变。2014 年、2015 年全省肉类产量达到 33.41 万吨、34.1

万吨。建成全国最大的冷水渔网箱养殖基地，冷水鱼产量超过 1 万吨，约占全国总量的 1/4，高原特色现代农牧业框架基本形成。

5. 新型工业化加快推进

新中国成立前，青海工业十分落后，仅在西宁市有所谓的“八大工厂”等一些手工业小作坊。1949 年全省工业企业总产值为 1871 万元。新中国成立后，先后发展了机械、电力、化工、农畜产品加工等工业。改革开放后，青海省提出“开发资源、振兴青海”，青海工业发展进入新的阶段，尤其是随着对省情认识的不断深入，青海工业经济总量在持续扩大，走上了快速发展的轨道。近年来，青海省积极落实支持中小企业尤其是小微企业发展的各项举措，全省规模以上工业增加值一直保持两位数的较快增长。同时，工业内部结构调整有序推进，以循环经济理念推动工业转型升级，全省盐湖化工、装备制造、有色金属等传统产业改造升级力度加大，新能源、新材料等战略性新兴产业迅速崛起，循环经济园区和基地成为主要增长极，目前循环工业增加值占工业比重达到 60% 以上。青海省进入了新型工业化发展的快速时期。

6. 服务业发展水平明显提高

新中国成立前，青海经济发展的重点是物质产品的生产，服务业只是辅助性的单位，没有作为完整的产业来发展，严重滞后。1949 年，全省地区生产总值中第三产业增加值仅占 13.8%。多年来，在各级政府的重视和培育下，全省服务业逐步壮大，发展水平显著提升，在经济总量中的比重稳步提高，内部结构逐步优化，吸纳就业能力不断增强，并带动相关产业的发展，在扩大规模、优化经济结构、增加财政收入和改善人民生活水平等方面发挥着越来越重要的作用。尤其是近年来第三产业呈现快速发展的态势，全省的第三产业增加值 2013 年达 695.45 亿元，2014 年达 853.08 亿元，2015 年达 1000.81 亿元，首次突破 1000 亿元大关。

7. 基础设施建设实现跨越式发展

新中国成立以来，国家对青海投入了大量的建设资金，随着投融资体制改革的深入，中央、地方、企业、民间以及利用外资投资格局已经逐步形成，投资规模迅速扩大。1950 年，全社会固定资产投资仅有 371 万元，2015 年达到 3266.64 亿元。尤其是进入“十二五”期间，青海省把基础设施建设作为支撑和带动全省经济快速发展的着力点来抓，交通、通信、水电、可再生能源、信息网络、城市建设等领域的一大批重大基础设施建设项目投入使用，对青海省经济社会发展产生了巨大的推动作用。

如今，青海省的青藏铁路西格段增建二线完工，实现大提速，兰新客运专线建成投运，青海迈入高铁时代；基本实现西宁至六州州府通高速公路，县城通二级及以上公路，全省公路里程达到7.56万公里，其中高速化公路突破3000公里，西宁外环高速公路全线贯通；2009年以前，青海只有西宁和格尔木2座机场，在短短6年时间，已新建了数座机场。如今，西宁机场完成改扩建任务，玉树、德令哈机场相继投运，格尔木机场正在紧锣密鼓地进行着改扩建，花土沟机场通航，果洛机场、祁连机场正在建设……这“一主八辅”机场不仅在全省范围内搭建起了安全、快捷、便利的空中交通网络，更为青海的对外开放创造了有利条件，在丝绸之路经济带架起了“青海道”的空中走廊；引大济湟主体工程建成，实现跨流域调水，全面解决农村牧区人畜饮水安全问题；建成青新、青藏电网联网工程，实现玉树大电网覆盖，全面解决无电人口用电问题。基础设施向高速化、网络化、广覆盖快速推进，发展后劲全面增强。

改革开放以来，青海省对城乡公共设施投入大量的资金，大南山绿色屏障、多巴体育基地、尖扎水上高原体育训练基地、原子城纪念馆、青海大剧院、青海科技馆、青海藏医药博物馆、西宁市污水处理厂、格尔木污水处理厂、玉树州结古镇震后应急防洪及供水等一批环境和公共设施建成投入使用，道路、供水、排水、供气、集中供热、垃圾处理、地下管网改造等基础设施显著改善。随着青海省经济发展的加速，乡村基础设施和公共服务配套逐步完善，垃圾、污水得到有效处理，村容村貌整洁有序，人居环境明显优化。

第四节　青海经济发展的优劣势分析[①]及发展思路

一、优势分析

1. 自然资源丰富

青海省是一个综合资源承载力比较大的省份，这主要归因于其国土和自然资源优势。

（1）独特的区位与气候

青海省位于青藏高原的东北部，境内既有高原也有盆地。超过3000米以上的地区占总面积的80%，同时由于境内群山环抱着柴达木、共和、可可西里、民和等几个盆地，所以形成了独特的气候特点，主要表现在绝大部分地区属干燥寒冷、气温剧变的高原大陆性气候，日照时数长且辐射量大。冬季

① 高孝伟：《青海省经济发展战略研究》，中国地质大学博士论文，2015。

漫长，夏季凉爽；每天的气温变化较大，但是全年气温的差别则比较小。总体来讲，年降水量较低且降水在地区之间的分布极不均匀，在下雨的地区夜雨、暴雨、冰雹、霜冻较多，而雨水少的地区则风沙较大。这种独特的气候条件是风电、太阳能等清洁能源的发展的重要条件。

（2）广袤的面积与丰富的珍稀物种

青海省土地总面积72.23万平方公里，占全国总面积1/13，面积排在新疆、西藏、内蒙古之后，位列全国各省、市、自治区的第4位。青海以高原山区为主，全省耕地面积58.82万公顷，仅占全省土地面积的0.81%，但其可浇地面积比重较大。除此之外，截至2015年，全省自然保护区数量达到13处，其中国家级7处、省级6处。保护区面积占全省国土总面积的31%，形成较为完整的自然保护区保护管理体系，全省80%以上的重点保护对象和典型生态系统得到有效保护。有6.3亿亩可利用草场，是其特有的牲畜、牦牛、绵羊、藏系羊的繁衍栖息地。另外，尽管其294种鸟类、110种经济兽类、270余种陆栖脊椎动物、40余种鱼类、50多种名贵中药等动植物相对于其他省份也许并不占数量上优势，但是很多野生动植物是属于国家一、二类重点保护对象。独特的物种资源使其发展特色经济成为可能。

（3）丰富的水资源

青海省内的河流分为外流河和内陆河两个系统。外流河主要有黄河、长江、澜沧江、湟水等，内陆河主要有格尔木河、哈吉尔河和布哈河等。全省内陆河、外流河流量在0.5立方米/秒以上的干支流共217条，河流总长度1.9万多千米。全省共有大小湖泊230个，包括青海湖、鄂陵湖等咸水湖，扎陵淡水湖以及察尔汉和茶卡等盐湖。青海省的地表水和地下水资源同样丰富，区域内不仅有众多的河流以及咸水和淡水湖泊，而且其地下水资源十分丰富，仅柴达木盆地的地下水总储量为3500亿立方米，为青海湖湖水的4倍多，淡地下水天然资源量每年为2.7亿立方米，可开采量每年为1.2亿立方米。全省可供开发的水电装机容量为2000万千瓦，而且开发条件优越，仅青海境内的黄河上游，从龙羊峡到寺沟峡，就可建6座总装机容量达700万千瓦的发电站，可以为青海的经济发展提供重要的能源供应保证。

（4）丰富的矿产资源

青海省已经查明的矿产资源有127种，探明单矿产地数688处，其中，大型134个、中型174个、小型380个。2006年，青海煤、石油、天然气等能源产地有4处。而到了2015年，仅油气田方面就发现了17个油田和6个气田。冷湖油田、花土沟油田、尕斯库勒油田都在全国大油田之列，柴达木石油远景储量可观，全地区生油量可达100~140亿吨左右；天然气地质储量近

30 万亿立方米，地质远景总生产量在 253 万亿立方米以上，仅 2015 年生产天然气 68.90 亿立方米。铅、锌、铜、金等 10 种主要金属矿产产地近 40 处，有色金属和黄金的储量巨大，其中储量较大的有铅 115 万吨、锌 153 万吨、铬 23 万吨。此外，镍、钴、钼、钨、锡、汞也有相当大的储量，岩金和沙金分布广泛，有很大的开发潜力。非金属矿产产地更是有 110 多处，包括 36 个矿种，石棉、石膏、石英、石灰岩、石墨 5 项名列全国首位。盐湖资源储藏量极为丰富，富含钾、硼、锂、镁、溴、碘等多种矿物，居全国之冠。

（5）丰富的旅游资源

青海名胜古迹众多，自然风光雄奇壮美，具有青藏高原特色。民俗风情别具一格，极富情趣。全省已形成颇具特色的东部、中部和西部三大旅游区。区域内的主要景点包括：以古墓群、古寺庙、古岩画、古城堡为特征的名胜古迹，以青海湖、孟达林区、三江源、万丈盐桥、阿尼玛卿山、昆仑山、新青峰等为代表的自然风景区，以塔尔寺为代表的藏传佛教文化景区等。这些独特的古迹、名胜、自然风光、人文景观都是吸引海内外游客的地方。截至 2015 年底，全省共有 5A 级景区（点）2 处、4A 级景点 17 处、3A 级景点 47 处，全年全省接待国内外游客 2315.4 万人次，比上年增长 15.5%；实现旅游总收入 248.03 亿元，增长 22.8%。其中，接待国内游客 2308.84 万人次，比上年增长 15.4%，实现国内旅游收入 245.55 亿元，增长 22.5%；接待入境游客 6.56 万人次，增长 27.4%，实现旅游外汇收入 3876.3 万美元，增长 50.6%。与旅游景点相配套的宾馆、饭店等服务设施也比较齐全，共有星级饭店 136 家，其中 5 星级 2 家，4 星级 15 家，3 星级 65 家，2 星级 50 家，1 星级 4 家；旅行社 231 家，其中出境游组团社 13 家。

2. 文化多元共融

青海文化是多元的。从宗教的角度看，青海有藏传佛教文化、伊斯兰教文化、汉传佛教文化、道教文化、基督教文化等众多宗教文化；从地域角度看，有河湟文化、雪域文化、草原文化等地域文化；从生态民族学的角度看，有河湟谷地的农耕文化、浅脑山区的耕牧文化、高寒草原的畜牧文化；从单一民族角度看，有汉族文化、藏族文化、回族文化、蒙古族文化、土族文化、撒拉族文化等，各文化之间交相辉映，共融共生。数百年来，青海地区逐渐形成了一种汉族、土族专营农业，藏族、蒙古族专营草原牧业，回族、撒拉族经营商业的这样一种既分工又合作的稳定的社会经济秩序，农业、牧业、手工业，通过商业而成为一种相对稳定的经济联合体。

青海省虽然区域和民族亚文化特点鲜明，但是各种文化互相渗透、互相促进，呈现出多元和谐的发展。特别是藏传佛教和伊斯兰教在信仰的民族中形成了各自的宗教文化圈，维系着人们之间的关系，具有思想文化和生活习惯等方面的牢固聚合力。文化融合和相互尊重使得青海的民族之间没有仇恨和冲突，良性的文化氛围是社会安定的基础，而社会的安定必然会对经济发展起到促进作用。

3. 发展速度较快

青海省在国内的经济总量排名虽然不高，2015 年以 2417.05 亿元排在倒数第 2 位，仅高于西藏，但是其经济发展速度却明显高于全国平均水平，排在第 14 位，说明青海省具有较大的发展空间。

从表面上看，青海省的人均 GDP 水平与全国水平的差距有扩大的趋势，但是这并不能从本质上反映青海省的经济发展，因为从相对数的角度上看，青海省相对于全国人均 GDP 水平已经从 2014 年的 3.9812 上升到了 2015 年的 4.30，说明青海省的经济发展有了一个长足的进步。因为经济发展有其惯性作用，所以对目前青海省经济发展的惯性作用不可低估和忽视。青海省经济增长速度如果能够得以保持，相信在不远的将来与全国的平均水平差距会越来越小。

4. 农副产品优良

据青海省 2015 年国民经济和社会发展统计公报显示，青海省的肉类总产量比上年增长 4.1%。猪肉产量比上年降低 2%；牛肉产量增长 8.3%；羊肉产量增长 5.9%。由于青海省的总量指标与全国平均水平相比不占优势，但是因其人口只相当于人口大省的 1/20 左右，所以其比较优势十分明显。而从质量上看，青海省的肉类产品也具有质优的特点，其主要由青海省的特殊地理位置所造成的特殊气候所造就。

5. 资源承载力强

青海省的资源承载力较强，这主要归因于其广袤的面积和丰富的资源以及较低的人口密度，一旦青海省解决了交通等基础设施的瓶颈约束，再将科技因素真正融入其经济发展过程中，未来其承载力优势将得以不断发挥。

二、劣势分析

1. 粮食总产、亩产量低

就整体而言，青海省相对于其巨大的国土面积，耕地面积所占比重却很小。2015 年青海省在全国的粮食总产量排名第 29 位，总产量为 102.72 万吨，单位面积产量 3707.5 公斤/公顷，仍然达不到全国平均水平的 5482.9 公斤/公顷，水平差距较大。

2. 经济发展潜力不高

尽管在对青海省的优势分析中，其经济发展速度排在了全国的第 14 位，表现出很高的发展速度。但和一些西部省份相比却不占优势，甚至落后于陕西、重庆、四川、云南、贵州、甘肃等西部省市。

青海省的发展潜力在全国处于下游水平，激发经济增长的原动力显得不够。另外，青海省近年的发展主要依靠了资源的消耗和投资的拉动，所以其发展模式也不优，是属于典型的粗放型发展模式。这种模式对其长远发展必然会造成一定的隐患。

3. 区域发展有失均衡

青海省的发展极其不均衡，以青海湖为中心的地带尤其是西宁为主的东北部地区发展较好，而其西南部的发展则相对落后。玉树州几乎没有工业，而海西州农牧业占比较低。

4. 产业发展有失协调

青海省虽然已经进行工业化阶段，表现在第二次产业基本已经成为全省以及大多地区的主要产业，但是其产业发展水平比较低，不仅表现在其产业构成的不合理上，也表现在各次产业构成中的不同行业的不均衡。仅以第二产业来看，青海省的主要工业是矿业或者是矿业相关产业，而机械电子等产业的发展水准较低甚至是空白。缺少工业基础的发展必将会对其今后的发展产生巨大的约束。

5. 交通邮电发展落后

由于受到经济发展和地理条件的限制，青海省交通运输业虽然在近几年有明显的发展，但其总量水平仍然不高，尤其是缺少航空公司的原因，造成其航空运输业尤其不发达。尽管截至 2015 年，青海机场公司加大营销力度，促成省政府与南航、厦航签署战略合作协议，运营航空公司增加 3 家，新增 21 条航线，当年旅客吞吐量突破 400 万人次，但是总量水平仍然显得过低。交通和邮电业的总体情况同样低迷。

6. 科教产业发展不佳

青海省的科教水平较全国水平较低，且近十年的发展速度并不快。近年来，研究生招生单位没有变化，2015 年，全年研究生招生数仅为 1218 人，招生人数的总体规模也显得过小，2015 年高等教育招生人数为 21810 人。青海省中小学教育发展也有一些不利因素，仅从学校数量上看，无论是中学还是小学的数量都在明显下降，尽管人口在不断增加。而从其科研水平来看，青海省无论从科技成果的数量还是质量方面都与一些省区存在较大的差距。

7. 外商投资项目不足

由于受到区位和经济基础的影响，青海省招商引资水平和力度显得明显不够，无论是从项目数、合同利用外资额，还是从实际利用外资额的角度，其状况都不容乐观。

8. 对外贸易规模过小

青海省对外贸易总水平仍然很低，进出口总额与同年 GDP 相比占比较低，说明出口对青海省的经济发展并未产生很大的拉动作用。

三、青海“十三五”时期发展思路

“十三五”时期（2016 年至 2020 年），是青海省全面建成小康社会的决胜阶段。深入贯彻落实党的十八届五中全会精神，科学制定“十三五”规划，对促进经济持续健康发展、不断改善各族人民生活，把青海建设得更加和谐美丽，具有十分重要的意义。

1. “十三五”时期青海发展环境的基本特征

当前，世界经济在深度调整中曲折复苏，国际金融危机深层次影响在相当长时期依然存在，外部环境不稳定不确定因素增多。国内经济发展进入新常态，我国仍处于重要战略机遇期的重大判断没有改变，但内涵发生了变化，正在由原来加快发展速度的机遇转变为加快经济发展方式转变的机遇，正在由原来规模快速扩张的机遇转变为提高发展质量和效益的机遇。我省经济社会发展呈现出新的阶段性特征。经过多年努力，经济总量和实力迈上了新台阶，发展方式加快转变，经济结构不断优化，生态环境持续向好，新的增长动力正在孕育形成，自我发展能力明显增强。同时，发展不平衡、不协调、不可持续问题仍然突出，主要是经济下行压力加大，产业结构层次不高、竞争力不强，部分企业效益下滑，转型升级、提质增效的任务艰巨；局部生态环境恶化趋势尚未得到根本扭转，资源约束趋紧，推动绿色发展需要下更大气力；区域城乡发展很不平衡，居民收入还不高，物价涨幅排位靠前，基本公共服务供给不足，有些地方贫困程度较深；社会不稳定因素依然存在，反分裂反渗透斗争形势严峻，社会文明程度和治理水平需进一步提高等。我们要勇于面对问题和挑战，主动适应速度变化、结构优化、动力转换的新形势新要求，综合施策，迎难而上，推动全省经济行稳致远。应当看到，“十三五”期间，国家把生态文明建设提到了新高度，全面实施扶贫脱贫攻坚战，着力践行“一带一路”倡议，加大对民族地区、西部地区的支持和对口援青力度，这些必将给青海发展带来更多的机遇；通过这些年的探索实践，我们逐步形成了一整套行之有效的理念、思路、举措和机制，取得了丰硕成果，积累了宝贵经验，为未来发展打下了坚实基础。我们完全有信心、有条件、有能力在新的历史起点上开辟发展的新境界，让中国特色社会主义在青海大地焕发出蓬勃生机。

2. 基本发展思路

高举中国特色社会主义伟大旗帜，全面贯彻党的十八大及十八届三中、四中、五中、六中全会精神，以马克思列宁主义、毛泽东思想、邓小平理论、“三个代表”重要思想、科学发展观为指导，深入贯彻习近平总书记系列重要讲话精神，认真落实“四个全面”战略布局，按照国家主体功能区规划，以生态保护优先理念协调推进经济社会发展，加快形成适应经济发展新常态的体制机制和发展方式，统筹推进经济、政治、文化、社会、生态文明建设和党的建设，确保如期全面建成小康社会，把青海建设得更加和谐美丽。

中央《关于制定国民经济和社会发展第十三个五年规划的建议》提出，必须坚持人民主体地位、坚持科学发展、坚持深化改革、坚持依法治国、坚持统筹国内国际两个大局、坚持党的领导，必须牢固树立创新、协调、绿色、开放、共享的新发展理念。“六个坚持”是我们必须遵循的重大原则。新发展理念是关乎发展全局的一场深刻变革，是贯穿今后一个时期青海发展思路、发展方向、发展着力点的主线，反映了我们党对发展规律的新认识，我们要完整、系统、准确地领会和把握，并贯穿于经济社会发展的各方面。

（1）更加注重生态保护。青海在全国的生态地位极其重要，必须坚持生态保护优先，把生态文明理念贯穿到经济社会发展中，着力打造绿色发展新优势，切实履行好维护国家生态安全的历史责任，服务中华民族长远利益，实现可持续发展。

（2）更加注重转变发展方式。青海产业偏粗偏重、链条短、附加值低，必须把握当今科技和产业变革方向，坚持走循环经济的发展路子，以创新为动力，加快推进结构调整，促进产业转型升级，全面提高质量和效益。

（3）更加注重和谐稳定。青海处于反分裂反渗透斗争一线，必须坚持把维护祖国统一、加强民族团结作为着眼点和着力点，有效凝聚正能量，防范、化解和掌控各类社会风险，实现各民族共同团结奋斗和共同繁荣发展。

（4）更加注重民生福祉。青海民生总体水平与全国尚有一定差距，必须坚持以人民为中心的发展思想，把改善民生、凝聚人心作为出发点和落脚点，着力解决群众的切身利益问题，使各族人民共享改革发展成果，切实增强发展的协调性。

（5）更加注重改革开放。青海地处内陆高原、相对封闭，必须坚持以改革红利弥补区位劣势、以开放意识主动融入全球化发展潮流，坚持解放思想，坚决破除不合时宜的思想观念和体制机制障碍，不断增添发展动力与活力。

（6）更加注重夯实基层。青海地域广阔、条件艰苦、基层基础有待进一步加强，必须深入推进“基层组织、基础工作、基本能力”建设，坚持实行倾斜政策，不断攻克薄弱环节，进一步打牢党在多民族地区的执政根基。

3. 主要目标

目标引领方向，目标凝聚力量。《中共青海省委关于制定国民经济和社会发展第十三个五年规划的建议》提出了今后五年发展的“131”总体要求，即实现“一个同步”、奋力建设“三区”、打造“一个高地”。具体就是，把握中央提出的标准与要求，确保到2020年与全国同步全面建成小康社会；构筑国家生态安全屏障，建设生态文明先行示范区；加快转变发展方式，建设循环经济发展先行区；突出改善民生凝聚人心，建设民族团结进步先进区；弘扬党的优良传统，铸就青海精神高地；努力实现生态文明建设迈上新台阶、经济保持中高速增长、人民生活水平和质量明显提升、公民素质和社会文明程度显著提高、社会治理水平进一步提升、各方面制度更加成熟更加定型的新目标。

一是生产总值和城乡居民收入。党的十八大提出，到2020年实现国内生产总值和城乡居民人均收入比2010年翻一番。根据这一目标要求，经测算，未来五年青海生产总值只要年均增长3.7%、城乡居民人均收入年均增长1.7%，就可以实现“两个翻番”。为进一步缩小与全国发展差距，自我加压，综合分析“十三五”外部需求和省内资源环境约束加剧等因素影响以及潜在增长率，把翻番基准时间延后1年，提出到2020年实现生产总值和城乡居民人均收入比2011年翻一番，生产总值按年均增长7.5%、城乡居民人均收入按年均增长8%安排。把增速调整到合适“挡位”，既可保证青海经济增长的稳定性和连续性，释放积极的目标信号，又有利于给保护生态、优化结构、转型升级预留空间，同时人均生产总值、城乡居民人均收入与全国水平的相对差距也有望分别缩小3.2和5.2个百分点。

二是农牧区贫困人口脱贫。打赢脱贫攻坚战是“十三五”的头等大事和第一民生工程。通过精准识别，我们确定了52万建档立卡贫困人口，在客观分析艰巨性和可行性的基础上，作出了“四年集中攻坚，一年巩固提升”的总体部署，即到2019年，确保现行标准下的52万贫困人口如期脱贫，确保42个贫困县（市、区、行委）全部摘帽、1622个贫困村全部退出，实现区域性整体脱贫。再经过一年努力，使脱贫成效更加巩固、群众生活更加殷实，实现与全国同步全面建成小康社会的目标。

三是水体水质和空气质量。保护好“中华水塔”，确保“一江清水向东流”，是我们担当的历史责任，确保三大河流出省断面水质稳步提升。湟水河流经省内主要城镇和人口聚居区，还青海人民一条清澈的母亲河，是政府的庄严承诺，湟水河出省断面水质达标率要由现在的四类 83% 提高到三类 50%。青海主要城市人口聚集度高，人民群众十分关注空气质量，主要城市 PM 2.5 浓度要控制在国家下达目标以内，空气质量优良率达到 80%。

4. “十三五”经济社会发展的重点任务

奋斗目标要靠重大政策举措和重大项目来保障。《青海省国民经济和社会发展第十三个五年规划纲要》围绕经济建设、社会发展、生态文明、改革开放等领域，从 13 个方面明确了“十三五”时期的重大战略、重大项目、重点举措。一是筑牢国家生态安全屏障。把生态文明建设放在突出位置，建设全国生态文明先行示范区。以“五大生态板块”为重点，完善“一屏两带”生态安全格局，力争到 2020 年实现重点生态治理区全覆盖。深入推进大气、水、土壤污染防治计划，深入实施资源节约和循环利用，健全生态文明制度体系。二是创新创业驱动发展。围绕形成促进创新的体制构架，加快推动大众创业万众创新，培育更多依靠创新驱动的引领型企业。着力实施科技型、高新技术企业“两个倍增”工程和科技“小巨人”计划，实施“高端创新人才千人计划”，建设和完善 100 个企业工程技术中心和重点实验室，建成 5 个国家级科技创新平台，努力培育发展新动能。三是深入推进区域协调发展。坚持从更高层次、更宽视野推进“四区两带一线”战略，实现西宁海东一体发展，推动海西加快转型发展，推进环湖地区特色发展，促进青南地区保护与发展和谐共进，发展壮大县域经济，进一步打造区域协调发展新格局。加快推进新型城镇化，积极培育 8 个新兴城市，建设 48 个美丽城镇和 1500 个高原美丽乡村。四是构建绿色循环产业体系。深入推进国家循环经济发展先行区建设，构筑绿色循环、创新驱动、特色鲜明、效益显著的产业体系，不断增强产业综合竞争力。实施“三区一带”农牧业发展战略，着力打造“四个百亿元”产业。实施传统工业“百项改造提升工程”，滚动实施“百项创新攻坚工程”，着力构建“四个千亿”产业集群。持续打造“大美青海”区域形象品牌，努力建成高原旅游名省。巩固提升金融、商贸、物流等产业，促进服务业大发展。五是加快构建全方位开放新格局。抓住国家实施“一带一路”战略的重大机遇，构建全方位、多层次、高水平对外开放新格局。培育对外贸易新优势，实施千万美元潜力企业培育计划和出口自主品牌培育计划。提高对外合作水平，构建对口援青合作长效机制，建设开放型经济新体制。六是提升全社会信息化水平。把握互联网、大数据应用发展趋势，构建高速、移动、安全的信息网络。加强信息化基础设施建设，实现绝大部分城镇光网覆盖。以信息化助推产业现代化，信息化与工业化融合达到全国水平。大力推进“互联网+”行动，构建活力青海产业云、大美青海生态云、幸福青海民生云、和谐青海政务云，全面提升各领域信息化水平。七是打赢脱贫攻坚战。坚持精准扶贫，大力实施“八个一批”脱贫攻坚行动计划，通过发展特色产业、引导劳务输出、推进易地搬迁、实施生态保护、探索资产收益、着力加强教育、开展医疗保险和救助、实施社会保障兜底，实现精准脱贫。同时，通过补齐短板，夯实发展基础，强化科技、金融支撑，全面实现脱贫攻坚目标。八是共享全面发展成果。围绕就业、教育等民生关切，推进基本公共服务均等化，使各族人民有更多的获得感。逐步实施15年免费教育，进一步优化学校布局和资源配置，改善农牧区薄弱学校基本办学条件，健全民族地区双语教学体系，努力办好特殊教育。加快推进3所高职院校建设，提升高等教育综合实力和创新能力。鼓励大众创业万众创新，实现更加充分的就业，多措并举增加城乡居民收入，统筹推进城乡社会保障体系建设，健全完善养老保险制度，稳步提高城乡居民医保筹资标准，加大住房保障建设力度，健全医疗卫生服务和社会救助体系。九是提高基础设施保障水平。实施一批重大基础设施和资源能源项目，加快构建整体提升、功能配套、持续有力的要素保障体系，增强对经济社会发展的综合支撑能力。新增铁路运营里程1100公里，新增高速化公路2000公里，全面形成“一主八辅”民用机场运营格局，建成西宁和格尔木两个综合交通枢纽。全面推动绿色地勘，深入实施引大济湟后续工程，提升资源能源和水利保障能力。十是打造青海精神高地。积极培育和践行社会主义核心价值观，显著提高国民素质和社会文明程度，夯实全省各族人民共同团结奋斗的思想基础。深入开展“五星级”文明户创建活动，建成五级现代公共文化服务体系，加快发展文化体育产业，打造具有青海特色的优秀文化品牌。

第四章　青海工业经济

【学习目标】

1. 重点掌握青海工业经济的区域经济特征、整体规模和行业构成
2. 掌握青海工业产业结构和空间布局特征
3. 掌握青海工业发展的路径选择和重大措施
4. 了解青海工业的发展历程

第一节　青海区域经济中的工业经济

一、青海工业原有基础和发展历程

1. 原有工业基础

新中国成立前，青海省工业生产十分落后，基本上是“一片空白”。据史料记载，青海以机器生产为主的现代工业始于20世纪40年代，1941年建成的西宁电厂是青海现代工业首个工厂。1942年马步芳在西宁创建地毯厂、洗毛厂、制革厂和机器厂等，在此基础上形成所谓的“八大工厂”等一些手工业小作坊。到1949年底，全省共有国民政府官办企业15个，全省工业总产值1871万元（1952年不变价），占全省生产总值的15.2%①。

2. 基本发展历程

（1）三年恢复期（1949—1952年）

按照中共中央对官僚资本采取“保持原职、原薪、原制度”的方针，人民政府努力整顿和改组原有企业，对西宁电厂、青海毛纺厂、西宁化工厂、

① 张萍：《改革开放以来青海经济发展回顾》，青海统计，2000（1）。

青海印刷厂、大通煤矿进行改建和扩建，并在西宁地区重点新建了西宁砖瓦厂、互助酒厂、湟源酒厂、西宁酒厂等，筹建了茶卡盐场、青海绒毛加工厂等，开设了裕新面粉厂等私营企业，非常弱小的地方工业得到了恢复与发展。截至1952年底，全省已有国营、地方国营、公私合营、个体工业企业48个，个体手工业2782户，完成工业总产值2696万元。

（2）“一五”计划（1953—1957年）

从1953年青海工业进入有计划的建设时期。围绕“地方工业要本着投资少、见效快”的原则，继续整顿改造原有企业，积极稳步新建专区、县小型厂矿，生产当地人民所需的生活资料和生产资料；改造私营工业和个体手工业，按照“为农牧业、水利、交通运输和支援柴达木盆地资源勘探工作服务”的方针，先后投资34993万元（包括地质勘探），新建、扩建、改建各种经济类型的工业企业308个。重点扩建了西宁火电厂、青海人民化工厂、青海人民毛纺厂等企业，兴建了桥头电厂、西宁农牧机械厂等一批企业，青海资源开发和现代工业发展进入崭新时期。1955年9月，诞生了青海第一个机械产品——山地步犁，12月12日柴达木盆地第一口深探井——泉一井喷出原油；1957年10月建成第一座炼油厂——油泉子炼油厂并炼出第一批石油产品，12月西宁机械厂试制成功青海有史以来第一台蒸气锅炉。到1957年，全省完成工业总产值10416万元（1952年不变价），较1952年增加2.86倍。

（3）“大跃进”与三年调整期（1958—1965年）

在“大跃进”年代里组织实施了“二五”计划。1958年6月，中共青海省委二届五次会议提出“苦干5年基本改变落后面貌”的口号，仅1年多时间，全省办起各类社办厂矿11598个。全省在大炼钢铁运动中，3年累计投资4421万元，但仅炼出不合格生铁3.2万吨、钢3000吨。其间，扩建、新建了青海综合机床厂、青海拖拉机修配厂等一批骨干企业，开发了工业锅炉、桥式起重机、电动机等数百种新产品。由于调整压缩基本建设投资，1961—1962年全省工业出现大滑坡，关停并转434个工业企业，1962年工业总产值17634万元，为“二五”计划期末年产值指标的4%。1963—1965年，继续深入贯彻“工业七十条”，对手工业按照“瞻前顾后、统筹安排、鼓励先进、合理布局”的原则，增加了传统产品和民族特需用品的生产。抓企业内部调整，研发了DZ-1装岩机、CX立铣头、420K型刻模铣床等缺门短线产品，对手工业进行了合理布局。调整初见成效，全省工业企业数量由1962年初的610个减至449个，全民所有制工业企业职工由34540人精简到28614人，分别减少26.4%和17.2%；工业总产值由1962年17634万元上升到1965年末24085万元，增长36.6%。

（4）“大三线”建设期（1964—1975 年）

所谓“三线”，是指当时经济相对发达且处于国防前线的沿边沿海地区向内地收缩划分的三道线。一线地区指位于沿边沿海的前线地区；二线地区指一线地区与京广铁路之间的安徽、江西及河北、河南、湖北、湖南四省的东半部；三线地区指长城以南、广东韶关以北、京广铁路以西、甘肃乌鞘岭以东的广大地区，主要包括四川（含重庆）、贵州、云南、陕西、甘肃、宁夏、青海等省区以及山西、河北、河南、湖南、湖北、广西、广东等省区的部分地区，其中西南的川、贵、云和西北的陕、甘、宁、青俗称为“大三线”。

从 1964 年起，国家开始对青海省大量投资，发展以机械、冶金、军工电子、基础化学和交通为重点的“大三线”建设，历时 16 个年头，但主要集中在 1966—1975 年间，其中 1966—1972 年形成“三线”建设高潮。主要采用由沿海老厂迁建、援建、包建、改建、扩建等 5 种形式，迁入青海的工业企业集中分布在西宁、大通、乐都、湟中、海晏 5 个市、县。先后从上海、山东、河南、北京、天津等地迁建铣床、大型拖拉机、电机、轴承、基础化学、军工兵器、有色金属冶炼等轻重工业企业 33 个。与此同时，青海确立了以发展农牧机械、提灌设备、汽车制造等 7 个重点，先后新建了青海第一化肥厂、青海仪表厂等 552 个企业，初步形成了不同规模、各具特色的现代工业制造网络和一批在国内外具有一定地位和影响的优势产品。1965—1975 年，全省机械工业基本建设投资累计达 38914. 7 万元，占全省同期全部工业基建投资的 21. 3%，为机械工业 1953 年至 1964 年基本建设投资总额的 6. 4 倍。到 1975 年，青海工业企业 1038 个，当年完成工业总产值 104573 万元（1970 年不变价）。其间，“三五”计划时期增长 129%，年均递增 18%；“四五”计划时期增长 112. 6%，年均递增 16. 28%。

（5）改革开放前（1976—1978 年）

1976—1978 年受“左倾”思想影响，发展工业沿用走增加基本建设投资、扩大生产能力的老路，组织指导工业生产的方法仍是狠抓产值、产量，搞会战。1977 年，全国五届人大一次会议提出“在 1980 年基本实现农业机械化”的口号，重点发展农业机械和农机配件，组织丰收 1100 型脱谷机大会战和西北五省区“50”拖拉机大会战。在扩建青海农牧机械厂的同时，还新建了青海油泵油嘴厂等。到 1978 年全省工业企业总数 1391 个。

（6）改革开放至西部大开发前（1979—2000 年）

进入改革开放的时期，青海省委、省政府坚持从青海省情出发，制定并实施了“改革开放，治穷致富，开发资源，振兴青海”的经济发展战略，把加快资源开发作为振兴青海的重要战略方针。“六五”计划初期，主要抓调整工业企业结构、行业结构与产品结构，一方面通过“关、停、并、转”的方式压缩部分重工业建设与产品的生产能力，另一方面则加大以畜产品为原料的皮革、纺织、食品等行业的投资比重，促进全省轻工业产品的快速增长，并对原有工业企业进行挖潜改造，增加企业生产适销对路产品，扩大服务领域。“七五”计划是青海经济体制改革的重要时期，青海工业集中精力落实搞好大中型企业 20 条措施，把开发新产品、调整产业结构作为开拓国内外市场、振兴青海经济的发展点，大力推进现代化企业管理，促进企业的生产、经营活动实现良性循环。进入 90 年代，青海工业发展贯彻邓小平 1992 年南方讲话精神，继续深化改革，重点抓工业企业转机建制工作，进行建立现代企业制度试点，加快国有工业企业的组织结构调整，有 101 户工业企业开展兼并合并，实行股份制改造等，先后批准组建了西钢、工程机械、盐湖、数控机床等产权运营的（集团）国有资产公司，国有工业企业和产值在全省工业比重下降到3%、78.26%，为青海企业破产工作积累了经验。“九五”时期是青海向有中国特色的社会主义市场经济体制转型的重要时期，以实现三年脱困目标为重点，以建立现代企业制度、组建企业集团、破产重组、结构调整向纵深推进，对青海毛纺织工业总公司、青海锻造厂、青海电化厂等实施了破产、重组等，加快了企业产权多元化改革的进程，扭转了国有企业连续7 年亏损的局面。截至2000 年，青海省独立核算工业企业数下降到445 户，企业经济效益明显好转。企业所有制结构发生重大变化，非国有经济得到长足发展，涌现出了绿宝集团、三绒集团、兴旺建筑集团等一批发展潜力大的非国有企业，在全省经济中的比重达到30%。通过上市、发行股票、扩大融资渠道等方式促进企业发展壮大。国有企业在体制创新中活力增强，效益明显好转，年均增长8.8%，比“八五”时期增长1.4 倍。以结构调整为主线，以制度创新和技术创新为动力，技术含量高、市场需求较旺的产品增长较快，高新技术产业开始起步，培育形成了石油天然气、水电、有色金属、盐湖化工四大支柱产业和冶金、医药、畜产品加工、建材四大优势产业。到 2000 年，全省完成工业增加值 80.1 亿元，对外开放进一步扩大。投资主体也发生较大的变化，非公投资步伐加快，投资主体日益多元化，私营个体等其他投资者逐渐成为投资的活跃者，投资主体形成新格局。

（7）实施西部大开发以来（2001 年至今）

西部大开发战略实施以来，青海省确立了“大力发展水电、石油天然气、盐湖化工、有色金属四大支柱产业和积极发展冶金、建材、医药、农畜产品加工四大优势产业，对轻纺、机械化工业进行战略改组，有选择、有重点地发展高新技术产业”的工业发展思路，并先后对 400 多家国有企业进行了破产重组。同时，在招商引资的过程中，将投资的重点向四大优势产业引导和倾斜。同时，西宁经济技术开发区甘河工业园区、生物产业园区等一批各具特色的产业园区开始起步，成为全省经济发展新的亮点。进入“十一五”以来，青海坚持把项目建设作为工业结构和产业优化升级的重要途径，相继建成百万吨钾肥和百万吨复合肥、百万吨特钢、百万吨铝及铝合金、千万吨煤炭及百万吨煤焦化、百万吨纯碱、万吨级碳酸锂、万吨级晶硅及硅材料、万吨级铜箔和百万平方米藏毯等项目，新能源、新材料、先进装备制造、特色生物医药等新兴产业实现高起点起步，逐步形成了一批具有一定发展优势和较强市场竞争力的特色优势产业。“十二五”时期确立了生态保护第一战略，走低碳、绿色、集聚、循环的新型工业化道路，启动建设国家循环经济发展先行区，实施“建设百个重大项目、培育百个骨干企业”的“工业双百”行动，并于2013年启动15个重大产业基地建设。到2015年，全省全部工业增加值893.87亿元，全省循环工业增加值占比60%，特色优势产业占比从2012年末的57%提高到2015年的64%，工业对全省经济增长的贡献率达到65%以上。基本形成新能源、新材料、盐湖化工、有色金属、油气化工、煤化工、钢铁、装备制造业、轻工业纺织业、生物产业十大特色产业，部分技术应用和单体技术装备跻身国内甚至国际先进行列，基本构建园区间大循环、企业间中循环、企业内部小循环的三循环支撑体系，形成了盐湖资源综合利用、铝及铝深加工、光伏产业、藏毯绒纺等12条产业链和产业集群。

二、青海工业现有规模和基本构成

1. 整体规模和行业构成

(1) 规模以上工业不断壮大

国家原来对规模以上工业企业的认定标准为年主营业务收入在100万元以上，2011年改为2000万元以上。

根据国家现行统计口径，截至2015年，青海省有规模以上工业企业共576户，按规模大小可分为大型企业23户、中型企业96户、小型企业456户；按轻、重工业分，轻工业企业175户，重工业企业400户；按登记注册类型分，国有企业15户、集体企业2户、股份合作企业1户、有限责任公司239户、股份有限公司26户、私营企业265户、外商及港澳台投资企业26户和其他企业2户。2015年青海省规模以上工业企业数及主要经济指标如表4－1所示。

表4-1 2015年青海省规模以上工业企业数及主要经济指标

分类	企业类型	企业单位数（个）	工业总产值（亿元）	工业增加值增比上年增长（%）	资产合计（亿元）
按规模大小分	大型企业	23	957.6	—	3453.8
	中型企业	96	637.4	—	1201.5
	小型企业	456	923.2	—	1426
按轻重工业分	轻工业	175	447.9	18.0	454.9
	重工业	400	2070.2	6.3	5326.5
按登记注册类型分	国有企业	15	203.9	17.2	—
	集体企业	2	0.47	41.6	1.2
	股份合作企业	1	17.4	7.7	27.5
	有限责任公司	239	880	—	2332.2
	股份有限公司	26	567.4	—	1894.7
	私营企业	265	719.4	12.2	834.7
	外商及港澳台投资企业	26	120.3	23.3	150.7
	其他企业	2	9.2	22.2	7.6

数据来源：《青海统计年鉴2016》

由于青海省远离要素市场、远离创新高地、远离开放前沿，只能靠矿产资源丰富、地域面积广、环境容量大等比较优势，发展石油、电力、有色金属、盐化工等产业，逐渐形成了以资源型和原材料为主的重化工产业群，重工业比重一度高达95%。但随着近年来要素成本持续增加，资源环境约束条件不断增多，长期依赖的资源低成本优势逐渐消失，产业结构不合理的问题日益凸显，原有的产业传统优势成为可持续发展的最大短板。坚定不移地推进产业转型升级，优化产业结构成为青海工业发展的必然选择。“十二五”以来，围绕构建循环经济产业链，发展下游精深加工产业，培育新能源、新材料、特色轻工等新兴产业，高技术产业和新兴产业快速发展，轻、重工业比从2010年的7.9∶92.1提高到2015年的13.2∶86.8。

（2）十大特色优势产业快速发展

“十二五”以来，青海省委、省政府立足资源禀赋和省情特点，提出了打造工业十大优势产业，加快建设国家循环经济发展先行区的战略部署。新能源、新材料、盐湖化工、有色金属、油气化工、煤化工、装备制造、钢铁、轻工纺织和生物十大特色优势产业发展迅猛。以硅及光伏组件、锂及锂电池为代表的新能源产业形成规模，电子箔材料、光纤材料等新材料产业高速发展，高端数控机床、高精齿轮及变速机构等先进装备制造业得到提升，虫草、枸杞等生物医药产业规模持续扩大，逐步构建起了特色鲜明、优势突出的新型工业体系。2015 年，十大特色优势产业实现工业总产值 2079.09 亿元，占规模以上工业总产值的 82.5%（如表 4－2 所示）；十大特色优势产业完成投资 1014.26 亿元，占全口径工业投资的 77.7%[①]。

表 4－2　2015 年青海省十大优势产业工业总产值和增加值

指标名称	工业总产值		工业增加值
	绝对量（亿元）	比上年增长（%）	比上年增长（%）
全省规模以上工业企业	2518.69	1.2	7.6
十大优势产业	2079.09		
一、新能源产业	58.12	24.8	29.7
二、新材料产业	279.32	31.7	34.2
三、盐湖化工产业	252.99	0.6	2.7
四、有色金属产业	615.40	2.0	11.8
五、油气化工	219.28	-11.8	4.2
六、煤化工			
七、装备制造业	144.88	19.9	22.0
八、钢铁产业	193.46	-8.0	-0.5
九、轻工纺织业	86.15	9.3	9.7
十、生物产业	229.49	22.1	21.9

数据来源：《青海统计年鉴 2016》

2. 工业现有生产能力

（1）十个循环经济重点行业支撑能力较强

“十二五”以来，青海省依托柴达木循环经济试验区、西宁经济技术开发

① 青海省统计局：《“十二五”全省规模以上工业发展回顾与总结》，统计与调查，2015（19）。

区、海东工业园区，在推动十大特色优势产业加快发展中，围绕构建和延伸循环经济产业链条，重点打造了盐湖化工综合利用、铝及铝深加工、铜及铜深加工、铅锌冶炼及深加工、钢铁、煤化工、光伏、藏毯绒纺和特色生物资源开发及深加工等12条循环经济产业链，循环经济产业链已成为青海省工业经济发展的重要支撑。2015年工业循环经济工业增加值排名前十的行业累计占青海全部规模以上工业增加值的62.6%，对全省工业发展的支撑带动作用明显。这十大行业分别是煤炭开采和洗选业，石油和天然气开采业，黑色金属矿采选业，石油加工、炼焦和核燃料加工业，化学原料和化学制品制造业，非金属矿物制品业，医药制造业，黑色金属冶炼和压延加工业，有色金属冶炼和压延加工业，电力生产业（具体数据如表4－3所示）。

表4－3　2015年青海工业循环经济重点行业总产值和增加值增速

指标名称	工业总产值（亿元）	增长（%）	工业增加值	
			增长（%）	占比（%）
全省规模以上工业（快报）	2518.69	1.2	7.6	100.0
十个循环经济重点行业	1357.23	1.3	7.9	62.6
一、煤炭开采和洗选业	23.61	−23.2	−17.3	1.0
二、石油和天然气开采业	121.26	−27.2	0.3	10.2
三、黑色金属矿采选业	7.78	−24.9	−12.0	0.3
四、石油加工、炼焦和核燃料加工业	74.62	−18.5	5.2	6.1
五、化学原料和化学制品制造业	350.22	7.7	12.4	11.4
六、非金属矿物制品业	154.86	5.5	15.7	4.6
七、医药制造业	73.48	5.1	4.8	3.2
八、黑色金属冶炼和压延加工业	42.55	−26.8	−6.7	1.4
九、有色金属冶炼和压延加工业	357.35	20.8	25.9	13.4
十、电力生产业	151.50	2.7	2.8	11.1

数据来源：《青海统计年鉴2016》

（2）大宗工业产品以初级产品为主

青海工业结构偏重于重工业，轻重工业比例不协调，主要工业产品大多数为工业初级产品。虽然近十几年来，青海一直在加大对农畜产品加工、纺织、食品、生物资源加工、中藏药等轻工产业的支持力度，但与重化工业相比，产业规模、产品产量、销售收入和增加值依然偏小。“十二五”期间，青海省在保持钾肥（实物量）、电解铝、纯碱、原盐、铁合金等传统优势产品产量的基础上，加快培育单晶硅、多晶硅、铝材、铜材、发光二极管（LED）等成长性产品，新兴产品锂离子电池、铜箔、化成箔、改装汽车等产品实现从无到有（如表4－4所示）。

表4－4 2015年全省规模以上工业主要产品产量及增速

产品名称	单位	产量	产品名称	单位	产量
原煤	万吨	804.80	天然原油	万吨	223.00
天然气	亿立方米	61.37	发电量	亿千瓦时	537.46
鲜、冷藏肉	万吨	8.75	钢材	万吨	113.59
乳制品	万吨	19.80	黄金	千克	6816
中成药	吨	1807	铝材	万吨	99.67
白酒	千升	18471	铜材	万吨	12.97
手工地毯挂毯	万平方米	22	原铝（电解铝）	万吨	218.52
机制地毯挂毯	万平方米	2507	水泥	万吨	1744.49
制帽	万顶	14748	平板玻璃	万重量箱	392.03
原盐	万吨	286.37	商品混凝土	万立方米	602.90
锂离子电池	万只	710.65	改装汽车	辆	2363
铁合金	万吨	215.35	单晶硅	吨	4740.86
纯碱（碳酸钠）	万吨	348.66	多晶硅	吨	11103.52
钾肥（实物量）	万吨	849.36	光电子器件	万只（片、套）	387

数据来源：《青海统计年鉴2016》

3. 产业园区发展现状

产业园区发展对全省经济结构调整和转型升级起到引领、辐射和带动作用。青海省构建了以西宁为中心的东部重点开发区域和以格尔木市、德令哈市为中心的柴达木重点开发区域，形成了以柴达木国家循环经济试验区、西宁（国家级）经济技术开发区、海东工业园区为主体的现代工业园区，集聚效应明显。2015年上述三大重点工业园区工业增加值占比接近全省的80%。

4. 工业领域科技创新能力不断提高

“十二五”以来，通过实施50个重大工业技术进步项目、“123”科技支撑工程①，以企业为主体、产学研用相结合的区域协同创新体系初步形成，一批科技创新平台得以建立，攻克盐湖提锂、余热余压回收利用、特色生物提取等一批关键共性技术，并达到国内先进水平。截至2015年底，青海省拥有2个国家级创新型产业集群试点基地和1个国家级产业技术创新战略联盟、5家科技孵化器。省级以上企业技术中心数量达到32个，建立省级以上企业技术中心的企业科技投入占销售收入的比重目标达到3.1%。2015年高新技术产业增加值比上年增长36.8%，占规模以上工业增加值的4.7%。形成自主知识产权核心技术96项，突破关键技术16项，引进和消化吸收技术120项，半导体级多晶硅、矿热炉及烟气回收净化装置、多功能大型模锻压机等技术装备实现了多个全国首个，部分技术应用和单体技术装备跻身国内甚至国际先进行列，电解铝、铁合金等重点行业能源消耗、污染物排放等技术指标国内领先。

5. 重点企业不断发展壮大

目前，青海省已在盐湖化工、装备制造、特色生物资源开发等领域培育了一批具有全国影响力的大型骨干企业和产业集群。

在盐湖化工领域，青海盐湖工业集团先后突破了盐湖固体钾矿固液转换、冷结晶正浮选等工艺技术，建成盐湖综合利用一、二期项目，金属镁一体化项目年内即将建成投产，已发展成为我国最大的钾肥生产企业和具有世界知名度的盐湖化工企业。在构建盐湖碳酸锂—正极材料—负极材料—电解液和隔膜等配套材料与规模化的储能及动力电池产业完整产业链过程中，青海省培育了青海锂业、青海泰丰先行锂能科技公司、青海凯普松电子科技、青海时代新能源等一批有规模、有特色的骨干企业。

在装备制造领域，青海康泰铸锻有限责任公司建设的680MN多功能锻压机组是大吨位、集多功能于一体的模锻液压装备，将填补国家对大口径火电、核电用管的生产空白，提升我国超大型锻压设备设计、制造及安装能力。青海华鼎实业股份有限公司生产的数控重型卧式车床系列、数控轧辊机床、无

① “123”科技支撑工程，即实施10个引进消化吸收再创新项目，鼓励企业引进制约自主创新的关键技术，支持企业开展消化吸收再创新，提升创新能力，进一步支撑全省优势产业的振兴和发展；实施20个联合攻关项目，着力解决省重点产业发展中的难点和技术瓶颈问题，为振兴经济提供重大科技支撑；实施30个企业自主创新项目，重点支持和加强企业研发能力，形成一批具有自主知识产权的核心技术，不断提升企业自主创新能力和综合竞争能力。

心车床系列、数控曲轴成套设备系列、数控花键铣床系列等均已达到国内先进水平，有些产品达到国际先进水平。重型机床产品在国内市场占有率已达60%，其中铁路专用机床系列产品国内市场占有率达到80%以上；青海洁神装备制造集团有限公司自主开发的“洁神”牌环卫车、摆臂车是具有知识产权的专利产品，在国内同类产品中处于领先水平，环卫车在国内市场占有率在13%左右。

在特色生物资源开发领域，青海康普生物科技股份有限公司、青海清华博众生物技术有限公司等企业，成功开发枸杞鲜果保鲜、从沙棘和枸杞中提取生物黄酮（多糖、小分子肽及果油）、青稞提取β-葡聚糖等技术，成为青海省特色生物资源开发利用龙头企业。青海湖药业有限公司研发生产了年产甘草酸、甘草酸单铵盐、光甘草定等系列产品，甘草产品品种和生产规模在国内走在前列。

6. 主要工业产品单位能耗呈下降趋势

2010—2015年，纳入青海省重点耗能工业企业单位产品能耗统计监测的企业平均户数为60户，监测的产品种类平均为42种，主要分布在石油和天然气开采业、化学原料和化学制品制造业、非金属矿物制品业、黑色金属冶炼和压延加工业、有色金属冶炼和压延加工业、电力热力生产和供应业等主要耗能行业。

从单耗水平看，主要高耗能行业产品单耗呈逐步下降趋势。其中水泥、玻璃等制造业产品单耗降幅较大。2015年，吨水泥综合能耗比2010年下降19.96%，吨水泥熟料综合能耗下降15.45%，每重量箱平板玻璃综合能耗下降14.33%；黑色的金属冶炼和压延加工业中的硅铁工序单位能耗下降12.0%（如表4-5所示）。

表4-5　2010—2015年青海省规模以上高耗能行业单位产品能耗情况

单位：千克标准煤/吨（千瓦时）

行业名称		2010年	2011年	2012年	2013年	2014年	2015年	2011—2015年累计增长（%）
基础华沙原料制造业	氨碱法单位纯碱生产综合能耗	510.06	570.9	499.2	510.42	510.57	562.64	10.29
	单位电石生产综合能耗	1067.5	1002.64	904.08	1023.8	1003.1	1023.5	-4.12

（续表）

行业名称		2010 年	2011 年	2012 年	2013 年	2014 年	2015 年	2011—2015 年累计增长（%）
水泥、玻璃等制造业	吨水泥熟料综合能耗	128.18	118.1	101.08	101.59	101.99	108.38	-15.45
	吨水泥综合能耗	91.87	88.04	80.17	71.06	73.98	73.53	-19.96
	每重量箱平板玻璃综合能耗	17.93	16.57	15.18	13.73	13.83	15.36	-14.33
黑色金属冶炼和压延加工业	吨钢综合能耗	625.61	613.54	587.63	602.1	609.37	624.93	-0.11
	炼铁工序单位能耗	423.69	416.02	403.61	403.11	399.77	401.97	-5.13
	硅铁工序单位能耗	1922.2	1732.3	1667.1	1856.5	1714.2	1691.57	-12.0
有色金属冶炼业	单位电解铝综合能耗	1759.4	1777.14	1721.1	1703.7	1685.3	1692.8	-3.78
	单位精锌（电锌）综合能耗	1123.8	1087.57	1084.2	1006.2	1011.4	1042.08	-7.28
火力发电、热力生产业	电厂火力发电标准煤耗		340.32	333.3	333.82	334.12	344.87	3.06

资料来源：青海省统计局网站

与全国平均水平相比，2012 年以来，青海省每年有 4 ~6 项产品单位综合能耗低于全国平均水平。2015 年国家统计局反馈的青海省 15 项产品单位能耗指标中，4 项产品低于全国平均水平，占 26.7%。其中，吨原煤生产综合能耗与全国平均水平相比低 3.40 千克标准煤/吨（低 59.03%），吨水泥熟料综合能耗低 1.42 千克标准煤/吨（低 1.29%），吨水泥综合能耗低 5.20 千克标准煤/吨（低 6.60%），吨铝加工材消耗能源量低 100.56 千克标准煤/吨（低 52.44%）（所表 4 - 6 所示）。

表 4－6　2015 年青海省单位产品综合能耗与全国对比情况

指标名称	指标单位	全国评价指标值	青海平均指标值	青海与全国对比高、低（±）绝对量
吨铝加工材消耗能源量	千克标准煤/吨	191.78	91.22	-100.56
吨水泥综合能耗	千克标准煤/吨	78.73	73.53	-5.2
吨原煤生产综合能源	千克标准煤/吨	5.76	2.36	-3.4
吨水泥熟料综合能耗	千克标准煤/吨	109.8	108.38	-1.42
吨钢耗新水	吨/吨	3.08	4.12	1.04
每重量箱平板玻璃综合能耗	千克标准煤/重量箱	12.8	15.36	2.56
原油加工单位综合能耗	千克标准油/吨	64.87	73.95	9.08
单位电石生产综合能耗	千克标准煤/吨	1006.27	1023.5	17.23
单位电解铝综合能耗	千克标准煤/吨	1664.13	1692.8	28.67
单位油气产量综合能耗	千克标准煤/吨	98.36	143.41	45.05
电厂火力发电标准煤耗	克标准煤/千瓦时	299.07	377.87	45.8
吨钢综合能耗	千克标准煤/吨	543.93	624.93	81
单位精锌（电锌）综合能耗	千克标准煤/吨	960.31	1042.08	81.77
硅铁工序单位能耗	千克标准煤/吨	1570.55	1691.57	121.02
氨碱法单位纯碱生产综合能耗	千克标准煤/吨	425.42	562.64	137.22

资料来源：青海省统计局网站

第二节　青海工业结构特征

工业结构是国民经济结构的重要组成部分，它包括工业经济类型结构、产业结构、组织结构、产品结构、技术结构、区域结构等。改革开放 30 多年来，青海的工业取得了长足发展，建立了较完备的工业体系，形成了石油和天然气开采业、有色金属矿采选业、有色金属冶炼及压延加工业、化学原料及化学制品制造业、电力和热力的生产及供应业、黑色金属冶炼及压延加工业、煤炭开采和洗选业等一批优势产业，重工业为主的工业结构特征明显。

一、产业结构特征

1. 形成以重工业为主的工业结构

在“十一五”时期以资源类、初级原材料为主的重工业是支撑全省工业经济稳步增长的主力军，进入“十二五”面对主要工业产品价格持续下降、环境资源趋紧、融资及用工成本持续上涨等诸多压力，重工业受到明显冲击，增速回落，而轻工业在一系列政策的扶持下，得到了长足的发展。但是青海省以重工业为主的工业结构依然没有改变，重工业占规模以上工业的比重一直保持在85%以上（如表4－7所示）。

表4－7　2011—2015年青海省规模以上轻重工业增加值增速及构成

指标	增速（%）					
	2011年	2012年	2013年	2014年	2015年	2011—2015年年均增长
规模以上工业	19.0	15.0	12.6	9.1	7.6	12.7
轻工业	19.0	32.2	19.5	30.0	18.0	23.7
重工业	19.0	13.8	11.9	5.9	6.3	14.1
指标	比重（%）					
	2011年	2012年	2013年	2014年	2015年	2015年比2010年提高（+）、回落（-）百分点
规模以上工业	100	100	100	100	100	
轻工业	6.7	8.1	9.6	12.8	16.4	8.5
重工业	93.3	91.9	90.4	87.2	83.6	-8.5

资料来源：《青海统计年鉴2016》

2. 形成以股份制企业为主的工业结构

按照经济类型来分，工业由国有企业、集体企业、股份合作企业、股份制企业、外商及港澳台企业和其他经济等类型组成。2006—2015年，随着市场在资源配置中起基础性作用向起决定性作用的转变，青海省多种经济类型的工业经济蓬勃发展，股份制企业成为工业经济中的主体。据统计数据显示，规模以上工业中股份制企业的增长值所占比例均维持在80%以上，而包括国有企业、集体企业在内的公有制经济增加值所占比例仅在9%左右波动①。

① 刘燕平：《工业化进程中青海省工业结构调整研究》，西北民族大学学报，2008（2）。

3. 形成大中型企业为主的工业结构

从企业规模来看，工业企业可以分为大型企业、中型企业、小型企业。2006—2015年，青海省规模以上大中型企业的增加值所占比例虽然由71.27%下降至56.6%，但是依然占据主导地位，对全省工业经济的发展影响甚大。

4. 形成特色优势产业为主的工业结构

青海省是资源大省，依托资源优势大力发展特色产业是其调整工业结构、提升产业发展水平和推进新型工业化进程的必然选择。2011—2015年，青海省工业领域的十大特色优势产业的增加值所占比例均超过50%，2015年十大特色优势产业增加值所占比重达到64%，已撑起具有青海特色的现代产业经济骨架。

二、工业空间布局特征

根据国家《主体功能区规划》，兰州—西宁地区（包括西宁、海东、格尔木和柴达木循环经济试验区）划分为重点开发区域，定位为“全国重要的循环经济示范区，新能源和水电、盐化工、石化、有色金属和特色农产品加工产业基地，西北交通枢纽和商贸物流中心，区域性的新材料和生物医药产业基地”。省内其他地区都划为限制开发区域和禁止开发区，能够发展工业的空间狭窄。

鉴于此，青海省在“十二五”期间确定了“优化产业布局，坚持错位发展”的思路。结合现有产业基础、资源禀赋、科技实力、发展优势等，根据国家主体功能区规划，围绕“四区两带一线”（四区为东部地区，包括西宁市、海东市、海南州贵德县和黄南州尖扎县、同仁县；环青海湖地区，包括海北州、海南州共和县、贵南县和海西州天峻县；柴达木地区，包括海西州除天峻县以外的其余地区；三江源地区，包括玉树州、果洛州、黄南州兴海县、同德县和黄南州泽库县、河南县。两带为沿湟水河发展带和沿黄河发展带。一线为兰青—青藏铁路发展轴线）实际，立足三大园区和工业集中区发展，统筹产业规划，明确产业定位、科学布局产业。

1. 工业聚集带初步形成

兰新铁路和青藏铁路两大铁路沿线地区、沿湟水河流域地区和沿黄河地区自然资源、经济资源丰富，原有工业基础较好，特别是“兰西银”“兰西格”经济带建设和“四区两带一线”规划的实施使得沿黄河发展带、沿湟水发展带及兰青—青藏铁路发展轴线已成为青海省工业经济的发展轴，轴线附近的西宁市、海东市、海西州及其他小城镇集聚着青海省的盐湖化工、有色金属冶炼、中藏药、新材料、生物工程、新能源、高原绿色食品加工和农副产品深加工、轻工纺织、水利电力等工业基地。

2. 工业基本布局在矿产资源富集区

矿产资源是青海省的主要资源优势，也是形成当前工业布局和工业结构的主要原因，据统计，2015 年全省资源型行业占全部规模以上工业增加值比重依然高达 16.7%。工业经济的区位布局与资源空间分布基本吻合，青海省的矿产资源主要集中在海西州，该地区不仅盐湖资源、油气资源、金属资源和煤炭资源丰裕，而且这些资源具有类型全、品位高、组合好和产业关联度强的特点，为盐湖化工、油气化工、煤炭综合利用和金属加工产业的发展创造了条件，2015 年该州规模以上工业增加值占全省的比例达到 27.3%。

3. 工业基本布局在重点开发区域

根据各区域资源环境承载能力、现有开发强度、发展潜力和人居适宜性，将青海省划分为重点开发区域、限制开发区域和禁止开发区域三类主体功能区。其中包括以西宁为中心的东部重点开发区域和以格尔木市、德令哈市为中心的柴达木重点开发区域。与此相适应，青海省的工业布局以兰青、青藏铁路线为主轴，以轴线上的主要城市（镇）为支撑点，构建以柴达木国家循环经济试验区、西宁（国家级）经济技术开发区、海东工业园区为主体的现代工业体系。

4. 园区经济成为推进新型工业化的重要载体

改革开放以来，青海省努力创“品牌”产品、搭“园区”平台，不断提升工业经济产业层次，全面提升工业产品的市场竞争力。自 1992 年格尔木昆仑经济开发区成立以来，青海省工业园区经济从无到有，先后建立了西宁经济技术开发区、柴达木循环经济试验区和海东工业园区等，现已初具规模，形成了以盐湖化工，铝、铜、铅、锌等有色金属冶炼，中藏药、新材料、生物工程、高原绿色食品加工等为主体的特色经济框架，成为全省招商引资的主阵地和工业经济新的增长点，有力地推动了全省的产业升级和经济结构调整。2015 年西宁经济技术开发区、柴达木循环经济试验区、海东工业园区工业增加值占比接近全省的 80%，成为青海省推进新型工业化的重要载体。

第三节　青海工业发展中存在的主要问题

“十二五”时期，青海省工业保持了稳步发展，但也面临着全国经济增速由高速转向中低速、增长方式由粗放式向集约式转变、结构调整进入攻坚期的大环境，在这一特殊阶段，经济发展新动力虽加快孕育，但由于经济总量还比较小，在短期内难以弥补传统动力消退带来的影响，加之全省长期形成的资源型、原材料型、重化工产业结构特征，在面对国内外市场需求疲弱、产能过剩的大背景下，全省工业持续增长面临较大压力，工业转型升级阵痛持续。

一、轻重工业比例不协调

青海省规模以上轻工业增加值占工业增加值的比重在经历了 2009—2011 年下降过程后逐年上升，2015 年该比例达到 8%。然而，即便如此，轻工业的增加值也仅为重工业增加值的 19.6%，特别是以原材料、资源类为主的传统七大行业增加值占比在 70% 以上（如表 4 - 8 所示），工业结构中的轻重工业比例严重失调。当然，也应该注意到，这种轻重工业结构是基于矿产资源开发和历史上重工业优先发展战略形成的，在一定程度上符合青海省的资源禀赋状况和比较优势原则，推动了青海省经济社会的发展。但是，在资本边际报酬递减规律①的作用下，以资本密集为主要特征的重工业发展必然会带来利润的下降。

表 4 - 8　“十二五”全省七大行业增加值占全省规模以上工业比重

	2011 年	2012 年	2013 年	2014 年	2015 年
比重（%）	84.9	82.6	77.2	72.3	68.55

资料来源：《青海统计年鉴 2016》

① 边际报酬递减规律又称边际收益递减规律，是指在其他技术水平不变的条件下，在连续等量地把一种可变要素增加到其他一种或几种数量不变的生产要素上去的过程中，当这种可变生产要素的投入量小于某一特定的值时，增加该要素投入所带来的边际产量是递增的；当这种可变要素的投入量连续增加并超过这个特定值时，增加该要素投入所带来的边际产量是递减的（来源数据库：现代经济词典）。

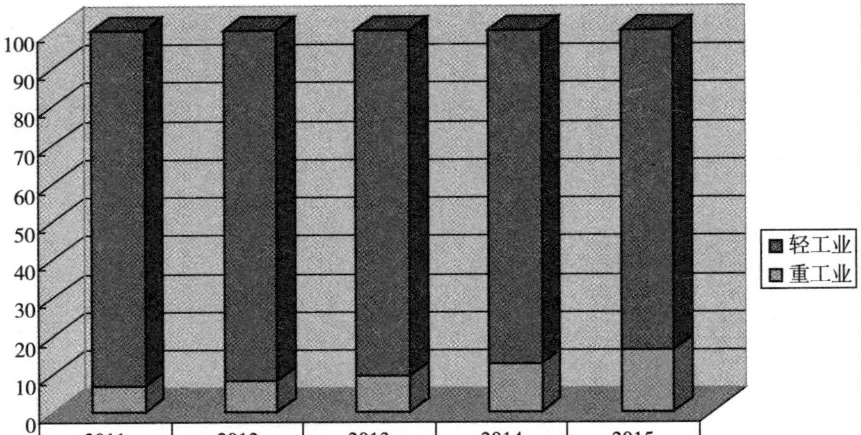

	2011	2012	2013	2014	2015
轻工业	93.3	91.9	90.4	87.2	83.6
重工业	6.7	8.1	9.6	12.8	16.4

图 4－1 “十二五”期间青海省规模以上轻重工业比重

资料来源：《青海统计年鉴 2016》

二、高技术行业所占比例过低

一般而言，高新技术等产业具有以知识密集和技术水平高、资源能源消耗少、环境污染小、产品附加值高等特点，代表了现代产业和新型工业化的发展方向，是优化产业结构和推动产业转型升级的突破口和方向。这类产业在工业中所占比例较低就意味着工业增加值不可能有较高的增长速度。据统计数据显示，2015 年青海省规模以上高新技术行业增加值占全省比重仅为 4.7%，不仅远低于东部发达地区的平均水平，而且也略低于西部地区的平均水平。

三、企业自主创新能力不强

2015 年，青海省 575 户规模以上工业企业中，仅 35 户开展了研发活动，有 94% 的企业未开展科研活动。大量企业依然以引进技术、初级资源产品加工为主，劳动力专业素质低，研发动力不足。政府在教育和科学技术领域的支出为 174.4 亿元，占政府年度总支出的 11.5%，低于全国 11.4 个百分点。政府研发投入资金无法有力支撑有组织的科研机构和专业的科研队伍，是制约企业自主创新能力提升的关键因素之一。

四、资源节约型工业格局尚未形成

能源是工业发展不可缺少的生产要素，工业经济较快发展，必然带动能源消费总量规模不断扩大，工业能源消费是当前青海省能源消费的最重要组成部分。2006—2015 年工业能源消费由 1426.35 万吨标准煤迅速增加至 3297.82 万吨标准煤，年均增速达 8.4%，即便近年来环比增速有所下降，但是工业能源消费占总能源消费比重的变化趋势却是逐年增加，2015 年该比例达到了 81.8%。同时，高耗能行业能耗占比依然较重，2015 年规模以上工业中高耗能行业能耗占全部规模以上工业能耗的 76.0%（如表 4-9 所示），这说明尚未逆转的重工业化趋势将导致工业能源消费占比继续保持高位运行的态势。

表 4-9 “十二五”时期青海省规模以上工业高耗能行业能耗比重

指标名称	计量单位	2011 年	2012 年	2013 年	2014 年	2015 年
高耗能行业综合能源消费量增速	%	24.7	15.3	8.9	4.7	-5.9
高耗能行业能耗占规模以上工业能耗的比重	%	74.8	77.1	80.0	83.0	76.0

资料来源：青海省统计局网站

五、部分工矿城镇工业结构单一

青海省是矿产资源大省，尤其各类矿产资源十分丰富，资源型产业为青海省的经济发展做出了较大贡献，但经过多年的开采，部分矿区的资源已接近枯竭，部分建立在矿产资源开采业基础之上的工矿城镇已显现出产业结构单一、经济增长乏力等突出问题，面临着拉长产业链条、延长资源型产业寿命、发展接替产业、培育新的支柱产业等任务，工业结构调整压力巨大。与此同时，依靠单一矿产资源发展的工矿城镇（诸如天峻等依靠煤炭资源开发的城镇）对外部经济环境的变化尤其是资源及资源品价格的变化极其敏感，经济波动幅度较大，不利于经济的稳定持续增长。

六、园区产业同质化现象严重

工业发展既受到当地自然资源禀赋的约束，也受到区位条件以及产业分工的约束，因此，各地区应结合自身的资源条件、区位条件、技术条件以及生态环境的承载力，充分发挥比较优势，明确工业或工业园区的定位，并选择相应的主导产业。西宁经济技术开发区、柴达木循环经济试验区和海东工业园区均有相应的园区定位，但是在主导产业或特色产业的选择中却存在着趋同的现象。这样的产业布局必然导致项目的重复建设，不利于资源的优化配置和企业规模经济效益的发挥。

七、两化融合程度较低

两化融合是指电子信息技术广泛应用到工业生产的各个环节，信息化成为工业企业经营管理的常规手段。信息化进程和工业化进程不再相互独立进行，不再是单方的带动和促进关系，而是两者在技术、产品、管理等各个层面相互交融，彼此不可分割，并催生工业电子、工业软件、工业信息服务业等新产业。

根据工业和信息化部中国电子信息产业发展研究院发布的《2015 年度中国两化融合发展水平评估报告》显示（如表 4 - 10 所示），2015 年青海省两化融合指数为 49. 52，全国排名第 29 位。其中基础环境指数为 72. 80，仅比全国平均水平低 2. 58 个百分点，全国排名第 19 位；工业应用指数为 40. 00，比全国平均水平低 26. 04，全国排名第 30 位；应用效益指数为 45. 29，比全国平均水平低 37. 96 个百分点，全国排名垫底。由此可以看出，虽然青海省两化融合过程中基础环境发展很快，但在工业应用及应用效益方面与全国相比仍存在很大差距。工业应用指数比较低的主要原因是：重点行业典型企业 ERP①、MES②、PLM③、SCM④ 普及率、采购及销售环节电子商务应用、装备数控化率、国家新型工业化产业示范基地两化融合发展水平比较低；应用效益指数比较低的主要原因是：单位工业增加值工业专利量较少、单位地区生

---

① ERP：即企业资源计划（Enterprise Resource Planning），是指建立在信息技术基础上，以系统化的管理思想，为企业决策层及员工提供决策运行手段的管理平台。

② MES：即制造企业生产过程执行管理系统（Manufacturing Execution System Association），是一套面向制造企业车间执行层的生产信息化管理系统，可以为企业提供包括制造数据管理、计划排程管理、生产调度管理、库存管理、质量管理、人力资源管理、工作中心/设备管理、工具工装管理、采购管理、成本管理、项目看板管理、生产过程控制、底层数据集成分析、上层数据集成分解等管理模块，为企业打造一个扎实、可靠、全面、可行的制造协同管理平台。

③ PLM：即产品生命周期管理（Product Lifecycle Management），是一种应用于在单一地点的企业内部、分散在多个地点的企业内部，以及在产品研发领域具有协作关系的企业之间的，支持产品全生命周期的信息的创建、管理、分发和应用的一系列应用解决方案，它能够集成与产品相关的人力资源产品生命周期管理产品生命周期管理、流程、应用系统和信息。

④ SCM：即供应链管理（Supply Chain Management），是一种集成的管理思想和方法，它执行供应链中从供应商到最终用户的物流的计划和控制等职能。

产总值电耗较高，尤其是电子信息制造业主营业务及软件业务收入很少。

表4－10 2015年全国两化融合发展指数表

省份	基础环境指数	工业应用指数	应用效益指数	总指数
广东	94.94	82.40	135.62	98.84
浙江	91.64	94.04	112.88	98.15
江苏	91.67	80.94	135.94	97.37
上海	94.46	84.25	119.19	95.54
山东	85.77	85.78	114.65	93.00
北京	97.01	74.68	120.02	91.60
福建	91.03	76.91	101.88	86.68
安徽	70.06	88.22	92.04	84.64
湖北	74.01	81.59	92.44	82.41
湖南	76.91	81.41	89.12	82.22
天津	79.36	70.09	106.89	81.61
四川	76.70	66.09	104.37	78.31
重庆	81.08	65.15	97.63	77.25
黑龙江	80.15	80.81	64.2	76.49
辽宁	85.49	60.16	96.59	75.60
河北	84.73	70.24	71.27	74.12
广西	67.25	76.12	70.94	72.61
河南	76.54	63.9	83.13	71.87
江西	63.54	70.61	77.61	70.59
贵州	72.82	67.11	59.8	66.71
陕西	65.69	56.55	86.13	66.23
吉林	71.66	60.41	70.53	65.75
内蒙古	78.53	45.97	59.50	57.49
新疆	68.63	51.94	55.35	56.96
海南	68.12	45.27	58.04	54.18
宁夏	54.85	53.98	50.17	53.25

（续表）

省份	基础环境指数	工业应用指数	应用效益指数	总指数
山西	64.04	47.44	53.83	53.19
甘肃	71.33	46.67	47.86	53.13
青海	72.80	40.00	45.29	49.52
云南	47.11	44.15	50.86	46.57
西藏	38.87	34.30	56.94	41.10
全国均值	75.38	66.04	83.25	72.68

资料来源：《2015年度中国两化融合发展水平评估报告》

第四节 青海工业结构调整及优化

一、“十三五”时期青海工业发展的机遇与挑战

“十三五”时期是我国现代化建设进程中非常关键的五年，对于确保全面建成小康社会目标胜利实现，确保全面深化改革在重要领域和关键环节取得决定性成果，确保经济发展方式转变取得实质性进展等方面具有重大的历史意义。面对新形势、新常态、新机遇、新任务、新要求，面对深刻变化的世情、国情和全面深化改革的历史重任，青海省必须强化全球视野和战略思维；必须与时俱进、改革创新、转型发展；必须关注长远发展的重大问题和关键领域，找准矛盾和问题；必须选对路径和方法，在目标、机制、动力和政策上谋划好传统产业的改造升级①。

1. 机遇

产业格局大变革孕育新的发展契机。全球经济环境错综复杂，充满了不确定性和不稳定性，世界多极化、经济全球化深入推进，世界和国内工业格局面临重大调整，新一代信息技术与工业深度融合，正在引发影响深远的产业变革，形成新的生产方式、产业形态、商业模式和经济增长点，工业转型升级、创新发展迎来重大机遇。

国家扶持提供了有利的政策环境。中央提出继续推进藏区跨越式发展，在藏区实施特殊的财政、税收、投资、金融、土地等优惠政策，重大产业项

① 青海省人民政府办公厅：《青海省“十三五”工业和信息化发展规划》，2016。

目向民族地区优先布局。中央提出全国要同步全面建成小康社会，更加注重定向调控，重点支持薄弱环节发展，特别是西部民族地区发展。中央将供给侧结构性改革作为适应、把握、引领经济发展新常态重大实践创新，提出了“三去一降一补”五大任务。城乡统筹发展、扶贫攻坚、城镇化进程加快、加强与周边地区经济联系，以及党中央、国务院在新形势下为促进经济平稳发展做出的大众创业、万众创新重大战略部署等都为工业发展创造了新的优势和潜力。

独特区位优势带来新的发展机遇。国家深入实施“一带一路”、西部大开发等重大战略，作为国家重要的资源接续地、丝绸之路经济带和长江经济带的重要节点，具备了主动在国家战略上寻求定位与分工的条件，综合运用区位优势、特色资源、产业基础，加快构建更加开放的新格局，积极承接产业转移，加快“走出去”步伐。

多年发展奠定了坚实的工业基础。青海从实施西部大开发战略以来，工业领域立足比较优势，大力发展循环经济，围绕特色优势产业，不断加大技术改造和创新投入，传统产业竞争优势进一步巩固，特色和战略性新兴产业加快发展，逐步构建起特色鲜明、优势突出的新型工业体系，创造了良好的发展空间。

先进技术为工业发展带来了新机遇。以移动互联网、云计算、生物技术、3D 打印、机器人、大数据、高端装备制造为引领的先进技术，带动全球经济增长，为青海省工业和信息化发展带来了新的发展机遇。

2. 挑战

发展环境发生重大变化。从国际看，世界经济仍处于国际金融危机后的深度调整期，全球经济进入一个相对缓慢的增长期，需求不足、能源资源价格低迷还将持续，发达国家再工业化加快和发展中国家成本竞争优势提高，对我国经济发展形成压力。从国内看，经济发展进入新常态，受“三期叠加”影响，工业经济发展面临新挑战，投资和出口增速明显放缓，消费需求难有大的提升，新旧动力的转化、过剩产能的去库存化，使得经济下行压力进一步显现。市场有效需求依然不振，作为青海主导产业的原材料工业产品价格持续走低，企业经营困难加大，工业增速回落较快，稳中向好的基础还不巩固，稳增长压力进一步加大，产能过剩和结构性矛盾突出。

产业新动能未完全形成。受宏观经济放缓影响，市场信心不足，企业投资意愿减弱，金融机构信贷投放更趋谨慎，投资融资引资难的问题日益凸显，大项目、好项目缺乏，市场主体发育程度不高，小微企业发展后劲和潜力不足，企业家队伍还不强。传统的要素驱动、投资驱动方面已面临瓶颈制约，青海省如何更多依靠人才要素，通过技术创新、产业创新，培育壮大产业新动能，在新一轮产业竞争中抢占战略优势，实现要素驱动向创新驱动转变显得尤为紧迫。

转型升级任务依然艰巨。青海省资源型产业比重过大，重工业比例高，产品结构相对单一，产业链条短、层次低，高附加值的产品较少。传统资源型产业既面临着产能过剩的突出矛盾，又存在产业智能化、数字化水平低的问题。新兴产业发展受地理位置、人才支撑、产业基础等限制，比其他地区面临更多的困难，目前规模仍然偏小，对全省经济的支撑和贡献率有限，未来一段时期产业转型升级的任务依然十分紧迫和艰巨。

土地和资源环境约束日趋强化。随着资源节约型、环境友好型社会加快推进，生态立省战略的实施，青海工业发展空间受到土地和资源环境等方面更严格的制约，可利用土地空间和生态环境承载能力有限。青海省 90% 的面积为限制开发区域，以 10% 重点开发区域的工业发展，支撑了全省经济“十二五”期间年均 10.8% 的增长速度，解决了占全省就业人口 12% 的企业职工就业，贡献了 60% 以上的全省财政税收收入。工业建设用地供需矛盾加剧，保护资源环境与保障发展用地的矛盾十分突出。

资源能源等要素支撑能力不足。随着生产要素价格改革的推进与深化，青海省电力能源成本比较优势逐步弱化，矿产资源开发限制条件增多，劳动力成本不断上升，后备资源支撑能力不足。在要素约束不断加剧的情况下，部分资源开发利用领域新技术、新工艺尚待突破，很多企业难以消化上涨的要素成本，主要依靠资源要素投入、粗放发展式的规模扩张难以为继，将使以资源开发为主的工业发展受到更加严格的空间制约。

二、产业发展优势

青海独特的冷凉、干燥、缺氧自然气候特点和良好的资源及产业基础优势，是国内最适合发展新型合金材料、电子信息材料等新材料产业的地区，生产的产品具有成品率高、原料损耗低、品质优越等显著特点。

青海盐湖保有锂资源储量占世界储量的 1/3，围绕盐湖资源综合利用，青海省培育的盐湖碳酸锂、电池级碳酸锂、正负极材料、电池隔膜、锂动力电池、电池铜铝箔及壳体制造等锂产业集群，为青海省建设国家节能及新能源汽车产业发展重点基地奠定了基础。

依托省内水电等清洁能源丰富的优势，青海电解铝、金属镁等有色金属产业已形成较大规模，并且青海省所产有色金属产品具有高纯度、杂质少、结构性能稳定、可靠性强等优势，非常适合应用于高铁等高端轨道交通领域。

青海省已形成了光伏产品和光伏电站终端市场为一体的较为完整的太阳能光伏产业链，在产品研发、生产控制、产业化应用等方面积累了丰富经验，具备了成为国内新能源电力设备生产基地的条件。

青海省即将投入试生产的680MN多功能压机是国内为数不多的大型模锻液压装备，将有效提升我国大型模锻件配套保障能力。

近年来青海省硅材料、箔材等产业发展迅速，产能规模位于国内前列，已具备了打造国内信息技术产业关键元器件及高端材料制造基地的条件。

三、发展路径选择

针对宏观经济形势对工业经济运行形成下行压力以及自身结构性矛盾影响日益凸显的情况，青海省一方面要大力推进工业在发展中升级，坚定不移地走循环经济道路；另一方面，要加快技术创新和改造，通过传统产业升级、化解过剩产能和培育新兴产业等一系列措施推动形成现代产业体系和多元支柱产业格局。

努力保持工业经济平稳较快增长。工业发展水平已成为衡量一个地区经济实力的象征，青海省要与全国同步全面建成小康社会，必须从促进国民经济持续快速健康发展的战略高度，服从大局，自我加压，将工业经济短期保增长与长期稳运行相结合，通过采取保持投资力度、加强要素供给、推进各项改革、扶持中小微企业发展等综合手段，加快推进全省工业化进程，切实支撑起全省经济社会的发展。

加快产业结构调整，促进转变发展方式。西部大开发战略实施以来，基于资源禀赋和既有产业基础，青海省已基本形成十大特色优势产业。但由于受资源型工业特点和市场要素等因素的制约，在转型升级过程中，青海工业经济发展面临的最大问题仍然是结构性矛盾。因此，在工业发展战略上，我们应走轻、重工业并举的发展战略，并借助市场形成的“倒逼机制”，将经济下行压力努力转化为推动发展方式转变的动力，积极引导企业加快调整产业结构和转变发展方式的步伐，推动工业经济提质增效升级。

进一步推进工业园区发展。青海工业园区建设自1993年格尔木昆仑经济开发区批准建设开始起步，经过20多年的发展，初步构建起三区多园的工业发展格局。但由于青海省工业园区起步相对较晚，与国内其他地区的工业园区相比仍存在经济规模小、发展速度慢、配套设施不完善、发展后劲不足等问题，很大程度上制约了工业园区的快速发展。要把集群化发展作为重要目标，以三大园区为主战场、以15个重大产业基地为载体，注重合理分工、错位发展、产城融合，完善工业园区规划和基础设施功能，优化服务环境，加大政策和资金等方面的支持，加快推进工业园区和中小企业工业集中区建设和发展。

积极推进企业技术创新。自主创新能力不足严重影响着调结构、转方式，也是青海企业发展最现实、最关键的瓶颈。要以建设“低碳、绿色、聚集、循环”新型工业化为目标，将各类专项资金向特色优势产业集中，以政府资金带动企业投入和信贷支持，鼓励企业加大技术创新投入，支持企业研发中心和创新平台建设，培育和扶持一批创新型示范、试点，使更多政策资源落实到加快产业转型升级上。

提升对外开放经济水平。近年来，青海省成功打造“青洽会”“环湖赛”以及“藏毯展”等招商平台，为工业经济的发展带来新的观念，为管理、资金、技术、人才带来新的活力，工业经济对外开放水平不断提高，招商引资环境进一步趋好。要依托青海省比较优势，围绕特色优势产业，进一步转变招商引资理念，切实提高招商引资质量和水平，积极推动产业对接、项目对接、资源对接、产品对接和技术对接，切实提高经济技术合作的针对性和有效性。

四、发展重点领域

1. 推进传统产业转型升级

以资源精深加工和智能制造为方向，提高传统产业产品技术、工艺装备、能效环保等水平，推进产业链延伸和产业融合，实现传统产业向高端化、高质化、高新化发展。

盐湖化工。加快推进钾、镁、锂、钠、氯循环产业发展，着力构建在全国具有重要影响力的盐湖资源综合利用产业集群。适度扩大钾碱等系列钾盐产能规模，积极发展精细化产品。继续推进东碱西移，巩固提升国家重要纯碱基地。加快金属镁一体化一期达产达标，积极推进二期项目，发展镁系列产品，加快培育精深加工产业集群。延伸发展硼、锂资源下游高端产品和无机功能材料。

有色冶金。推进黑色、有色矿产资源的绿色开发和综合利用。持续优化有色金属生产工艺技术，依托已形成的电解铝及加工能力，构建铝下游加工产业链，扩大精深加工产品和高附加值产品规模，提高电解铝就地转化升值的能力，推进铝产业向高端迈进。打造镍、钴资源采选、冶炼及深加工产业链。提升铅、锌、黄金等共伴生矿产资源和矿山废弃物综合利用水平，进一步推进冶炼中副产品硫酸与化工产业融合发展。延伸发展铜、铅、锌下游加工产品。鼓励发展高端装备、军工、核电用特种钢材、高强度特种钢材，提升高精度特钢产品档次和比重，建成国内重要的有色金属及下游加工产业集群和西部精品特钢生产基地。

能源化工。持续推进油气资源勘探开发，形成千万吨级油气田，改造提升炼油和油气化工，积极实施格尔木炼油厂炼化一体化扩能改造项目。推进发展新型煤化工，促进煤炭资源清洁高效利用，加快推进油气化工产业与盐湖化工、煤化工产业融合发展，开发下游高附加值产品。积极引进、开发煤制烯烃和油气化工配套的先进技术工艺、特种非标设备和过程控制技术，构建油气化工/煤制烯（芳）烃、热解分质转化和物质能量的梯级利用与现代煤化工技术耦合集成的新型产业集群，实现能源化工产业的高端、绿色、循环发展。

特色轻工。依托特色生物和民族文化资源，鼓励支持开发“专精特新”产品，构建具有鲜明地域优势和地域特色的轻工产业体系。充分利用天然矿泉水、冰川融水和江河源头水资源，扩大天然饮用水生产规模，打造高原天然饮用水品牌。发挥民族和地域优势，提高青稞酒产业集中度，做精做优青稞酒产业。依托藏毯绒纺产业集群，加快藏毯产业国际化，建成以青海省为中心，辐射周边省区和中亚地区，集藏毯研发、加工、展销和原辅材料交易于一体的国际性藏毯之都。加快西宁、海南纺纱能力建设，提高纺织行业智能化生产水平，丰富产品花色品种，发展高端棉纺织产品。着力打造高原牦牛、藏系羊高端肉制品等地方特色品牌。适度发展免疫调节功能乳制品、婴幼儿配方乳粉、老年人乳制品、奶酪等高端产品。开发生产枸杞酸奶、核桃发酵乳品等新产品，增加乳制品品种。丰富菜籽油产品品种，逐步发展高档次精炼油、色拉油、功能性调和专业油脂，提高油品档次。采用发酵技术生产高效植物蛋白生物饲料，形成完整的油菜籽加工循环经济产业链条。大力发展民族服饰业和民族特需品产业，提升昆仑玉、唐卡、藏式饰品等民族工艺品和旅游纪念品产业集群。

建材产业。研发生产特种水泥、高标号水泥、抗盐卤水泥、镁水泥等产品，提高优质高标号水泥产品比重。继续全面实施节能环保和信息化技术的推广应用，支持水泥企业实施工业固废、城市建筑垃圾、危险废物等协同无害化处置。支持企业延伸生产钢化玻璃、中空玻璃、泡沫玻璃及幕墙玻璃等高附加值产品，发展锂铝硅玻璃、硼硅玻璃、光热反射玻璃等特种高端玻璃。扩大硅灰石卫浴系列及耐火材料的生产规模。发展高强石膏粉、纸面石膏板剂、自流平、石膏晶须等石膏精深加工产品。发展塑料异型材、塑料管材、塑料板材等新兴环保化学建材。

2. 发展壮大战略性新兴产业

新能源产业。加快建成太阳能光伏产业、太阳能光热产业和风能产业三条产业链，打造全国重要的光伏光热制造基地。加强高原光伏产业关键共性技术的研发及产业化，尽快形成从晶硅等光电转换材料到新型太阳能电池和光伏并网发电的完整光伏系统制造产业链，努力提高太阳能电池光电转换率。鼓励企业引进太阳能光热发电先进技术和高端装备，通过消化吸收，研发适合高原气候的光热发电技术，形成日光反射—集热—储热熔盐—热交换—日光跟踪等系统及相关设备的太阳能光热发电系统制造产业链。加强风电企业与科研单位的合作，突破高原风电关键技术瓶颈，以规模化风电场建设为核心，带动风机、叶片、轮毂、变速器、变压器等整机及关键零部件制造、维修、保养、运营和服务业发展，建成较为完整的风电产业链。推动新能源装备制造、电站建设、运营服务全方位创新，将新能源产业打造成为青海省技术、理念、效益领先的新型支柱产业和示范产业集群。

新材料产业。围绕有色金属、硅材料、盐湖化工、非金属矿产等产业，提高就地加工转化率和精深加工比例，着力培育和延伸金属合金新材料、新型化工材料、锂电新材料、光电新材料和新型无机非金属材料。金属合金新材料：以延伸铝、镁、钛、铜等有色金属产业链条为重点，突破铝、镁板带、铝箔等关键工艺瓶颈，加快发展铝基、钛基和锂合金等新型金属合金材料，镍基下游高端合金及功能材料。构建航空航天、船舶、车辆、轨道交通、3C产品①用轻质高强合金、耐热合金、高韧性合金、高耐磨合金材料和加工型材的新型合金产业链。努力将青海省建成国内高端铝材加工产业基地、钛及钛合金专业化生产基地和全球重要的金属镁及镁合金生产基地。新型化工材料：发展高端镁化合物系列优质耐火材料、高端无卤阻燃材料、绿色环保型镁建材、熔盐相变储能材料、聚苯硫醚、甲醇蛋白纤维、PVC② 和 CPVC③ 耗氯工程塑料材料等新能源和盐湖化工衍生产业链。开发先进高分子材料、特种纤维、其复合材料及功能性膜材料为主的新型化工材料。锂电新材料：着力完善盐湖提锂生产工艺，扩大电子级碳酸锂生产规模。发展锂电正极材料、负极材料、隔膜材料、电解液及锂电池辅助材料及高能量密度、高安全、长寿命的锂电池、三元电池。着力推进新能源汽车、电子数码、工业储能等锂电

① 3C 产品是计算机（Computer）、通信（Communication）和消费类电子产品（Consumer Electronics）三者结合，亦称“信息家电”。

② PVC：是 Polyvinyl Chloride 的缩写，中文名称是聚氯乙烯。

③ CPVC：是 Chlorinated Polyvinyl Chloride 的缩写，中文名称是氯化聚氯乙烯树脂。

池终端应用产业发展。光电新材料：发展高纯氧化铝、蓝宝石晶体及衬底材料，外延片、三基色荧光粉，氧化铝/氮化铝陶瓷产业，电子级碳化硅、LED光电材料、激光以及光学显示材料等。构建“高纯氧化铝—蓝宝石晶体—衬底—外延片—LED 芯片—封装—模组—LED 应用”、“碳化硅晶体—碳化硅衬底—外延片—芯片—碳化硅光电器件—应用”产业链。非金属材料：积极发展电子陶瓷、化工陶瓷、金属陶瓷、晶须材料。发展石墨烯、碳纤维及有机硅等新型非金属材料。

电子信息产业。积极引进国内外电子信息制造优势企业，大力发展高效晶硅、N 型电池、半导体元器件、光纤，逐步发展传感器、射频识别等数据采集设备，发展高性能低功耗存储设备。依托信息产业园，集聚一批大数据智能终端设备部件配套生产企业，实现终端产品制造与大数据应用服务互动发展。壮大发展 LED 光电材料、铜铝箔电子基材，电子级碳化硅、单晶及外延片等电子材料以及高纯氧化铝、蓝宝石、超级碳材料等人工晶体材料。大力推广应用国产工控软件系统与设备，提高关键技术自主可控能力。

生物医药产业。积极利用现代生物技术，以生物制品和药品两大系列为方向，研发具有较高科技含量、无污染的系列产品，构筑有鲜明地域优势和高原特色的生物产业链和产业集群。扩大中藏药材 GAP① 种植规模，运用新技术、新工艺、新设备，开发一批中藏药新产品、新剂型，推动重大疾病治疗药物创新和产业化。壮大冬虫夏草、枸杞、甘草、沙棘、大黄、党参、肉苁蓉、锁阳、动物血液和脏器等特色生物资源精深加工产业，实现生物产业的规模化生产、精深加工和综合利用。加快生物资源种养殖基地建设，提高生物保健品产业的技术水平。

高端装备制造。加快推进传统装备制造产品升级换代进程，使装备制造实现自动化、集成化、智能化、绿色化发展。基础零部件和非标设备：发展工程机械零部件、结构件、铸件、标准件等系列产品的生产。依托大压机项目，发展核电、火电用厚壁管、耐高温难变形合金锻件、大型阀体等高端定制化产品。加大高原特种压力容器、锅炉和配套设备生产技术研发，提高产品质量档次。延伸产业链，为石油、化工、矿山、冶金等产业研制非标设备并提供维修保障服务。数控机床：加快高端数控机床等前沿技术和装备研发，巩固发展高速铁路专用机床、多轴联动系列加工中心等复合智能化、高速精

① GAP：是指《中药材生产质量管理规范》将传统中药的优秀特色与现代科学技术相结合，按国际认可的标准规范进行研究、开发、生产和管理，是中药现代化的第一步。

密化高端产品。推进工业机器人（包括关节机器人、并联机器人和 AGV 小车[①]等）、先进传感器及信息传递技术和增材制造设备（3D 打印装备）在机床行业的应用，推广集成化制造单元和集成化制造生产线。专用设备：推动专用运输车、工程自卸车、机场专用车、环卫设备、污水处理设备、石油机械和矿山机械设备等专用设备的发展，构建专用设备制造产业链。节能环保技术及设备：发展高效高原型锅炉窑炉、新型节能建材等产品，进一步推行合同能源管理，支持高浓度、高腐蚀性化工废水、废渣处理，资源化再利用，冶金余热发电，粉尘回收等一批特色领域关键技术、装备研发及推广。研发牛羊粪便无害化环保处理技术装备，壮大新型水处理技术装备、生活垃圾处理成套化设备等环卫基础设施设备制造产业。特色轻工和农机装备：鼓励开发和引进特色畜牧业（尤其饲料加工和肉食品加工）和特色食品加工产业（如高原有机绿色食品、牛奶及乳制品）需要的成套生产线和关键零部件，支撑青海省特色农产品加工业的发展。发展面向青海省特色经济作物的育、耕、种、管、收、运、贮等适用于青藏高原高海拔、低气压环境的农机装备，实现农机装备与农业的相互促进、协同发展。

3. 大力发展生产性服务业

积极发展服务型制造业。推动制造业依托互联网、物联网跨界融合，实现从以产品生产为中心向以服务需求为中心的模式转型。支持特色轻工等行业的优势企业立足品牌和核心技术优势，外包产品加工环节，专注于产品设计、运营维护、零售分销、品牌管理等高附加值业务。发挥盐湖化工、有色金属精深加工和高端装备制造等产业优势，引导相关企业拓展在线监控诊断、远程故障诊断及维护、工控系统安全监控、系统运行维护、网上支付结算等新业务及产品后市场服务，不断完善产品全生命周期管理体系。实施制造业服务化示范企业培育计划，培育 30 家左右综合实力强、行业影响大的制造服务化示范企业。

大力发展生产性服务业。加快推进产业园区的配套服务，重点发展现代物流、现代金融、信息服务、电子商务、商务咨询、节能环保、检验检测、研发设计、人力资源服务、品牌建设、售后服务、服务外包等生产性服务业，提高产业整体竞争力。支持发展大数据应用服务，为各类组织提供数据租赁、分析预测、决策支持服务及提供数据分享、分析平台服务等。积极发展线上

① AGV 小车（Automated Guided Vehicle，简称 AGV），通常也称为 AGV 小车，是指装备有电磁或光学等自动导引装置，能够沿规定的导引路径行驶，具有安全保护以及各种移载功能的运输车，工业应用中不需驾驶员的搬运车，以可充电之蓄电池为其动力来源。

服务平台、线下孵化平台（含投资促进类、培训辅导类、媒体延伸类、专业服务类、创客孵化类等新型孵化器）、创业辅导体系以及技术与资本支撑等四大生产性服务业，激发青海省制造业活力。

建设产业公共服务平台。加快各类公共服务示范平台建设，支持建设一批提供工艺设计、解决方案、检验检测、技术开发、知识保护等技术服务平台。围绕新材料、新能源、有色、冶金、盐湖化工和特色生物等重点行业，打造一批提供区域各行业全程供应链服务的物流公共信息平台，推进智慧物流数据中心建设。

促进生产性服务业集聚发展。在生产性服务业发展具备比较优势的地区，着力培育一批创新能力强、创业环境好、特色突出的生产性服务业集聚区。完善创新创业服务体系建设，促进创新资源向生产性服务业集聚区汇集。引导形成以龙头企业为核心、中小企业协同发展的生产性服务企业集群。支持建设一批生产性服务产业重大项目，引导和支持生产性服务企业与制造企业互动发展，依托优势产业集群，完善配套服务。

五、优化产业布局

“十三五”期间，依据区域资源状况、环境资源承载能力和现有产业基础，结合东部城市群建设，按照青海“四区两带一线”区域协调发展格局，突出东部地区和柴达木地区两大优势工业主体区域，构建15个重大产业基地为主体的工业园区，包括西宁市所辖的甘河工业园区、南川工业园区2个千亿产业基地和东川工业园区、生物科技产业园区、大通北川工业园区3个五百亿产业基地；海西州所辖的格尔木工业园区、察尔汗工业园区2个千亿产业基地和德令哈工业园区、乌兰工业园区、大柴旦工业园区、都兰工业园区4个五百亿产业基地；海东市所辖的临空综合经济园1个千亿产业基地和乐都工业园、互助绿色产业园、民和工业园3个五百亿产业基地以园区经济为载体，着力打造以盐湖化工、锂及锂电池、能源化工及精细化工、铝及铝精深加工、硅材料及光伏产业、地毯及绒纺、钛合金及精深加工、黄金冶炼及精深加工、铜铝箔及电子材料、PVC精深加工等10个在全国有影响力的产业集群。以关联产业集中布局为方向，全省工业主要集中在西宁、海西、海东发展，形成以重点工业园区和重大产业基地为主体、县域经济为补充的特色突出、优势互补、相互促进、错位发展的产业布局。

西宁市：做强主导产业、培育新兴产业、升级传统产业、退出落后产能，重点布局高新产业和研发设计等第三服务产业，推动其在创新驱动、结构升级等方面率先取得突破。

海东市：布局发展现代物流、智能制造、信息产业、高原特色农畜产品加工等产业。积极承接东中部地区以及西宁市产业转移，推进空港经济发展，实现东部城市群内部产业对接协作、协同发展。

海西州：加快国家循环经济试验区建设，以盐湖化工、石油天然气化工、冶金和煤炭开发与清洁利用为重点，大力发展基础原材料产业，做精做优特色生物、新能源、新材料等新兴产业，努力构建循环发展的现代产业体系。

环湖地区：重点布局农畜产品加工、有机肥料生产、饲草料、特色手工业等产业，推动产业品牌化、规模化、集聚化发展。有序开发矿产资源，提升精深加工能力。

青南地区：布局农畜产品加工、生物医药、清洁能源和藏文化信息等产业，构建特色鲜明、错位发展的特色县域生态产业体系。

西宁经济技术开发区：立足发展中高端产业，布局硅材料、光伏、轻金属合金、锂电、特色轻工、医药等精深加工类产业以及以科技研发、产品检测为主的生产性服务产业。

海东工业园区：布局装备制造、新材料、新能源、信息技术、节能环保、特色生物、食品、民族特需及现代物流业等新兴、特色产业。

柴达木循环经济试验区：布局盐湖化工、能源化工、新材料、冶金、特色生物等上游原材料为主的资源开发产业。

县域经济：支持有条件的县建设以中小企业为主的工业集中区，以特色优势资源开发和特色产业发展为切入点，形成集约化、规模化、基地化的县域经济产业发展格局，努力把县域经济建设成为全省工业和区域经济发展新的增长极。

产业基地：立足当前、着眼长远，依据已确定的 5 个千亿产业基地和 10 个五百亿产业基地的发展目标和产业定位，继续完善和推进全省 15 个重大产业基地建设。

第五章　青海特色优势产业

【学习目标】

1. 了解青海发展特色优势产业的意义及发展规划
2. 了解青海盐湖矿产资源的现状及盐湖化工产业发展情况
3. 掌握青海新能源、新材料、有色金属产业发展情况
4. 掌握青海特色农牧业的发展特点、制约因素和发展方向
5. 了解青海特色旅游业情况

第一节　特色优势产业与发展布局

发展特色优势产业，既是转变经济发展方式的关键突破口，也是调整经济结构的重要手段，对于实现经济持续健康发展尤为重要。因此，推动区域经济发展，必须在把握资源禀赋、区位环境、发展基础、市场条件的前提下，通过多种政策手段，不断壮大特色优势产业，进而有效提升综合竞争实力，这是基本的经济规律。

一、特色产业相关理论

1. 发展特色优势产业的意义

首先，加快培育和发展特色优势产业，是贯彻落实国务院战略决策的客观要求，也是推进市场化的必然趋势。

我国人口众多、人均资源少、生态环境脆弱，又处在工业化、城镇化快速发展时期，面临改善民生的艰巨任务和资源环境的巨大压力，加快培育和发展特色优势产业，能更好地满足人民群众日益增长的物质文化需求。同时，纵观我国不同区域的经济发展，近些年也呈现两种截然不同的发展趋势：

一种是随着市场化进程的加速，产业分工越来越清晰、产业耦合度越来越高，产业发展呈现很强的独特性；另一种是随着市场竞争的加剧，过度逐

利倾向导致产业结构的趋同化，一些产业领域较为混乱。

前一种趋势是必要的，有利于经济的发展和市场的繁荣。而后一种趋势则是有害的，必须扭转。也就是说，产业结构的趋同，既不利于发挥区域优势，也不利于提高资源利用效率，更不利于区际分工和区域竞争。因此，发展区域特色经济，其意义就在于，避免区域之间产业结构的趋同化，防止出现恶性竞争。

其次，发展特色优势产业是青海转变经济发展方式的现实突破口。

青海地处高寒之地，经济总体发展水平不高。因此，如何转变经济发展方式，将什么产业确定为转变发展方式的突破口，是必须先行解决的重大问题。从区域经济的视角看，发展特色优势产业无疑是青海转变发展方式的最佳选择和关键突破口。实践也充分证明，这些年青海的快速发展，正是从发展特色优势产业做起的，经济发展中所采取的一些重大措施，与发展特色优势产业密切相关。

2. 特色、优势和特色优势产业

（1）特色的概念

特色是指一个事物独自具有的特征、性质与作用，与其他事物有质的不同。优势则是指比对方有利的形势，并泛指处于较有利的形势或环境或在某些方面超过同类的形势。由此而言，所谓的特色优势产业，其实就是“特色+优势”的产业，也就是说，对于区域发展和区域竞争而言，这一产业呈现出与一般同类产业所不同的特点、特质，同时，它具有不可替代的特殊地位、光明前景。此外，特色产业和特色经济是一个相对概念，并无绝对意义。对于二者而言，存在某种较为重要的差异，不一定就是特色产业或特色经济，而要看其差异是否表现出经济优势。

（2）区域特色经济的含义

区域特色经济，从传统观点看，主要是指“区域遵循地域劳动分工协作的原则，根据自身区域特有的优势，在区域产业结构、区域产业布局，以及与区域经济发展密切相关的区域经济、发展战略、区域形象等方面，区别于其他区域经济特征的综合表现”①。

（3）特色、优势和特色优势产业的联系

从一般意义上理解，有特色未必有优势，有些优势也不一定完全是由特色来决定的，但是有特色的项目一般都比较容易形成优势，许多优势产业正

① 张金锁，康凯：《区域经济学（第二版）》，天津大学出版社，2003。

是基于一定的特色而形成的。因此，区域经济发展所需要的，是特色与优势相统一的产业。

区域特色经济的构成要素是一个系统，这些要素是相互联系、相互促进的，缺一不可。在发展特色优势产业时，“名、特、优、新”产品开发是前提，特色优势产业群的建立和发展是核心，特有优势资源的转化是基础，先进实用的特色技术是关键支撑，特定的经济区域是必要载体。

作为区域性主导产业的特色优势产业，必须同时具备区内比较优势和区际比较优势。也就是说，它不仅与区内其他产业相比有优势，与区外同类产业相比也要有优势。因此，那些只具备区内比较优势，而没有区际比较优势的产业，不能成为区域主导产业。作为区域性主导产业的特色优势产业，在同区外产业比较时，必须符合以下要求①：

①凭借独有资源、产品、技术等优势元素获得比较优势，即“你无我有”；②通过专业化分工获得竞争优势，即“你泛我专”；③依靠规模优势得到竞争效益，即“你小我大”；④依靠比较效益获得比较优势，即“你弱我强”。

3. 特色优势产业的评价和选择

选择适当的、可以形成区域规模优势、具有竞争力和发展前景的特色优势产业，是区域经济发展的前提条件，也是特色优势产业发展壮大的关键环节。而能否作出正确选择的前提是，必须对特色产业作出准确的评价。特色产业评价涉及面极广，需要有大量统计数据作支撑，并且要从实际出发建立相对完善的评价指标体系。

根据郭京福、毛海军等人的研究，一个产业是否可以作为区域特色优势产业，应基于一系列因素的综合分析结果作出判断②。一般而言，特色优势产业的选择，可以考虑三个评价指标体系：一是竞争力，以市场竞争力为主进行评价；二是专业化程度，主要从专业化和集中程度角度进行评价；三是比较优势，从生产效率、生产规模、市场规模、市场效益、产品输出等方面进行评价。这种评价，实质是对特色优势产业的性质、特征、功能等作出定量判断，进而确定该产业在区域产业内所处的地位。

（1）比较优势

测定比较优势的指标有以下几个：

---

① 王朝良：《宁夏区域经济》，中央广播电视大学出版社，2011。

② 郭京福，毛海军：《民族地区特色产业论》，民族出版社，2006。

① 效益优势。经济效益是决定一切产业能否持续发展的基本尺度。选择和重点发展的产业，应当是投入少、产出多、效益好、生产效率高的特色优势产业。

② 效率优势。测定一个特色产业的效率高低，应当看其是否高于其他产业或全国同类产业的效率。因此，发展特色优势产业时，一定要选择有实力、基础相对较好，且高成长性的产业，将其培育成为当地新的经济增长点。

③ 产品输出优势。一项产业产品输出率的高低，主要由该产品在区外有无市场需求和竞争力、是否符合参与地区分工的要求，以及产品区际交换能力的强弱决定的。因此，在特色优势产业的发展之初，就应当选择产品输出能力强的产品和产业。

④ 市场规模优势。一个产品潜在市场份额的大小，可通过需求收入弹性系数来衡量。发展特色优势产业，要选择需求收入弹性系数高的特色产业，因为需求收入弹性系数越大，说明该产品的潜在市场容量就越大，发展前景也越好。只有那些能提高市场占有率的产业，才有可能生产适销对路的产品，赢得较大的销售额，从而不断发展壮大。

⑤ 生产规模优势。产业规模包括资源规模、生产规模、市场规模三个方面。其中，生产规模一般从两个方面来评判，首先是区域产业专门化率，即该产业在全国同一产业中所占的比重；其次是区域内的相对规模，即该产业占区域内全部产业产值的比重。被选定的产业必须具有一定的规模和较为雄厚的实力，否则不能作为区域内的特色优势产业。

（2）产业竞争力

评价产业竞争力一般有两个指标：①产业具有的现实竞争力状况。具体包括开拓市场的能力、市场份额、盈利能力等。②产业与当地优势资源的结合度以及在市场中的反应能力和调整能力。只有充分利用当地比较优势，才能提高产业竞争力。

（3）专业化程度

产业专业化反映的是区域优势资源转化为现实经济优势的程度以及该产业在全国所占市场份额的大小。特色优势产业及其产品的专业化水平，可以用区位商来衡量。区位商是指一个地区某种产业或产品的产出量在全国同一产业或产品产出量中所占的比重，与该地区全部产业产出量在全国产业产出量中的比重之比。区位商越大，说明该产业专业化程度越高，可作为区域特色优势产业发展。

二、特色优势产业发展及布局

经过新中国成立以来，特别是“十二五”时期的重点发展，青海特色优势产业基本上形成了特色鲜明、优势明显、布局合理、竞相发展的生动局面。“十三五”时期，省委省政府又根据新的形势，继续将特色优势产业作为发展的重要任务，进行了全面规划和布局。

1. “十二五”时期的规划与发展

（1）指导思想

以科学发展观为统领，以国际、国内市场为着眼点，准确定位青海特色优势产业战略地位，并选择重点项目，持续加快发展。以西部大开发、新型工业化、生态文明建设为契机，以资源的比较优势为基础，以管理创新、科技创新为动力，提高盐湖化工、有色金属、特色新材料、新能源、特色农产品加工、特色旅游等产业集约化、规模化水平，形成合理有序、规模效益明显、产业链条完整、资源利用率高、产品特色鲜明的优势产业集群，走规模化、高科技、创特色、大循环的发展道路，有效带动产业结构调整和经济社会发展。

（2）基本原则

① 注重投资拉动。扩大投资，促进消费，实现总量增加与结构优化有机统一，着力推动跨越发展。坚持项目带动，增投资，强基础，扩规模，不断提升综合实力；坚持投资与消费双轮驱动，形成有利于投资消费相互支撑、协调发展的长效机制；坚持以调整需求结构、产业结构、要素结构为重点，加快转变经济发展方式，实现速度与质量的“双跨越”。

② 注重生态保护。坚持在保护中开发，在开发中保护，实现资源开发与生态保护有机统一，着力推动绿色发展。深入贯彻节约资源和保护环境基本国策，大力实施生态立省战略，建立完善生态补偿机制和资源有偿使用制度，发展循环经济，延伸产业链条，加快特色产业转型升级，推广低碳技术，积极应对气候变化，促进经济社会与人口资源环境协调发展，不断增强可持续发展能力。

③ 注重民生改善。坚持以发展惠民生、促民生，实现经济发展与改善民生有机统一，着力推动和谐发展。牢固树立发展是第一要务，不断壮大经济总量和财政实力，夯实改善民生的物质基础。在加快发展中，努力解决好事关各族人民群众切身利益的突出问题，完善保障和改善民生的制度安排，加快发展各项社会事业，努力推进基本公共服务均等化，使发展成果惠及全省各族人民，增强经济社会发展的共享性。

④ 注重区域统筹。坚持因地制宜、分类指导，实现城乡、区域协调发展有机统一，着力推动统筹发展。以构筑战略新高地和培育经济增长极为目标，以重点产业突破、特色产业集群发展和产业布局优化为抓手，加快特色产业园区、示范区建设，形成“四区两带一线”区域发展格局。统筹城乡发展，推进东部城市群优先发展，加强新农村新牧区建设，加快城乡一体化进程，促进城乡区域良性互动，协调发展。

⑤ 注重改革创新。坚持改革开放，创新驱动，实现制度创新与科技创新有机统一，着力增强发展的动力和活力。深入实施科教兴青战略和人才强省战略，增强重点领域和优势产业的科技支撑能力。深化改革，扩大开放，加快构建有利于科学发展的体制机制。加快开放型、创新型青海建设，提高市场化水平，增强市场竞争能力，使经济社会发展步入改革引领、创新驱动、开放提升的轨道。

（3）区域布局

“十二五”时期，青海在一、二、三产业领域，分别打造“三个十大产业”①。这些产业，是符合青海省情，展示青海竞争实力特色优势的产业。第一产业方面，重点打造油菜、马铃薯、蚕豆、蔬菜、中藏药、特色果品、牛羊肉、奶牛、毛绒、饲草料等十大农牧特色产业；第二产业方面，重点打造新能源产业、新材料产业、盐湖化工产业、有色金属产业、油气化工产业、煤化工产业、装备制造业、钢铁产业、轻工纺织业、生物产业等十大工业特色产业；第三产业方面，重点打造金融、现代物流、科技服务、信息与中介、商贸餐饮、房地产、旅游、文化体育、社区服务和商务会展等十大现代服务业产业。

“十二五”期间（2011—2015 年），是青海特色优势产业启动发展时期。主要特色优势产业的区域布局是：

① 特色农牧业：加快转变农牧业发展方式，把发展设施农牧业和产业化经营作为推进农牧业现代化的重要突破口，发展壮大高效设施农牧业，集中力量建设一批农牧业示范园区和种植基地、养殖基地、制种基地，打造一批特色主导产业和品牌，提高农牧业综合生产能力和菜篮子主要产品供给能力，基本实现肉、菜、奶、蛋自给，基本实现新型农牧业合作组织全覆盖，全面形成生态农牧业发展新格局。

② 盐湖化工产业：以钾资源开发为龙头，大力发展盐湖综合利用和梯级

① 青海省统计局：《统计与调查》，第 17 期，2015。

开发，重点开发钾、钠、镁、氯、锂、硼、锶等盐湖资源系列产品，拓展盐湖化工产业群和产业链。加快盐湖综合利用二期、新增百万吨钾肥、盐湖化工—天然气一体化等项目建设，着力推进盐湖化工与石油天然气化工、煤化工、有色金属和新能源、新材料的融合发展，加快盐化产业向规模化、集约化、精细化方向发展，建成全国最大的盐湖化工、大型钾肥及钾盐基地。

③ 新能源产业：扩大单晶硅、多晶硅生产规模，带动和构建晶体硅、太阳电池、光伏发电系统集成的光伏产业链。加快建设柴达木太阳能大型并网发电项目、青南牧区光伏电源项目，把青海建成国家重要的太阳能光伏产业基地和太阳能发电基地。加快风能设备的研发与制造，开发大型风电机组，培育风能产业链，建成集风电整机及附属设备制造、测试、配件供应等为一体的风电装备制造业和服务基地。扩大风能利用规模，建设大规模的风力发电场。建立生物质能技术研发平台，推进生物质能技术研发和产业化。

④ 新材料产业：以新型电子材料、新型合金材料、新型化工材料、新型建筑材料等为主要方向，致力发展若干具有快速成长性的产业群，打造特色鲜明、优势突出的全国重要的新材料产业基地。以晶体硅、电子薄膜、锂电池材料为重点，扩大新型电子材料发展规模。以镁合金、铝合金、铜合金等复合材料为重点，积极发展轻质、高强度、耐热、耐磨的新型合金材料。以合成树脂、有机硅、新型改性添加剂等为重点，大力发展高性能的新型化工材料。以高性能玻璃、隔热材料、硅灰石综合利用等为重点，积极发展节能环保的新型建筑材料。

⑤ 有色金属产业：加快开发省内资源，充分利用国内外资源，加强铝、镁、铜、铅、锌、镍等有色金属冶炼及精深加工配套能力建设，大力发展各类有色金属合金、管棒材、板带箔材、型材等下游精深加工产品。加快黄金等贵金属开发，提升产业技术和装备水平，延伸产业链。以形成年产 300 万吨以上电解铝生产规模为目标，建设新增百万吨以上电解铝、40 万吨铝基合金大板锭及碳素阳极、铝型材等重大项目，积极发展铝型材、铝箔、铝基合金等下游产品，加快形成铝合金产业链。加快实施金属镁一体化、镁合金压铸件、电解铜箔等项目，建成全国重要的有色金属生产基地。

⑥ 特色旅游产业：全面提升旅游产业总体规模和整体素质，突出重点，着力打造塔尔寺、青海湖、金银滩—原子城、青海藏医药文化博物馆等国家 5A 级旅游景区，建设全国高原旅游名省和新兴的国际型、复合型旅游目的地，着力推动旅游业跨越式发展，使旅游业成为战略性支柱产业。坚持高起点规划、高层次招商、高品位建设、高水平经营，着力打造大美青海区域形象品牌，积极发展生态青海健康之旅、文化青海溯源之旅、神奇青海探险

之旅。

经过“十二五”时期的加快发展，青海转方式、调结构力度不断加大，成效不断显现，提前两年实现了“十二五”淘汰落后产能目标，节能减排任务全面完成，战略性新兴产业迅速崛起，基本形成了具有青海特色优势的产业体系。

2. “十三五”规划与布局

(1)“十三五”规划

“十三五”时期，国内外经济形势更为复杂，青海发展也呈现出新的阶段性特征，进入全面建成小康社会决胜期、生态文明建设提升期、经济发展动能转换期、新型城镇化加速推进期、全面深化改革攻坚期和全面推进依法治省关键期。因此，青海省委省政府牢牢把握科技和产业变革方向，坚持走循环经济的发展路子，以创新为动力，加快推进结构调整，促进产业转型升级，全面提高经济发展的质量和效益。

第一产业方面，坚持集约化、有机化、品牌化方向，加快转变农牧业发展方式，走农业与牧业循环、规模经营与品牌效益兼得、一二三产业融合发展的特色之路。统筹各区域农牧林渔优势资源和综合条件，围绕“世界牦牛之都”“中国藏羊之府”“中国有机枸杞之乡”“中国冷水鱼养殖繁育之库”等高原特色生态有机品牌，重点打造畜禽养殖、粮油种植、果蔬、枸杞沙棘“四个百亿元”产业。实施现代种业提升工程，加快特色优势作物制种业发展，建设国家级春油菜、马铃薯以及良种牧草制繁种基地，加强畜禽良种繁育。大力发展藏羊、牦牛、枸杞、沙棘、中藏药材、藜麦、果蔬花卉、饲草料等特色优势产业，注重品种改良，建设若干农畜产品产业带和示范园区。积极发展水产养殖业，打造全国最大的沿黄库区现代冷水鱼养殖基地。积极培育发展林产业，推进林业产业体系建设。

第二产业方面，贯彻落实《中国制造2025》行动纲领，以转型升级和提质增效为核心，加快工业化和信息化深度融合，加大产业技术改造、技术创新和技术攻关力度，提升产业层次和高新产业比重，引领生产方式向绿色、柔性、智能、精细转变，形成生态文明引领、资源高效利用、产业相互融合的循环型工业体系。以资源精深加工和智能制造为方向，启动新一轮技术改造工程，滚动实施“百项改造提升工程”项目①，推动盐湖化工、有色冶金、

① 《青海省人民政府办公厅关于印发2016年百项创新攻坚工程项目实施方案的通知》，青政协〔2016〕51号。

能源化工、特色轻工、建材产业等传统产业改造升级，实现传统产业向高端化、高质化、高新化发展。以抢占特色新兴产业发展制高点为目标，滚动实施“百项创新攻坚工程”项目，发展壮大新能源制造业、新材料产业、电子信息产业、生物医药产业、高端装备制造业等战略性新兴产业，着力构建在全国具有重要影响力的千亿元锂电、光伏光热、新材料产业集群，使新兴产业成为带动全省工业转型升级和创新发展的重要支撑。以新一代信息技术应用和“两化”融合为突破口，大力拓展节能环保产业、信息技术应用等工业新业态激发社会创新、促进大众创业，培育发展新产业、新业态，形成新的工业增长点。同时，调整优化区域产业分工，明确定位，形成以三大园区为主体，县域经济为补充，各具优势、错位发展的生产力布局。充分发挥西宁创新要素集聚和海东区位优势，引导新能源、新材料、特色轻工、新型建材、高端装备制造等技术和劳动密集型产业向西宁、海东两大园区布局，进一步提高东部地区环境准入门槛，严禁新上高载能高污染项目。充分发挥柴达木地区资源能源和土地优势，抓好化工、有色冶金等基础原材料产业和多元化能源产业。鼓励海西、海南、海东及其他有条件地区利用荒漠、荒滩、荒地、荒坡、荒山有序发展光伏光热风力发电、高原生物等新兴产业。支持各地以市场为纽带，因地制宜，错位发展，促进园区间产业梯度转移。根据危化企业安全管理和生态敏感性需要，加快城市危化企业搬迁改造。

第三产业方面，把加快服务业发展作为经济转型升级的战略支点，高起点谋划现代服务业布局，依据各区域的资源禀赋、产业基础和功能定位，规划建设一批服务业集聚区，加快高原旅游名省建设，全力促进生产性服务业向专业化和价值链高端延伸，生活性服务业向精细和高品质转变，提高服务业在国民经济中的比重和贡献率。持续打造大美青海，着力构建“一圈三线三廊道三板块”旅游发展格局，进一步增强旅游综合服务能力、促进旅游产品转型升级、推动旅游跨区域合作发展，做强旅游支柱产业，把青海建设成为中华民族特色文化旅游目的地、国家生态旅游目的地，努力建成旅游名省。加快现代金融、现代物流、商务服务、科技服务、电子商务等产业发展，促进生产性服务业专业化。着力发展商贸服务、房地产业、社区服务、健康养老、信息消费等产业，提高生活性服务业品质。

（2）布局

① 思路

在发展布局方面，青海省委省政府提出，坚持走差异化、集群化的园区发展道路，深入推进企业集中布局、产业集群发展、资源集约利用、功能集合构建，培育形成新的增长动能和区域竞争新优势。

②“十三五”布局

一是推进农牧业产业园区建设。到2020年，创建15个省级现代农牧业示范区，力争创建5个国家级示范区。依托东部特色种养高效示范区、环湖农牧交错循环发展先行区、青南生态有机畜牧业保护发展区和沿黄冷水养殖适度开发带，集中力量打造一批规模化、标准化生产基地，大力开展高效种养、良种繁育、新品种培育，发挥示范带动作用。

二是提升工业园区综合功能。到2020年，园区工业增加值占工业增加值比重达到80%，引领全省产业转型升级，带动区域经济发展。强化园区规划与城市总体规划的衔接，加大对园区闲置和低效工业用地的二次开发，提高土地利用强度。加快实施园区循环化改造，建立完善园区项目准入评审体系，形成与园区环境承载力相适应的产业规模和结构。建立煤电油气运协调机制，构建技术研发、产品设计、试验检测、成果中试、企业孵化等公共服务平台，完善产品展示、市场信息、电子商务、物流配送、金融保险等现代服务体系。支持在重点产业园区和工矿区，发展零部件维修、辅材供应、生活服务、咨询服务等配套产业园区。

三是加快服务业集聚区发展。重点发展现代物流、商务、贸易、金融、文化创意、健康养老等现代服务业集聚区。以商务楼宇、特色商业街、综合商业设施和现代专业市场建设为重点，加快商务中心区和特色商业区（街）建设，培育壮大服务业集群。突出商务中心区生产性服务功能，注重企业总部集中布局，引导商务服务业集聚发展，形成区域综合商务服务平台。突出特色商业区（街）生活性服务功能，促进商业、旅游、文化及休闲功能融合，打造城市现代商业新名片。

总之，发展青海特色优势产业，必须坚持绿色低碳循环的发展路子，全面提高经济发展的质量和效益。青海特色优势产业项目较多，本章仅选择盐湖化工、新能源、新材料、有色金属、农牧业、旅游业做简要介绍，供大家学习。

第二节 盐湖化工产业

以柴达木盆地为中心的盐湖资源富集区素有聚宝盆之称，盐湖矿产资源十分丰富。盐湖矿产资源的开发，是青海省国民经济发展的四大支柱之一。尤其是以钾盐为主的盐类产品，在国内享有盛誉。

一、盐湖矿产资源概况

1. 盐湖矿产概念

盐湖矿产，指产于第四纪和第三纪盐湖以及更古老的含盐地层中的全部盐类矿产。

2. 盐湖矿产资源分布概况

（1）全球盐湖资源概况

世界上主要产盐国家有中国、美国、俄罗斯、德国、加拿大、英国、印度、法国、墨西哥、澳大利亚等，其中我国产盐量居世界首位。此外，日本是世界上最大的盐进口国和消费国，荷兰拥有规模庞大的跨国制盐企业和先进的制盐技术。

我国原盐资源丰富，有海盐、四川自贡的井盐、青海茶卡的湖盐以及贵州、云南的岩盐。其中，以海盐为大宗，占全国总盐量的70%以上。生产湖盐的主要省（区）有内蒙古、山西、青海、新疆、西藏等，主要生产企业有内蒙古的吉兰泰盐场和雅布赖盐场，青海的茶卡盐场和柯柯盐场，新疆的盐湖化工厂、七泉湖化工厂、七角井化工厂等。

（2）青海盐湖资源种类

经过60多年的勘查，青海现已发现盐湖矿产12种，分别是湖盐、镁盐、钾盐、芒硝、石膏、天然碱、硼矿、锂矿、锶矿以及溴、碘、铷等。省内共发现矿产地200余处，列入储量表的单矿种矿产地168处，归并为矿床（田）78处，其中大型矿床41处（内含特大型矿床22处）。

（3）青海盐湖资源分布情况

青海盐湖矿产分布极不均匀。列入储量的矿产绝大多数集中分布在柴达木盆地的33个盐湖中，累计查明氯化钠资源量3047.12亿吨、氯化钾10.72亿吨、镁盐68.36亿吨、氯化锂1831.41万吨①。上述储量均居全国首位。部分湖盐矿分布在共和盆地，钙芒硝和石膏分布在民和—西宁盆地，青南地区只有个别湖盐矿。

柴达木盆地是我国巨大的内陆盆地之一，其中分布着33个大小不等的卤水湖、半干涸盐湖和干涸盐湖，总面积约3.18万平方公里，蕴藏着极丰富的盐湖矿产资源，素有“盐的世界”之称，主要有察尔汗、昆特依、大浪滩和马海等4个大型矿床。

① 中共青海省委政策研究室：《省情手册》，2016。

3. 盐湖矿产资源的特点

青海盐湖矿产资源具有三大特点：

（1）探明储量大

湖盐、芒硝、镁盐、钾盐、锂矿和锶矿等6种盐湖矿产资源保有储量居全国第1位；硼矿和溴居全国第2位；石膏、天然碱及铷等3种居全国第3位；碘居全国第4位。

（2）品位较高

如一里坪和东台吉乃尔湖的锂矿，卤水中锂盐（LiCl）含量高达2.2~3.12克/升，比美国盐湖中锂含量高10倍；大柴旦盐湖和东台吉乃尔湖的卤水经日晒后三氧化二硼（简称 B_2O_3）高度富集，其含量可达3%左右。

（3）类型全、资源组合好

从化学成分看，有氯化物型、硫酸盐型和碳酸盐型；按矿种分，有钾镁盐矿、湖盐矿、硼矿、锂矿、锶矿和天然碱矿；按元素分，除钠、镁、钾等主要元素外，还伴有大量的硼、锂、溴、碘、铷等有益元素。

二、盐湖化工产业发展现状

青海盐湖化工产业是青海特色产业支柱之一，近几年得到了较快发展。“十二五”期间，青海盐湖化工产业投资达到960亿元，有力拉动了盐湖资源的勘查与开发。

1. 盐湖矿产资源勘查、开发成绩卓著

青海省盐湖矿产地质勘查工作始于20世纪50年代中期，早在东汉以前，青海的湖盐便被当地居民所采挖。新中国成立后，各级政府十分重视矿产资源的勘察和开发，盐湖矿产作为主要的资源，其采选、开发业得到了飞速发展。

截至2015年底，青海省已发现矿产种类134种①，其中，查明有储量矿产种类108种。编入全国矿产储量表的矿产中，有56种矿产列前10位。柴达木盆地是我国最大的可溶性钾镁盐矿床。

2. 盐湖化工产业近几年发展速度快

盐湖矿产资源的勘查，有力促进了盐湖化工产业的快速发展。2015年，盐湖化工产业投资增长25.3%。2016年，青海化工领域，主要以盐湖资源开发为重点，着力突破和提升盐湖提锂、硼等关键技术。

---

① 中共青海省委政策研究室：《省情手册》，2016。

（1）构建了以钾盐为核心的化肥工业、镁钠资源综合利用和盐湖卤水深度加工循环经济产业链

以盐湖钾、钠、镁、锂、硼等特色优势资源开发为主线，重点构建以钾盐为核心的化肥工业、镁钠资源综合利用和盐湖卤水深度加工循环经济产业链。积极推动盐湖化工与石油天然气化工和煤化工产业的有机结合，拓宽盐湖化工产业发展空间。实施大型化、高起点、规模化、园区一体化的重点项目建设，构建了盐湖化工产业集群。

（2）建成了全国最大的盐湖化工、大型钾肥及钾盐基地

青海近几年在盐湖钾、钠、镁、锂、硼资源综合开发、规模开发及其系列产品精深加工上取得了重大突破。掌握了一批盐湖钾、钠、镁、锂、硼资源深度开发、多产业融合链接的核心技术，形成以盐湖化工为核心，盐湖化工、石油天然气化工、煤化工、有色金属、建材等产业相互融合、循环闭合的循环经济产业体系，建成了全国最大的盐湖化工、大型钾肥及钾盐基地（见图 5－1）。

图 5－1　盐湖集团正在工作中的斗轮机

（3）积极开发盐系列产品，形成了我国重要的硼化工基地

“十二五”期间，青海省钾肥（氯化钾）生产规模达到 550 万吨，并积极发展工业氯化钾等钾盐系列产品，促进钾资源开发的高值化；纯碱生产能力达到 500 万吨以上，硫化碱达到 30 万吨左右；采用先进适用技术，首期形成 10 万吨氢氧化镁生产能力；形成 5 万吨碳酸锂生产能力；形成 5 万吨碳酸锶生产能力，打造以锶为基础的磁性材料产业集群；形成 10 万吨硼酸、3 万吨硼砂生产能力，积极发展有机硼、氮化硼、碳化硼和元素硼等产品，形成了我国重要的硼化工基地。

（4）冷结晶技术在正浮选工艺装置中的开发应用及产业化

盐湖化工产业中冷结晶技术荣获“2015 年青海省科学技术进步奖”一等奖。项目主要以传统的钾肥生产工艺冷分解—正浮选工艺为研究对象，通过对光卤石分解机理、结晶动力学、结晶热力学及其对氯化钾结晶粒度、产品收率的影响因素的研究，创新地提出“冷结晶—正浮选”氯化钾生产工艺，项目通过研究发明了一种新型结晶器，通过内部结构的优化，使光卤石分解更完全，同时实现了氯化钾颗粒增大。采用新型分解结晶器和冷结晶—正浮选氯化钾生产工艺相结合，对 40 万吨/年氯化钾的“冷分解—正浮选”法工艺生产装置进行了产业化应用。

察尔汗盐湖是我国目前储量最大的氯化物型钾镁盐矿和大型钾肥生产基地。项目的成功应用，打破了传统生产工艺，提升了盐湖钾肥生产技术水平，节约了资源，提高了钾资源的利用率，扩大了自给量，满足国家发展战略，具有重要的战略意义和现实意义。

（5）盐湖化工产业产品产量及增速明显

近几年，青海盐湖化工产业产品及增速明显。仅 2015 年，原盐产量达 286.37 万吨，比上年增长 29.1%；钾肥产量达 849.36 万吨，比上年增长 4.1%。另外，盐湖化工产业固定资产投资呈现较快增长趋势，成效也是显著的（如表 5－1 所示）。

表 5－1　2015 年工业优势产业固定资产投资及增长速度

指标名称	投资额（亿元）	比上年增长（%）
工业优势产业	1014.26	持平
新能源产业	280.40	18.7
新材料产业	76.03	60.3
盐湖化工产业	109.32	25.3
有色金属产业	228.12	1.4
油气化工产业	43.69	−16.4
煤化工产业	66.22	−48.9
装备制造业	42.45	24.5
钢铁产业	32.69	−47.6
轻工纺织业	73.27	−5.3
生物产业	62.07	−0.4

数据来源：青海省统计局：《青海省 2015 年国民经济和社会发展统计公报》

如表 5－1 所列示，2015 年，青海盐湖化工产业固定资产投资达 109.32 亿元，比上年增长 25.3%，在青海工业优势产业中名列第四。

三、盐湖化工产业特色集群

1. 盐湖化工产业集群的规模

目前，盐湖集群规模以上企业达到 32 家。依托柴达木循环经济试验区“一区四园”，盐湖特色产业集群初步实现了企业内部层面、企业之间、园区之间配套及柴达木循环经济试验区与西宁（国家）技术经济开发区之间配套四个层面的协作关系，格尔木、大柴旦、德令哈、乌兰等工业园区形成特色鲜明、分工合理的产业格局。

2. 盐湖化工产业集群的总体部署

推进青海盐湖化工产业集群的总体部署是，部省共建，推进集群发展。围绕产业集群的重点领域，通过重大关键技术引进—消化—再创新、重大关键技术开发、重大技术产业化、应用示范和标准化建设，实施产业集群项目推进计划，每年重点推进 30 个项目，力求突破一批重大关键技术，推广一批应用示范工程，形成一批产业化项目。

3. 盐湖化工产业集群建设

盐湖特色产业集群的建设，调动了一批重大关键技术的开发、应用及产业化建设项目在企业的立项和运作，成效日渐凸显。

（1）资源开发瓶颈技术逐步取得突破，综合利用全面展开

高镁锂比盐湖卤水提锂工艺、水氯镁石制金属镁技术、水氯镁石氨法制备氢氧化镁技术、硫酸镁亚型盐湖提取硫酸钾技术等资源开发瓶颈技术通过科技攻关取得突破，盐湖资源产业化综合利用全面展开。

特别是国家科技支撑计划项目“柴达木盐湖资源综合利用关键技术研究与开发”项目的实施，建成了 1 万吨/年吸附法生产碳酸锂、15 万吨/年硫酸钾镁肥、1 万吨/年硼酸、5000 吨/年煅烧法生产碳酸锂、2.5 万吨/年氧化镁和 18 万吨/年氯化钠精制产业化生产装置，相关产品质量达到国家标准。“卤水资源综合利用技术研究”项目的实施，获得新产品、新技术、新工艺等 9 项，建成 10 万吨/年热溶法氯化钾结晶装置等示范线 18 条，申请发明专利 19 项，授权 17 项。一批技术成果的产业化成功应用，获得显著的经济效益。两个科技项目的顺利实施，成功突破了多项制约盐湖资源综合利用的关键技术，经济效益显著。

（2）创新型盐湖特色化工循环经济产业链在逐步形成

① 钾盐产业。在原有钾盐生产的基础上，继续加大规模。盐湖集团新增

100 万吨氯化钾计划进入试车阶段；联大化工年产 20 万吨农业硝酸钾正在进行土建施工；青海文通盐桥化肥年产 20 万吨硝酸钾已经安装设备完毕，开始生产；森盛矿业有限公司冷湖碱北凹地年产 10 万吨氯化钾获批生产。

② 镁系材料产业链。青海盐湖集团金属镁一体化项目进展顺利，2015 年已建成投产。青海西部镁业有限公司高纯氢氧化镁及镁砂上游项目已进行联动试车，下游项目也在按计划建设。青海柴达木杰青科技有限公司镁系阻燃剂及复合材料完成主体基建和调试生产。配合镁一体化项目的开展，盐湖机电装备制造公司金属镁一体化装备制造园非标设备制造生产线也已建成。集群内镁系材料产业链已经形成，以金属镁一体化项目为龙头，金属镁、镁合金、高纯镁砂和氢氧化镁阻燃剂等产业在稳步发展。

③ 油气深加工产业。青海盐湖工业集团融合天然气化工，已开工建设 30 万吨/年合成氨项目、33 万吨/年尿素项目、22 万吨/年 PVC 项目、8 万吨/年甲醇项目；寰琨新能源年产 30 万吨变性燃料甲醇、8 万吨甲醇基清洁燃料和助剂及 10 万吨甲醇汽（柴）油项目，中浩化工产业升级改造、青海成大集团有限公司 500 万吨/年油页岩开发、格尔木 600 兆瓦燃气电站扩建、格尔木炼油厂 300 万吨升级扩建等项目也在积极开展前期工作。随着项目的开工建设，将不断推进油气深加工及甲醇制低碳烯烃等循环有机化工产业的发展。

④ 六井田正在进行地质勘探。恒达有限公司百万吨水煤浆生产线、青海华诚实业公司天峻县原煤洗选项目、青海庆华集团乌兰焦化园区焦炉煤气制甲醇项目等进入前期基建阶段。主要开展了金、钼、铁、铜等金属矿产资源的勘探开发。

（3）科技平台建设成效显著，科技创新体系初步形成

盐湖集群培育认定高新技术企业 4 家，培育认定科技型企业 6 家；盐湖集群产业产值达到 508 亿元。作为柴达木科技创新园载体性建筑科技研发综合楼主体完成。2014 年 10 月底完成内部装修并交付，2014 年 11 月完成室内设施及分析测试平台建设。如今盐湖集团已经达到国家、部省重点实验室或工程研究中心标准，形成集研究、开发、中试孵化、技术创新咨询服务等于一体的综合性机构，预计将完成一批产业集群建设亟须解决的关键（核心）技术中试装置建设或示范工程建设。

四、盐湖化工产业发展存在的主要问题

盐湖化工产业发展存在的问题，主要表现在以下几个方面：

1. 开发环境较差

盐湖地区地理气候条件恶劣，人烟稀少，交通运输困难，水、电供应不

足，邮电通信落后。尤其盆地西部盐湖地区，资源开发的环境更差，生产生活的供水都十分困难，尚不具备开发的基本条件。

2. 多数矿床的勘探程度较低，所提交的储量不能作为开发设计的依据

如钾盐矿，在探明储量的 10 个矿床（22 个产地）中，只有察尔汗、大小柴旦湖和一里坪矿床达到勘探程度，其余均为普查或详查，个别矿床处于初查阶段。

3. 建设资金不足，影响了资源开发的规模与效益

由于地区经济积累能力差，财政困难，拿不出更多的资金支持盐湖资源开发与发展，致使盐湖资源开发的科技投入不足，必要的科技攻关和工业试验难以开展，严重影响了资源开发的规模、下游产品的开发和经济效益的提高。

4. 企业生产能力不足

除青海盐湖工业集团有限公司外，绝大多数钾盐企业规模较小、生产能力低、管理水平差、工艺陈旧，产品单一，多为氯化钾（简称 KCl）含量低于 90% 的初级低值产品，经营粗放，经济效益低，亏损面较大。

5. 生产加工工艺及设备落后

氯化钾生产多数企业采用冷分解浮选工艺，产品质量差；硫酸钾的生产工艺不成熟，至今不能达产；元明粉生产工艺及设备落后，早已停产；硼锂的生产工艺研究尚未完全成功；高纯镁砂的生产工艺不过关，至今无法组织生产；溴、碘、铷的综合利用，尚未进行研究，无法考虑开发利用问题。

6. 缺乏统一的强有力的领导和管理

由于宏观调控不力，条块分割严重，加剧了资源和环境的破坏。比如察尔汗盐湖铁路以东的许多小企业，采用落后的开采和加工工艺，老卤和选矿母液大量就地排放，造成了盐湖资源的严重浪费和破坏；由于各自为政，造成开挖沟槽、集卤渠等布局不合理，争抢资源现象严重，由于多处降落漏斗的出现，使部分企业沟槽干涸，靠买矿维持生产；盐田老卤就地排放，察尔汗盐湖 2000 余万立方米的老卤使团结湖一带水位抬高，形成一片汪洋，造成严重的环境污染。

总之，虽然在盐湖矿产资源开发中有一些突出问题，但随着柴达木盆地的钾盐开发、西宁—兰州的输气管道的建设，青海盐湖资源开发又展示出广阔的发展前景。

五、盐湖化工产业发展战略

以柴达木盆地为主体的盐湖资源开发区经济发展水平滞后，必须采取措

施，把丰富的盐湖资源优势转化为经济优势和市场优势。因此，青海盐湖化工产业发展的战略是，推进以盐湖资源综合利用为核心的化工产业发展，实现化工与相关产业有机融合，构建特色循环经济产业链。

1. 积极支持盐湖矿产资源开发，给予适当的政策倾斜

一是加快基础设施建设。尽快改善投资环境，搞好柴达木盆地的交通、通信、水利等基础设施建设是重中之重。

二是拓展融资渠道。大力吸引资金、人才、技术投入。

三是给盐湖资源开发一定幅度的税收减免。

2. 加强盐湖矿产资源的监督管理

盐湖矿产资源的监管是保护盐湖资源勘查开发顺利进行的重要手段。逐步健全有关的监督管理制度，从盐湖矿产的勘查开始，直到生产销售均应实行有效的监管。对矿业秩序混乱、无证开矿和无证生产者应予取缔。

3. 加快体制改革步伐，调整产业结构

在体制上，加强行业的归口管理，扩大市场占有率。进一步调整产业结构，在预测国家经济结构走势的基础上，促进产业结构的升级。主导产品钾盐实施名优策略，氯化钾和硫酸钾要培育名牌产品。

深化国企改革，发挥青海盐湖集团有限公司的龙头作用，加快察尔汗盐湖硼锂资源的综合利用步伐，使硼酸、碳酸锂等适销对路的产品尽快占领市场。把碳酸锂、金属镁等作为盐湖资源开发新的增长点进行重点培育，并给予政策扶持。

4. 加大科技投入，加快人才培养

科技是盐湖资源开发的先导。进一步突破盐湖资源开发利用的技术瓶颈，做到以下两点：

一是加大科技投入，积极争取国家和省级财政给予较大的经费支持。以中科院青海盐湖研究所、青海省化工设计研究所、青海盐湖工业集团有限公司等单位为基础，吸收国内外从事盐湖开发研究的人才和技术，进行盐湖资源综合利用的工程化研究，使盐湖资源开发尽快从粗放型向效益型转变。

二是制定优惠政策，有计划、有步骤地吸纳国内外的人才，特别是科研、设计、生产、经营管理等方面的高素质人才，建立人才培养和流动的良好机制。

5. 适度开发，保持经济、人口、资源和环境的协调发展

在盐湖资源开发时，做到开发适度、生态适宜、技术可行、经济合理、社会有益、多方有利。在大型项目的开发布局上，突出治理与保护措施，严格控制污染物的排放量，维持生态平衡。

第三节 新能源产业

一、新能源概念、特点及类型

1. 概念

新能源（NE）是指传统能源之外的各种能源形式，包括各种可再生能源和核能。新能源的各种形式都是直接或者间接地来自于太阳或地球内部所产生的热能，包括太阳能、风能、生物质能、地热能、水能和海洋能以及由可再生能源衍生出来的生物燃料和氢所产生的能量。

2. 特点

相对于传统能源，新能源普遍具有污染少、储量大的特点，对于解决当今世界严重的环境污染问题和资源（特别是化石能源）枯竭问题具有重要意义。

3. 类型

联合国开发计划署（UNDP）把新能源分为三大类：大中型水电；新可再生能源，包括小水电、太阳能、风能、现代生物质能、地热能、海洋能；穿透生物质能。

二、新能源开发利用现状

“十二五”期间，青海把开发新型清洁能源作为优化产业结构、提升发展实力、保护生态环境、实现转型发展的重大战略举措，充分发挥太阳能和风能的资源优势，全省规模以上工业新能源发电量呈快速增长趋势。2014 年，青海省规模以上工业十大优势产业中，新能源产业增加值比上年增长 82.8%，2015 年新能源产业投资增长 18.7%。

“十三五”时期，青海提出进一步发展清洁能源产业，以新能源产业为新的经济增长点，努力创造产业结构升级和节能降耗创新发展空间，不断推动工业绿色发展水平。2016 年前三季度，新能源产业增加值同比增长 9.7%，高于同期全省规模以上工业增加值增速 2.1 个百分点。

1. 太阳能产业发展现状

目前，青海省以硅材料为主的光伏产业链初步成型，太阳能产业发展取得积极成效，主要表现在：

（1）太阳能光伏产业实现了快速发展，已初步形成了一批新能源龙头企业

通过政府有效引导和支持，青海太阳能光伏产业实现了快速发展。据 2016 年省情资料显示，青海光伏发电企业有 50 家，并网发电容量 3100 兆瓦，占全国集中并网光伏电站的 30%。目前已形成亚洲硅业（青海）有限公司、青海华硅能源有限公司、黄河上游水电开发有限责任公司新能源分公司等一批新能源龙头企业，以青海尚德尼玛为代表的太阳能电池组件封装企业已形成了一定的生产能力。一批单晶硅、多晶硅项目的顺利实施，为太阳能光伏产业的发展奠定了良好的基础，这标志着太阳能光伏产业体系正在逐步形成。

（2）太阳能光伏应用初见成效

太阳能光伏应用在青海起步比较早。90 年代以前，青海省的光伏发电市场主要由国家扶贫项目支撑。近年来，青海太阳能光伏发电系统应用加速，已实现光伏电站并网发电容量 1003 亿瓦。截至 2014 年底，已建成多晶硅产能 6778.87 吨，单晶硅 2016.05 吨，光伏电池 150 兆瓦。2015 年，太阳能发电量 64.77 亿千瓦时，比上年增长 23.8%。

（3）太阳能热利用的推广应用取得一定进展

在国家有关政策的扶持下，通过实施小型公益项目、生态家园工程、藏区太阳能温暖工程和三江源能源建设工程、太阳能与建筑一体化应用等，太阳能在青海广大地区得到广泛应用。

2. 风力发电产业发展的现状

其一，适应高原风况的风机研发取得突破。青海风力资源总体蕴藏量巨大，但风能密度低、风向乱等问题一直是制约风力发电产业快速发展的突出制约因素。经过多年的技术攻关，目前垂直轴风力发电机研发已取得重大突破，具备了产业化生产的条件。2015 年，青海风力发电量 6.49 亿千瓦时，比上年增长 89.1%。

其二，风力发电场建设步伐加快。随着垂直轴风机的研发成功，解决了青海省风电开发的重要技术制约，青海海西等地区均有开发商进行测风试验等风电项目前期工作。

三、新能源发展的优势及存在的问题

1. 发展的优势

青海自然资源丰富，特别是在新能源领域，与其他省份相比，具有独特的优势和潜力。

（1）太阳能优势

青海全年日照时数达2500～3650小时，较同纬度地区的华北平原、黄土高原偏多400～700小时，年均日照率达60%～80%，资源条件优势十分明显。太阳辐射能量仅次于西藏，全省每平方厘米年辐射总量在586～741千焦耳之间。特别是柴达木盆地，年平均日照时数可达3600小时以上，总辐射量中直接辐射量的比重约为62%，资源优势更为突出。

据测算，青海年接受太阳能折合标准煤1623亿吨、电360万亿千瓦小时。在相同面积和容量条件下，光伏并网发电能比相邻的甘肃、新疆多发15%至25%的电量①。

（2）风能优势

就风能而言，青海省风能资源是很丰富的。青海90%以上的地区，年平均风速在3米/秒以上，全年可利用风能时间在3000小时以上，年平均可用风能密度在65～100瓦/平方米以上。据测算，年风能资源理论折合7854万吨标准煤，相当于电1745亿千瓦时。

2. 存在的问题

（1）新能源基础产业薄弱，配套能力不足

青海新能源产业规模小，大企业少，中小企业占绝大多数，产业链很不合理。新能源产业相关配套设施和材料制造等上游产业项目在省内尚未形成，技术研发、运营管理、装备制造、原材料加工等对外依存度较高。

（2）部分共性技术和关键技术尚待突破

以青海企业为主体的技术创新体系建设还处于起步阶段，企业技术创新机制不够健全，研发机构不完善，高层次人才缺乏，自主研发能力差，科研机构与企业联合机制尚待完善，这影响了优势资源的开发利用，制约了新能源产业的发展和核心竞争力的提高。

（3）高科技人才和有职业技能的产业工人缺乏

新能源产业属于高新技术产业，需要高素质的科技人才和有职业技能的产业工人队伍。由于历史、经济、地理和气候等原因，青海与新能源产业发展相适应的高科技人才缺乏，有职业技能的产业工人不足，已成为制约新能源产业快速发展的突出问题之一。

四、新能源产业发展战略

青海新能源发展战略是进一步完善光伏制造产业链，加快推进切片和新

① 中共青海省委政策研究室：《省情手册》，2016。

型高效光伏电池项目建设，积极发展风电及光热发电储能材料，推进晶硅切方、聚光光伏电池项目建设，具体是：

1. 制定新能源发展规划

从产业基础、市场需求、发展方向、技术与经济、产业布局等方面，尽快制定和完善新能源产业发展规划，指导新能源产业健康有序发展。统筹规划产业发展，统筹规划新能源产业与电力、交通运输等各个环节，确保要素保障到位。加强政府相关部门之间的沟通和协调，使规划落到实处。

2. 用好新能源发展政策

针对新能源产业各领域产品市场需求，按照产业发展规划提出的任务和发展重点、发展目标，在做大、做强基础产业的同时，尽快提出一批具有产业基础和比较优势、建设起点高、发展前景好，与上游产业规模相匹配的产业项目，并安排专项资金用于开展前期工作，为产业发展打好项目基础。

3. 加大资金支持

设立新能源产业发展资金等专项扶持资金，专门用于项目招商与项目建设期间的补助和贴息。同时，依据国家出台的一系列扶持新能源产业发展的政策，结合省情实际，出台青海支持新能源发展的地方优惠政策，引导产业发展。通过政府资金的引导和扶持，推进新能源产业健康发展。

4. 提供强有力的人才支撑

发展新能源产业需要引进一批新技术，需要大量的相关专业技术人才和一批有较高素质的劳动者。要通过新兴产业的发展，加快建立以企业为主体、市场为导向、产学研相结合的技术创新体系。

5. 加大招商引资力度

新能源产业作为新兴产业，投资相对较大，技术相对复杂，对资金、设备、人才的要求较高。应当通过政府有关机构、市场主体，加大宣传力度，加强招商引资工作，引导一批有技术、有市场的国内外有实力的企业到青海投资。同时积极采取措施，拓宽渠道，吸引外商投资青海新能源产业，促进新能源产业发展。

第四节 新材料产业

一、新材料定义及种类

1. 定义

新材料是指那些新出现或已在发展中的、具有传统材料所不具备的优异性能和特殊功能的材料。

新材料与传统材料之间并没有截然的分界，新材料在传统材料基础上发展而成，传统材料经过组成、结构、设计和工艺上的改进，从而提高材料性能或出现新的性能，都可以发展成为新材料。

2. 种类

新材料按结构组成分，有金属材料、无机非金属材料、有机高分子材料、先进复合材料四大类。《中国新材料产品与技术指导目录》将新材料产品分为新型金属材料、新型建筑材料、新型化工材料、电子信息材料、生物医用材料、新型能源材料、纳米及粉体材料、新型复合材料、新型稀土材料、高性能陶瓷材料、新型碳材料、新材料制备技术与设备等十多类具体技术领域。

二、新材料产业发展的现状

新材料产业的快速崛起，一定程度上对传统工业、高耗能产业绿色转型升级形成倒逼机制，并促进了发展质量和效益的提升。

1. 地位

新材料产业是我国七大战略性新兴产业之一，是节能环保、新一代信息技术、高端装备制造、新能源及新能源汽车等产业的重要原材料基础，是高技术产业和先进制造业的先导产业，是国家开发银行信贷支持的重点领域，已被列为工业领域大力发展的“五优一新”产业之一。

2. 产业规模和市场占有量

（1）产业规模

据统计，2014 年，全省规模以上工业十大优势产业中，新材料产业比上年增长了 21.1%。具体表现在以下几方面：

①5 个新材料产业板块初具规模。按照国家基础新材料、战略新材料、前沿新材料的三大类划分标准，青海省已初步形成了以铝、镁、钛、铜等金属为基础的 5 个新材料产业板块。主要是以电子级高纯氧化铝技术突破为基础，发展以蓝宝石为主的光电新材料产业；以盐湖资源综合利用为支撑，形成了聚氯乙烯、聚苯硫醚、甲醇蛋白纤维等产品为主的新型化工新材料产业；依托盐湖锂资源开发发展锂电新材料产业；发展以晶硅、光纤预制棒等为主的光伏制造及电子信息新材料产业。

②7 条产业链基本形成。在 5 个新材料产业板块的基础上，已形成铜冶金—铜箔—铜合金、盐湖镁资源—金属镁—镁及镁合金、电解铝—铝及铝合金等金属合金材料，盐湖化工—高纯氧化镁及 PVC—下游精深加工—硫化

碱—聚苯硫醚等新型化工材料，金属硅—多（单）晶硅—电池及组件，盐湖碳酸锂—磷酸铁锂—锂电池，电解铝—高纯氧化铝—蓝宝石晶体等7条产业链。

③ 带动基础性原材料产业链由低端向中高端发展。依托优势资源，通过技术创新和产品创新发展起来的新材料产业，带动了省内已有基础性原材料产业由产业链低端向中高端发展。

“十三五”期间，青海将以金属合金新材料、光电新材料产业、新型化工材料、光伏制造及电子信息材料产业、锂电新材料5个板块为主攻方向，将锂电、新材料产业作为重点，打造千亿元产业。

（2）市场占有量

经过多年培育发展，青海新材料产业实现了由小变大、由弱变强的蜕变，已成为推动全省传统产业转型升级和深入实施资源转化战略的重要载体。2015年前三季度，青海省新材料产业实现工业总产值202.78亿元，在十大特色优势产业中排名第二，工业增加值增速达34.5%，增速排名第一。新材料产业已逐步成为促进工业经济转型升级、创新发展、平稳增长的“挑大梁”产业之一。

（3）新材料企业地域分布

根据区域资源状况、环境承载能力、产业基础等外部发展条件，青海近年来进一步优化顶层设计，着力推进了以西宁（国家级）经济技术开发区为代表的新材料产业基地建设。

目前，西宁东川工业园区成功创建国家级光伏产业基地，形成了光伏制造和新型轻金属合金材料产业集群；南川工业园区形成锂电光电产业集群。通过政策引导、资金支持等措施，培育了泰丰先行锂能科技有限公司、亚洲硅业（青海）有限公司等一批拥有知名品牌、自主知识产权、主业突出、核心竞争力强的优势企业，有力带动了关联产业成长。

3. 产业发展重点

未来新材料产业发展重点是以电子信息材料、新型化工材料、新型合金材料等为主攻方向，重点发展铝基、镁基、钛基和锂合金等新型轻金属合金材料，镍基下游高端合金及功能材料。

4. 不同产业发展现状

青海把新材料作为战略性新兴产业的支点，初步构建了合金新材料、光电新材料、锂电新材料、光伏制造及电子信息新材料产业。青海省统计局2015年的统计数据显示，在全省工业优势产业投资中，新材料产业投资增长60.3%，占工业十大优势产业投资额的很大比重。

（1）锂电产业

盐湖提锂和锂电池正负极材料、电解液和隔膜材料，其发展的着力点是突破新型锂电正负极材料、六氟磷酸锂等锂电池电解液及 PE（聚乙烯）等锂电池隔膜材料研发，推动锂电产业链集聚发展，提升锂电产业链关联度和互补性。

（2）光电产业

光电产业是随着光电技术的兴起而形成的一门高新技术产业，其中蓝宝石晶体是光电产业最重要的上游原材料之一。据预测，蓝宝石晶体材料在消费类电子产品领域将具有巨大的应用前景。

（3）新型合金材料

着力发展铝基、镁基、钛基、锂基合金等新型轻金属合金材料。发展航空航天、船舶、车辆、轨道交通用轻质高强合金、高韧性合金、高耐磨合金材料和加工型材；发展大断面、超长挤压新型合金材料；发展镍基下游高端合金及功能材料。

（4）新型化工材料

延长化工产业链，大力发展耐高温、耐低温、高耐磨及长寿等高性能的新型化工材料和苯系基础化工产品。以硅、硼、锂、锶为主，发展电子级碳化硅强拉棒、电子级四硼酸锂晶片、钛酸锶等新型无机化工材料。开发先进高分子材料和特种纤维及复合材料为主的新型化工材料。以甲醇、烯烃下游产业为主，发展苯乙烯、ABS 树脂、甲基丙烯酸甲酯、环氧树脂、EVA 树脂、丙二醇醚醋酸酯等工程塑料材料。

（5）非金属材料

积极发展电子陶瓷、化工陶瓷、金属陶瓷、晶须材料。发展石墨烯、碳纤维及有机硅等新型非金属材料。

三、新材料产业发展存在的问题

新材料产业发展存在的突出问题是产业发展区域环境欠佳。青海经济基础比较薄弱，产业规模小，发展水平不高。地区规模以上企业增加值的比重很低，比全国低很多，尚处于工业化初级阶段。即使有优势的新材料产业，也存在规模小、水平低的问题。同时，青海远离东部沿海发达地区，物流成本高，交易成本大，企业降成本的难度大，对市场竞争不利。

四、新材料产业的发展战略

当前和今后一段时期，应当从五个方面推动青海新材料产业实现新突破。

（1）解决产业链条短的问题

青海新材料产业尚处于初级发展阶段，产业链条短，行业集中度低，对区域经济带动作用有限。目前绝大多数新材料行业，产业的产品结构单一，初级产品、原料性产品所占比重大，高技术含量、高附加值的产品很少。企业生产受市场波动影响大，抗风险能力差。部分材料行业遍地开花，集中度低，导致企业间联系和协作不够，存在无序竞争问题。因此，必须在延伸产业链条上下功夫、做文章。

（2）解决人才和科技能力不足的问题

青海新材料产业人才储备不足，创新能力较弱。多数新材料企业缺乏核心竞争力，大多数产品技术要靠引进，不能及时更新换代。因此，必须创新体制机制，加大财政、金融、科技、人才等方面的支持力度。

（3）解决能耗和资源消耗偏高的问题

青海新材料产业能耗偏高，资源消耗偏高，环境污染严重，具有“两高一资”[①] 特征。对资源依赖性强，而综合利用率低。必须提高企业工艺、技术、装备水平，加快淘汰落后的工艺和设备，加强节能、降耗和环保治理。

（4）抓好项目建设

坚持以大项目支撑、规模化开发、集群化发展、园区化承载的理念，谋划和实施好新材料产业重大项目。加大招商引资力度，着力引进一批有利于促进产业集聚、有利于形成产业链的项目。“十三五”期间，青海将全力撬动新材料产业等一批有基础、有优势、有竞争力的新兴产业做大做强。通过着力培育发展新材料等新兴产业，切实改善青海以基础原材料生产为主的产业发展现状，加快优化产业结构步伐，形成具有青海特色优势的千亿元新材料产业。

总之，青海发展新材料产业，一定要朝着新型工业化、循环经济、低碳经济的正确方向前进，突破人才、资金、技术、市场等瓶颈因素，提高资源转化效率，加快产业升级，推动资源优势向经济优势转化，将产业做大、做强、做精、做特，实现可持续发展。

---

① “两高一资”即高耗能、高污染、资源性，对企业而言主要指高耗能企业、高污染企业、资源性产品企业。

第五节　有色金属产业

一、有色金属的相关理论

1. 金属的定义

金属是指具特有光泽而不透明（对可见光强烈反射的结果），富有展性、延性、导热性及导电性的这一类物质。金属中延展性最好的是金（Au），导电好的依次是银（Ag）、铜（Cu）、铝（Al）。

2. 金属的类型

按冶金工业分类法，金属可分为黑色金属（铁、铬、锰三种）和有色金属（铁、铬、锰以外的全部金属）；根据密度分类法，金属可分为轻金属（密度小于4.5克/立方厘米，有钾、钠、钙、镁、铝等）和重金属（密度大于4.5克/立方厘米，有锌、铁、锡、铅、铜等）；还可以把金属分为常见金属（如铁、铝、铜、锌等）和稀有金属（如锆、铪、铌、钽等）。

3. 十种常用的有色金属

十种常用有色金属是指有色金属中生产量大，应用比较广的金属。世界各国有色金属产量一般均指铝、镁、铜、铅、锌、镍、钴、锡、锑、汞十种有色金属的总产量。我国十种有色金属一般是指铜、铝、镍、铅、锌、钨、钼、锡、锑、汞十种，即把国外的镁和钴换成钨和钼。

二、有色金属产业发展现状

有色金属产业已经成为青海省支柱产业之一。长期以来，青海大力推进产业结构调整，在生产规模、品种质量和技术装备水平上取得了快速发展。“十二五”期间，青海有色金属产业投资达到了460亿元。其中，2014年有色金属产业增加值比上年增长16.4%，2015年有色金属产业投资同比增长1.4%。

1. 产业规模持续扩大，资源勘察成效显著

“十二五”期间，青海铜矿、铅锌矿、钨矿、钼矿、金矿等重要矿产形成一批新的资源基地，为“十三五”重塑矿产资源勘查开发格局奠定了基础（如表5-2所示）。

表5-2 “十二五”末主要矿产查明资源储量

类型	储量（万吨）	与“十一五”相比增长（%）
铜矿	9910.2	23.3%
铅矿	7766.9	41%
锌矿	14985.2	29.2%
铝土矿	47.1	25.6%
镍矿	1116.6	19%
钨矿	958.8	62.2%
钼矿	2917.6	108.1%
锑矿	292.6	14.7%
金矿	1.16	68.4%
钛矿	7.64	6.1%

资料来源：国土资源部在中国国际矿业大会期间发布的《中国矿产资源报告（2016）》

2. 有色金属采、选矿能力显著提高

青海以冶炼及延伸加工为主，形成了高技术、多品种、低消耗、高产出、循环发展的产业发展格局。“十二五”时期，青海十种有色金属产量在400万吨左右，其中电解铝350万吨；新增黄金资源量310吨，建成了国家重要的有色金属产业基地。

3. 创新能力显著增强，装备水平明显提高

“十二五”期间，青海引进了先进电解炼镁装置，初期建设了10万吨金属镁生产线。与盐湖化工产业相融合，采用电解工艺形成了4万吨金属钠生产能力。扩大有色金属生产品种，满足并提高下游有色金属压延及合金材料加工的需要。

4. 骨干企业成长加速，集聚效应显现

青海西部矿业集团有限公司、青海黄河水电集团有限公司、青海投资集团有限公司等一批大企业、大集团的迅速壮大，对青海有色金属工业的支撑和带动作用明显。

5. 节能降耗成效显著，淘汰落后产能力度加大

“十二五”以来，通过制定实施节能技术改造和严格控制高耗能高污染行业扩张等一系列政策措施，不断加大节能降耗力度，有色金属冶炼和压延加工业产品单耗实现稳步下降，达到7.28%（如表5-3所示）。

表5-3 "十二五"时期青海省有色金属冶炼业单位产品能耗情况

单位：千克标准煤/吨（千瓦时）

行业名称		2010年	2011年	2012年	2013年	2014年	2015年	2011—2015年累计增长（%）
有色金属冶炼业	单位电解铝综合能耗	1759.4	1777.14	1721.1	1703.7	1685.3	1692.8	-3.78
	单位精锌（电锌）综合能耗	1123.8	1087.57	1084.2	1006.2	1011.4	1042.08	-7.28

数据来源：青海统计局统计报告第20期

三、有色金属产业发展优势及存在的主要问题

1. 优势

（1）政策优势

中央深入实施西部大开发战略，支持藏区发展，中央财政将持续加大对西部地区的转移支付，财政性投资和信贷资金的投入力度会进一步加大。实行差别化的产业、土地等政策，支持企业到西部地区投资创业，将形成促进区域间良性互动、共同发展的格局。有色金属产业是我省重点发展的十大特色优势产业之一，"十三五"期间将进一步加大投入，在促进资源精深加工、延长产业链等方面制定具体的措施，这将有助于有色资源的开发和综合利用，促进有色金属产业又好又快发展。

（2）特色资源优势

青海有色金属矿产资源丰富，截至2015年底，有色金属资源储量较大的有铅222.13万吨、锌452.11吨，镍资源量约117.31万吨①。发现铜矿产地400余处，编入储量表19处，保有资源储量199.32万吨。全省发现铅锌矿130余处，编入储量表的铅锌矿点为31处和28处，保有资源储量分别为190万吨和266万吨。柴达木盆地中的镁资源储量占全国总量的99%，与钾盐共生，保有资源储量56亿吨，这为青海省有色金属产业的发展提供了资源保障。

（3）产业基础优势

青海电解铝的发展有20多年的历史，骨干企业产量曾连续四年位居全国第一，现有100万吨/年产能全部采用330KA以上电解槽，单套装置产能创全

① 中共青海省委政策研究室：《省情手册》，2016。

国第一，从电解铝到配套石墨电极的生产均已形成了成熟的生产工艺。铅锌行业从勘察、采选到冶炼形成了成熟的技术。铜行业规模化开采的同时，尾矿的综合利用初见成效，实现了铜、金、银、铁、硫元素的同步开发。

2. 存在的主要问题

（1）结构性矛盾仍然存在，延伸加工能力不足

有色金属矿山生产能力与下游冶炼、加工能力比例失衡，上下游行业的结构不尽合理。目前，电解铝产能 240 万吨，延伸加工能力严重不足；铜产业矿山能力 3.89 万吨金属量，关键环节缺失；铅锌矿山能力为 20 万吨左右，冶炼能力 20 万吨，加工能力为零。

（2）工艺技术尚有差距，研发投入强度偏低

青海原始创新能力薄弱，合金新材料方面研究投入不足，高新技术产业发展缓慢，导致全省有色产业发展的层次低，产业升级速度慢。如，在铅锌冶炼方面，低浓度二氧化硫回收利用技术、火法铅锌冶炼节能技术、伴生元素回收技术等一系列可持续发展难题需要依靠技术创新解决。

（3）资源综合利用亟须提高，技术瓶颈有待突破

有色金属综合利用水平不高，电解金属镁副产液氯、铅锌冶炼副产硫酸的综合利用技术瓶颈有待突破，如何与其他产业融合联动发展，在解决氯平衡、硫平衡的同时，实现产业链延伸、优化升级，需要尽快形成明确的发展思路。

（4）电力发展相对滞后、水火电发展比例失调

有色金属冶炼属高耗能产业，电力供给对产业发展至关重要。青海水电资源优势明显，但由于电源建设相对滞后，火电装机不足，水火电比例失衡矛盾突出，发电量与快速发展的工业用电需求相比，增幅小于用电需求增长。

（5）能耗占比依然较重

虽然青海不断加大节能降耗力度，有色金属产业产品单耗实现稳步下降，但与全国平均水平相比，综合能耗仍高于全国平均水平，尤其是有色金属冶炼业。比如单位精锌（电锌）综合能耗高出 91.77（如表 5-4 所示）。

表 5-4 2015 年青海省单位产品综合能耗与全国对比情况

指标名称	指标单位	全国评价指标值	青海平均指标值	青海与全国对比高、低（±）绝对量
吨铝加工材消耗能源量	千克标准煤/吨	191.78	91.22	-100.56
吨水泥综合能耗	千克标准煤/吨	78.73	73.53	-5.2

（续表）

指标名称	指标单位	全国评价指标值	青海平均指标值	青海与全国对比高、低（±）绝对量
吨原煤生产综合能耗	千克标准煤/吨	5.76	2.36	-3.4
吨水泥熟料综合能耗	千克标准煤/吨	109.8	108.38	-1.42
吨钢耗新水	吨/吨	3.08	4.12	1.04
每重量箱平板玻璃综合能耗	千克标准煤/重量箱	12.8	15.36	2.56
原油加工单位综合能耗	千克标准油/吨	64.87	73.95	9.08
单位电石生产综合能耗	千克标准煤/吨	1006.27	1023.5	17.23
单位电解铝综合能耗	千克标准煤/吨	1664.13	1692.8	28.67
单位油气产量综合能耗	千克标准煤/吨	98.36	143.41	45.05
电厂火力发电标准煤耗	克标准煤/千瓦时	299.07	344.87	45.8
吨钢综合能耗	千克标准煤/吨	543.93	624.93	81
单位精锌（电锌）综合能耗	千克标准煤/吨	960.31	1042.08	81.77
硅铁工序单位能耗	千克标准煤/吨	1570.55	1691.57	121.02
氨碱法单位纯碱生产综合能耗	千克标准煤/吨	425.42	562.64	137.22

数据来源：青海统计局统计报告第20期

（6）资源、生态环境约束加剧

青海生态环境脆弱，对产业发展的承载能力有限，节能降耗压力巨大。全省土地总量虽然较大，但盐碱地、沙地、裸岩、石砾等难以利用的土地比例较高，适宜用于工业建设的土地不足。水资源总量较大，但时空、地区分布不均匀。所以，有色金属在采选、冶炼、加工等方面存在生态环境、资源要素保障等因素的制约。

四、有色金属产业发展战略

青海有色金属产业发展的战略是，适度发展有色金属原料冶炼，大力发展有色金属延伸加工，加强有色金属产业与其他产业的融合，实现有色金属产业的跨越式发展。今后的目标是加快有色金属加工基地建设，扩大镍、铜、黄金等有色金属生产规模，提高电解铝精深加工比例和产品附加值，具体体现在：

1. 着力发展与青海能源相匹配的有色金属冶炼业

（1）电解铝

抓住国家铝行业重新调整布局的机遇，依托青海能源优势，采用330KA以上电解槽，重点发展600KA电解槽型，以铝电联营等方式，适度扩大我省电解铝及合金坯、锭生产能力，加快淘汰电流强度160KA以下落后工艺装备和产能，使电解铝产能规模在350万吨左右，形成我国重要的电解铝及铝合金生产基地。积极发展高纯铝，为发展电子材料提供原料保证。

（2）铜、铅、锌冶炼

继续加大铅、锌、铜矿开发及整合力度，提高铅、锌、铜冶炼产能及产业集中度，形成铅20万吨、锌20万吨（其中氧压浸出10万吨）的生产能力，积极推动全省铜矿资源整合及周边铜矿资源利用，加快建设10万吨粗铜冶炼及电解铜生产能力。

（3）镁、钠、锂等其他有色金属

加快引进水氯镁石脱水技术及电解炼镁技术的消化、吸收、再创新，建设40万吨金属镁生产线。采用电解工艺形成4万吨金属钠生产能力。积极发展具有比较优势的锂、锶等其他有色金属的生产能力，扩大有色金属生产品种，保证下游有色金属压延及合金材料加工的需要。

（4）稀贵金属生产

加大黄金资源开发力度，重点支持香日德金矿、都兰果洛龙洼金矿开发，扶持大厂金矿、鎏金山金矿的黄金开发，实现高产、稳产。

2. 重点发展有色金属加工业

今后，青海在有色和冶金领域，重点开发新型合金产品，促进资源综合利用和节能减排。

（1）铝合金

熔铸工艺技术重点发展电解铝液直接配料的高效、节能、短流程连续加工技术。重点发展高强度（2A12、7060等2系、7系合金）、耐腐蚀（3系合金）、耐磨（4032）、能焊接（5083）、超轻型（8系铝锂合金）等合金产品及1系、3系、5系、8系各规格的铝合金扁锭。

（2）铝板、带、箔材

充分利用电解铝产能，大力发展铝型材加工业，实现铝产品产业链的延伸，新增200万吨加工能力，就地转化能力达到70%。管棒型材生产重点发展无粗晶环组织细密均匀的挤压型材、棒材、精铝、铝光箔、腐蚀箔、化成箔产品，以及高强度、高精度、特薄、车用超宽铝合金板、带材等产品。

（3）铜、铝、锌加工

以电解铜为基础，发展铜板带、管、箔、杆、线等深加工项目。重点开发电解铜箔、优质铜线杆、高精度铜板带、铜合金棒材等产品。鼓励铜加工企业产业链继续向下游延伸。大力发展特种电线电缆、特种漆包线，电器、电机用线材及各种异型线材、高档家电及电器专用铜板带等高精度产品。以铅锌为原料，重点发展镀锌板、高活性氧化锌粉及一定规模的传统铅酸蓄电池、新型碱性锌锰蓄电池。以锌基合金、铅基合金及锌铜合金等重质高强合金，积极发展耐热合金、高韧性合金、高耐磨合金材料等新型合金材料，最大限度促进本地资源就地转化增值。

（4）镁、锂等轻金属合金

依托青海现有产业基础，重点发展用于航空航天、船舶、车辆、轨道交通、建筑等领域的高强度镁合金及其他铝镁、铝锂、钛合金等轻质合金，形成1万吨海绵钛、8000吨钛锭及钛合金压延系列产品生产能力。进一步扩大铝基轻金属合金深加工规模，逐步建成国内重要的以铝、镁、钛为主的有色金属生产、压延加工及新型轻金属合金材料生产基地。

3. 加快开发境内矿产资源，提高资源保障能力

进一步加强重点成矿地带的探察与勘探，加大铜铅锌多金属矿的开发力度，努力提高主力矿山产能，使铅锌铜资源储量与产量得以大幅提升。

4. 适度进行资源调配，弥补稀缺有色金属资源

发挥全国资源调配能力，引进青海稀缺有色金属资源，丰富有色金属品种，完善有色金属产品结构。

5. 大力发展循环经济，实现产业融合发展

适度发展再生铝、再生铜等废旧有色金属回收产业。继续加大有色金属采选及冶炼过程中资源综合利用的研发和投入力度，重点发展有色金属难采、难选矿开发技术、铅锌冶炼废渣中金、银、铟等稀贵金属的综合回收技术以及采选后的尾矿、冶炼废渣制水泥等综合利用方面的技术引进、研发和工业化应用。充分重视镁、钠电解及铅锌冶炼等有色金属生产过程中副产氯气及硫酸的平衡，与化工产业相融合，积极发展聚氯乙烯、锦纶、腈纶、聚氨酯、磷复肥、农药及关联产业，延伸产业链，形成有色金属、化工联合产业集群。

6. 加大技术改造力度，提升工业技术装备水平

重点支持电解铝生产企业进行以节电降耗、提高效率为重点的技术创新和技术改造，提高原铝直接铸轧比例，提升电解铝企业技术装备和节能降耗水平。

7. 推广有色金属再生，提高资源利用率

引导、扶持企业在有色金属再生领域进行投资和技术改造，在废料拆解预处理、金属再冶炼、节能环保等领域再上一个台阶。

8. 以园区为载体，提高产业聚集度

将西宁经济技术开发区甘河工业园建成集科研、生产、销售、服务于一体的有色金属冶炼、压延加工基地，形成在国际、国内有显著影响力的有色金属产业园。

加快开发柴达木循环经济试验区格尔木工业园以及藏青工业园、青新合作工业园有色金属产业基地建设，使之成为利用本地区及西藏、新疆有色金属资源的重要加工基地。

积极推进海东工业园区有色金属深加工基地的建设。突出园区特色，促进重点项目向工业园区集聚，使项目集中建设、产业相互衔接、要素集中供给，努力降低生产制造成本。

建设一批主导产业明确、关联产业集聚、基础设施共享、集中治理污染、废弃物循环利用的有色金属工业园区。以园区为载体，鼓励和支持有实力的有色企业组建企业集团，实现规模化、集团化发展。

9. 发挥比较优势，推进产业转移

深入贯彻落实国家推进产业转移、促进中东西部协调发展的各项政策措施，充分发挥高原气候冷凉、空气洁净干燥的优势，以西宁及周边地区为有色金属下游精深加工产业承接地，以柴达木盆地为有色金属原料产业承接地，有序承接东部地区有色金属产业向青海转移。重点抓好中原地区、华北地区原铝，华南、港澳台铝及板、带、箔及铜箔产业西移青海。

第六节 农牧业产业

一、农牧业相关理论

1. 农业及畜牧业含义

（1）农业

农业是人们利用动植物体的生长发育规律，把自然界的物质和能量转化为人类需要的产品的生产部门。现阶段的农业分为植物栽培和畜牧业两大类。

（2）畜牧业

畜牧业是指用放牧、圈养或者二者结合的方式，饲养畜禽以取得动物产品或役畜的生产部门。它包括牲畜饲牧、家禽饲养、经济兽类驯养等。

2. 青海特色农牧业种类

青海特色农牧业有以下几类：一是种植业，主要有油菜产业、马铃薯产业、青稞产业、蚕豆产业、果蔬产业、小麦产业、中藏药材、花卉、特种作物。二是畜牧业，主要有肉牛产业、羊肉产业、奶牛产业、饲草料产业、生猪产业、家禽产业、特种养殖。三是渔业。四是农畜产品加工流通业，主要有农牧产品加工业、农畜产品流通服务业。五是休闲农业。

二、农牧业发展现状

经过多年的发展，青海特色农牧业呈现经济效益稳步增长、农牧民收入大幅增长、生态环境明显改善、农村牧区社会和谐稳定的新局面。2011—2014 年，青海财政支出中用于农林水事务的支出累计达 588.78 亿元，是“十一五”期间的 2.6 倍。“十二五”以来，青海农牧业发展有“五大成就”①。

1. 粮食总产稳步跨上百万吨，“菜篮子”日益丰盈

青海面积大、耕地少。为此，青海省委省政府始终把保粮食等重要农畜产品有效供给作为首要任务，调结构、抓特色，重科技、攻单产。从 2004 年开始，青海省粮食产量连续八年突破 100 万吨大关，打破了以往“两丰一平一歉”的周期循环“怪圈”。2014 年，全省农牧民人均占有粮食为 357.7 公斤，油菜人均占有量为 54 公斤。2015 年农作物总播种面积 55.839 万公顷，比上年增长 0.8%。

2. 农牧民人均收入持续较快增长，生活水平明显改善

通过发展特色农牧业，青海农牧民人均收入持续较快增长，生活水平得到了明显改善。主要体现在四个方面。

（1）农村常住居民人均可支配收入实现了稳增长

2015 年青海省农村常住居民人均可支配收入 7933.41 元，比上年增长 8.9%，农村常住居民人均可支配收入中位数 7204.37 元，增长 4.5%；人均转移净收入 2314.56 元，增长 19.8%。全年农村常住居民人均生活消费支出 8566.49 元，比上年增长 4.0%（详情见图 5－2、图 5－3）。

① 青海省人民政府办公厅文件青政办〔2016〕106 号。

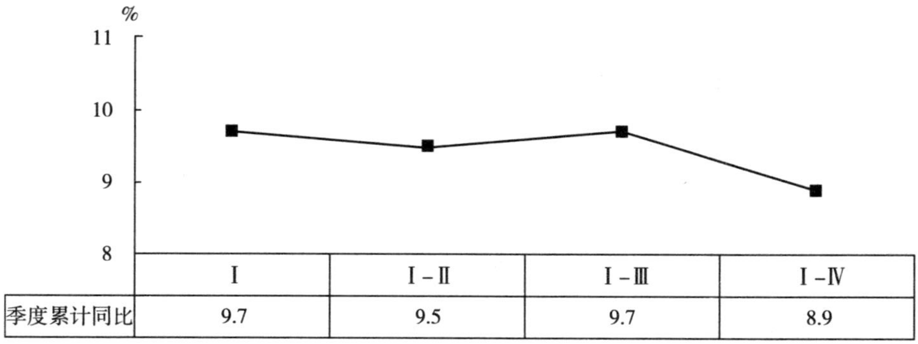

图 5－2　2015 年农村常住居民人均可支配收入增长速度

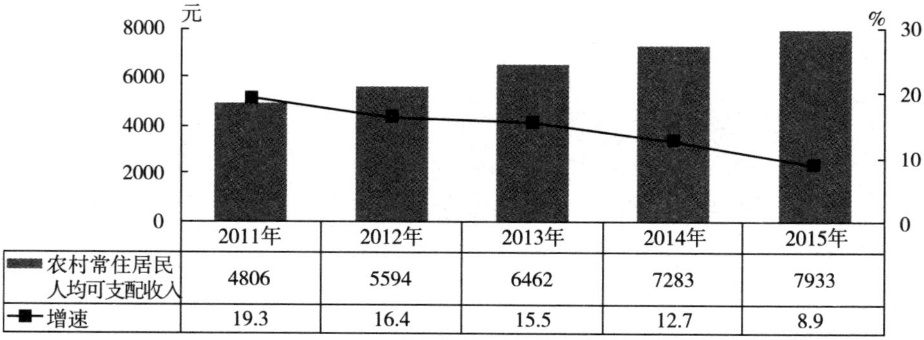

图 5－3　2011—2015 年农村常住居民人均可支配收入增速

数据来源：青海统计信息网、农牧处

（2）生活水平和质量显著提高

目前，青海农牧民绝大多数家庭拥有电视、冰箱、洗衣机等家用电器，摩托车、电动车成为比较普遍的代步工具，许多农牧民开上了小汽车。农牧民住房条件大为改善，许多家庭盖起了两三层的小楼，安装了太阳能热水器和空调。

（3）发展理念和发展方式发生根本变化

① 重规模：规模养殖比重达到 45%。以牛羊为例，农区规模商品率已达到 70% 以上。土地规模化流转力度加大，流转面积达到 153.24 万亩，增加 14.24 万亩，占承包耕地总面积的 21.85%。草场流转面积达到 7358 万亩，占到可利用面积的 15.5%。

② 重品牌：“三品一标”标志产品达到 421 个，农产品地理标志突破 41 个，110 个产品纳入《全国地域特色农产品普查备案名录》。获得中国驰名商

标13件、青海省著名商标35件。打造“世界牦牛之都、中国藏羊之府”，已建成全国最大的有机畜牧业生产基地。

③ 重质量：被农业部确定为全国草地生态畜牧业试验区，实现了纯牧业区生态畜牧业合作社全覆盖，休闲农业与乡村旅游蓬勃发展，各类休闲农业经营主体达到1594家，带动2.07万农民就业增收。

（4）农牧业增产增收基础不断夯实

青海打造精品示范园区，全省以县为单位的现代农业示范区发展到20个，有5个示范区被认定为省级现代农业示范区，大通、互助等4个示范区被认定为国家级现代农业示范区。全省农牧业增产增收基础进一步夯实（见表5-5、5-6）。

表5-5　2015年主要农产品产量及增长速度

指标名称	产量（万吨）	比上年增长（%）
粮食	102.72	-2.0
小麦	34.12	-2.1
青稞	9.35	-1.0
玉米	18.63	-0.1
马铃薯	34.76	-3.3
油料	30.48	-3.3
枸杞	5.87	10.6
蔬菜及食用菌	166.40	4.9
水果	1.50	13.6
水产品	1.06	17.1

数据来源：青海统计信息网、农牧处

表5-6　2015年主要畜产品产量及增长速度

指标名称	产量（万吨）	比上年增长（%）
猪牛羊禽肉	34.14	4.1
猪肉	10.32	-2.0
牛肉	11.49	8.3
羊肉	11.56	5.9
禽肉	0.77	4.1

（续表）

指标名称	产量（万吨）	比上年增长（%）
牛奶	31.50	3.3
禽蛋	2.26	3.7

数据来源：青海统计信息网、农牧处

（5）农牧业物质技术装备水平大幅提升，转型加快

完善的基础设施、先进的科技和农机装备是农业现代化的重要标志。“十二五”时期，青海农牧业物质技术装备水平大幅提升，有四个亮点数字。

① 农牧业科技进步贡献率已达到53%，这标志着青海农牧业已从主要依靠增加资源要素投入进入主要依靠科技进步的新时期。

② 农作物良种覆盖率达到96.2%，标志着重农产品基本上都是优良品种。油菜育种处于全国领先水平，青杂2号、3号、5号、7号等青杂系列品种已成为全国知名品牌，在我国北方地区年推广面积在500万亩以上，占全国春油菜种植面积的85%以上。马铃薯脱毒技术处于全国领先水平，培育出了青薯2号、青薯9号、青薯168等脱毒马铃薯优质品种，在北方地区推广面积逐年扩大，脱毒化率稳定在90%左右。

③ 耕种收综合机械化水平达到54.2%，标志着农业生产方式已转到以机械作业为主的新阶段。青海省农机总动力发展到440万千瓦，动力机械与配套机具配套比达到1∶1，马铃薯、牧草机械化生产取得重大突破，农作物耕种收综合机械化水平达到54.2%。实施农机购置补贴政策，2011—2015年累计安排补贴资金5.37亿元，带动农民投入10.69多亿元，购置各类农机具16.05万台套。

④ 主要农产品加工转化率超过50.2%，标志着从卖原字号农产品进入了卖制成品的新阶段。青海省2014年省级以上龙头企业销售收入达60.6亿元和出口创汇1.68亿美元，分别比“十一五”末增长75.7%和104.1%。龙头企业辐射带动农牧户51万户，农牧民从龙头企业中获得工资性收入达9.36亿元。

3. 坚持生态保护优先，生态建设与保护取得重大进展

（1）实施了一批重大生态工程

三江源一期、青海湖流域生态综合治理、青海湖周边地区生态治理工程规划任务全面完成。工程区草地植被盖度提高11个百分点，黑土滩植被盖度提高38%，可食牧草增长9.5个百分点。

（2）落实了草原生态保护补助奖励政策

全省累计下达草原生态补奖资金77.88亿元，落实禁牧面积2.45亿亩、草畜平衡面积2.29亿亩，核减超载牲畜570万羊单位，受益牧户73.2万户，

基本实现草畜平衡。在全国率先建立了草原生态保护补奖绩效考核管理机制。

（3）建立了草原管护员队伍

省委、省政府从省情实际出发，出台了《关于三江源国家生态保护综合试验区生态管护员公益岗位设置及管理意见》，每3万亩设置1名管护员，全省确定草原管护员13894名，每人每月工资1800元。做好草原生产力监测和生态保护效果评估，建立和完善了州、县、乡、村绩效评价工作，强化了草原生态保护。

（4）实施了第五次封湖育鱼

建立了13个国家级水产种质资源保护区，累计增殖放流青海湖裸鲤3950万尾，黄河流域土著鱼类625.6万尾，青海湖裸鲤资源量恢复到53500吨，为保护初期资源量的20.6倍。

（5）农村环境资源整治迈出新步伐

广泛推广农作物秸秆过腹还田、腐熟还田、青贮、氨化、制造轻质建材等综合利用技术，提高了秸秆综合利用率。逐步形成政府推动、农户参与、企业实施的农田残膜回收机制，初步建立使用、回收、再利用的循环发展模式，残膜回收率达到75%。开展了养殖环节综合污染治理，农牧业面源污染治理取得了阶段性成效。

4. 农牧业改革深入推进

在稳定和完善农村基本经营制度的基础上，以深化农村土地制度改革、培育新型农业经营主体、发展多种形式的适度规模经营为重点，农村牧区改革取得积极进展。主要有四大亮点：

（1）推进农村土地承包经营权确权登记颁证

从2014年开始，省农牧厅开展了土地承包经营权确权登记颁证试点，2014年在民和、互助两县试点，2015年又在乐都、大通、湟中三个县开展了整县推进试点，确权面积达到421万亩，已超过确权面积的一半。今后目标是完成19个县（市、区、行委）土地确权颁证工作，通过3年努力，全面完成土地使用权确权登记颁证。同时，利用2年时间先后选择9个县开展了土地规范化流转试点、5个县开展了草原规范化流转试点。鼓励农民以转包、出租、互换、转让、股份合作等形式流转承包地，发展多种形式的适度规模经营。在湟中县开展了赋予农民集体资产股份权能改革试点。

（2）加快构建新型农业经营体系

着力培育种养大户、家庭农牧场、农民合作社、农业产业化龙头企业等新型农业经营主体。截至2015年6月，各类专业合作社发展到6719家，带动农牧民21万人。其中国家规范化示范合作社66家，农牧业产业化龙头企业

394 家，家庭农牧场 1879 家，国家级龙头企业发展到 17 家，新型农业经营主体已逐步成为现代农牧业建设的生力军。建立教育培训、认定管理和政策扶持“三位一体”机制和生产经营型、专业技能型和专业服务型“三类协同”的新型职业农牧民培育制度体系，农牧民培训“阳光工程”成功转型为“新型职业农牧民培育工程”，共培训农村劳动力 30.49 万人，其中，新型职业农牧民 1.8 万人、绿色证书 3 万人。“企业+合作社+基地+新型职业农民”、“新型经营主体+社会化服务+适度规模经营”已成为发展现代农业的重要路径。

（3）拓宽农牧业融资迈出新步伐

以支农资金为依托，以财政贴息拉动社会投入，农牧业发展有了充裕的资金保障。比如 2013 年安排资金 2300 万元，拉动各类社会资金 13.01 亿元支持农牧业产业化，放大效应达 56.5 倍。与国家开发银行、农业银行签订了支持“三农”协议，与邮储银行建立“授信池”，2016 年已审批贷款 2.2 亿元。选择乌兰、都兰、贵南和河南 4 个县开展县级农牧业政策性融资担保平台试点建设，启动省级农牧业政策性担保平台建设。经过积极争取，建立了农业部农业援青合作对接机制。

（4）建立全国草地生态畜牧业试验区

2014 年，农业部在青海省正式设立全国草地生态畜牧业试验区。青海省政府出台《关于推进全国草地生态畜牧业试验区建设的意见》，省农牧厅已经编制了《全国草地生态畜牧业试验区建设总体规划（2015—2020 年）》。选择天峻、贵南、门源等 6 个县启动草牧业试点，门源、湟源、互助等 3 个县开展粮改饲发展草食畜牧业试点。坚持农牧结合，以农促牧，草畜联动，循环发展，加快了传统畜牧业转型升级。

总之，青海凭借高原独特气候和区域优势，积极推进农牧业生产方式转变，主打“生态、绿色、有机”牌，走特色发展之路，十大特色农牧业产业带基本形成，八个百里万亩万头工程全部建成，“东部沙棘、西部枸杞”产业布局已显雏形，农牧业综合生产能力持续提高，农畜产品产量不断增加。

三、农牧业发展的机遇与挑战

1. 机遇

“十三五”时期是青海全面深化改革的攻坚期，也是转变发展方式、推进现代农牧业转型升级的关键期，青海农牧业发展面临着大有可为的重要战略机遇。

（1）政策机遇

新世纪以来，党中央、国务院高度重视“三农”工作，连续出台13个中央1号文件，从宏观层面构建了新时期农业政策框架体系。这些集成发展的“三农新政”，成为农牧区发展的强劲动力。党中央、国务院出台的新一轮西部大开发战略、“一带一路”倡议、三江源国家公园体制试点以及扩大内需和供给侧结构性改革、精准扶贫、支持青海等省藏区经济社会发展、草原生态保护补助奖励等政策，国家部委及发达省份对口帮扶青海藏区经济社会发展、扶持西部干旱地区农业可持续发展等政策，农业部关于加快青海省藏区农牧业发展的指导意见等扶持政策，含金量高、针对性、可操作性强，有利于解决长期制约农牧业发展的全局性、战略性和关键性重大问题，为加快发展高原现代农牧业提供了制度保障。

（2）改革机遇

改革红利持续释放，推动了农牧业提质增效、健康发展。特别是随着农村土地制度改革、产权制度改革等新一轮农牧区改革的全面推进，束缚农牧业发展的各种机制问题必将得到有效解决。

（3）生态机遇

青海地处青藏高原东北部，太阳辐射强，日照时间长，昼夜温差大，“冰冷”气候特征明显，大气、水体、土壤污染少，被誉为全球四大超净无污染区之一。独特的自然禀赋，为发展绿色有机、无污染的现代生态农牧业提供了有利条件。“十二五”期间，青海被正式列为国家首批生态文明先行示范区、首批国家公园体制试点省份，将从国家层面获得更大更有效的支持。

（4）法治机遇

党的十八届四中全会决定全面推进依法治国，坚定不移走中国特色社会主义法治道路，依法维护人民权益、维护社会公平正义、维护国家安全稳定。加强法治建设，必将为青海全面深化农牧区改革、规范农牧业生产经营秩序、维护农牧民权益、加快农牧业农牧区领域政府职能转变提供有力的法治保障。

2. 挑战

青海特色农牧业发展面临的挑战和困难突出表现在“三个日益突出”“两大难度”。

（1）“三个日益突出”

第一，发展与环境制约的矛盾日益突出。随着城镇化、工业化加快，耕地数量减少，长期使用化肥、农膜，耕地质量下降，农业面源污染治理亟待加强。农村青壮年劳动力大量外出，农业兼业化、农民老龄化趋势明显。

第二，发展质量效益不高的问题日益突出。农牧业生产结构仍然不合理，种养业结合不紧密，许多特色农畜产品在省外很有名气，品质高，也有品牌，市场认可，但缺规模，缺精深加工，缺高端产品，效益低。

第三，农畜产品监管压力日益突出。群众对农产品多样化需求和质量安全的要求越来越高，关注度越来越高，农牧业投入品多、标准化生产水平低。产地准出制度只是起步，执法体系仍然不健全，在保供给的同时，保质量、保安全的压力越来越大。

(2)“两大难度”

一是农牧业生产成本逐年上升，投入边际效益逐年递减，农牧业生产比较效益低下，甚至亏本。“十二五”时期农牧业发展已经到了新水平，在经济下行压力下，要在这个高起点上继续保持持续发展势头，高位爬坡，难度大。

二是面临抵御市场风险的考验。如何保持农畜产品市场相对稳定，丰产增收难度大。

四、农牧业发展战略

青海特色农牧业发展战略是，依托高原绿色动植物资源，加快虫草枸杞精深加工、中藏药产业发展，不断提高产品附加值，努力打造高原特色生物品牌。

1. 坚持“一条路子”

坚持“一条路子”就是坚持集约化、有机化、品牌化方向，加快转变农牧业发展方式，走出一条农业与牧业循环、规模经营与品牌效益兼得、一二三产业融合发展的特色之路。

2. 贯穿“一条主线”

贯穿“一条主线”就是要加快转变农业发展方式，以发展多种形式适度规模经营为核心，以构建现代生态农牧业经营体系、生产体系和产业体系为重点，着力转变农牧业经营方式、生产方式和管理方式，调整优化农牧业结构，向规模经营要效率、向一二三产业融合要效益、向品牌经营要利润，推动农牧业发展转到数量质量效益并重上来，转到依靠科技创新和提高劳动者素质上来。

3. 打造“四个百亿元”产业

打造“四个百亿元”产业统筹各区域农牧林渔优势资源和综合条件，以稳定粮食产量、增加畜产品有效供给、提高“菜篮子”水平、促进农牧民增收为主要目标，加大强农惠农富农政策支持力度，重点打造畜禽养殖、粮油种植、果蔬和枸杞沙棘等“四个百亿元”产业。

4. 突出“七个重点”

突出“七个重点”表现在：

（1）开发农牧业新兴业态

打造都市农牧业、休闲农牧业、观光农牧业、创意农牧业、草地生态畜牧业等新兴业态，开发农牧业“生产、生活、生态、示范”多种功能，推动农牧业与工业、服务业同步协调发展，构建和延伸“接二连三”产业链和价值链，提升综合效益。

（2）培育新型经营主体

深化农牧区土地制度改革，坚守耕地红线，稳定农牧区土地草原承包关系，完善所有权、承包权、经营权分置办法，依法推进土地经营权有序流转，构建培育新型农牧业经营主体的政策体系，推进多种形式适度规模经营，增强农牧民综合素质，择优扶持一批专业大户、家庭农牧场、专业合作社和农牧民产业化企业，培养新型职业农民，提升集约化种田养畜水平。

（3）实施质量品牌提升计划

建设国家级春油菜和马铃薯制繁种基地，大力发展藏羊、牦牛、中藏药材、蔬菜、冷水鱼、饲草料等特色产业，注重品种改良、高原特有稀有畜种保护，扶持清真食品。推广农牧业标准化生产，健全农畜产品质量安全全过程监管体系。强化市场建设和品牌建设，实施质量品牌提升计划，打造高原、有机、优质、富硒等健康牌，提高特色农畜产品附加值和中高端市场占有率。

（4）深入推进重大生态工程

加快推进“三江源生态保护和建设二期、环青海湖地区生态保护与环境综合治理、祁连山和柴达木水源涵养地”等重大生态工程，从整体上恢复和强化生态功能。持续推进退牧还草、高寒草原建设等工程，落实草原生态补奖政策，继续开辟生态管护员公益岗位，加快推进三江源国家公园体制试点。

（5）加强农牧业环境治理

把农牧业生态环境保护和资源合理利用作为一项重要工作，加大农牧业面源污染防治力度，推动农药、化肥等减量使用，实施种养业废弃物资源化利用、无害化处理。

（6）提升农牧业技术装备水平

大规模推进黄河和湟水流域土地整理和低产田改造，大力发展设施农业，提高农牧业物质技术装备水平。推进农牧业社会化服务体系建设和农牧业信息化，实行社会化服务向产前、产后延伸，为发展现代农牧业注入新活力。

（7）强化改革和科技支撑

稳定土地草原承包关系，推进经营权有序流转，发展多种形式适度规模经营。加快构建“新型经营主体+社会化服务+适度规模经营”现代农牧业发展模式。培育新型职业农民，打造高素质生产经营者队伍。加快建立现代农牧业科技创新体系，推进成果转化和技术推广。加强农牧业法制建设，推进依法治农兴农。

第七节 旅游产业

一、旅游及旅游业的相关理论

1. 旅游的定义

旅游是人们为了休闲、娱乐、探亲访友或者商务目的而进行的非定居性旅行，是游览过程中所发生的一切关系和现象的总和。旅游的目的是寻求精神上的愉快。世界上最早旅游的人是海上民族腓尼基人。

2. 旅游业的定义、地位及作用

（1）定义

旅游业是以旅游资源为凭借、以旅游设施为条件，向旅游者提供旅行游览服务的行业。旅游业又称无烟工业、无形贸易。

旅游业包括狭义和广义两个方面。狭义的旅游业，在中国主要指旅行社、旅游饭店、旅游车船公司以及专门从事旅游商品买卖的旅游商业等行业。广义的旅游业，除专门从事旅游业务的部门以外，还包括与旅游相关的各行各业。旅行游览活动作为一种新型的高级社会消费形式，往往把物质生活消费和文化生活消费有机地结合了起来，对经济社会发展具有重要的推动作用。

（2）地位

旅游活动是经济社会发展到一定阶段的产物。正是由于世界经济的发展，才有了大众化的旅游活动。特别是，随着科学技术的进步和人们闲暇时间的增多，使旅游在客观上有了可能；交通运输业的发展，促进了旅游业的发展；城市化进程的加快，激发了人们主观上的旅游需求；人们价值观念的转变，使得旅游活动越来越普及。

（3）作用

旅游业是一种集多种产业和功能于一体的综合产业，对经济和社会发展的促进作用明显。主要表现在：

旅游消费可以扩大第一、第二产业市场，为其他服务行业开辟领域，带来商机。作为最终消费产品，旅游业收入每增加 1 元，可带动相关行业增加收入 4.3 元，同时也可以促进产业结构的优化升级。可以说，一个地区旅游业的发展状况是一个地区经济发展状况的标志。

发展旅游业是帮助人民群众脱贫致富的重要途径。旅游是一个密度高、链条长、拉动力大的产业，对地方经济有着快速和巨大的推动作用。通过发展旅游业，可以带动一系列相关产业的发展。尤其是旅游业作为吸纳就业的重要产业，能较好地解决当地的就业问题，切实改善民生。据研究，旅游业每增加 1 个就业人员，就能带动增加 5 个就业岗位。

旅游业作为第三产业中的朝阳产业，与经济发展有密切的关系。从理论上讲，旅游业并不直接创造和增加社会财富，只是通过旅游者的旅游消费，使社会财富在不同地区、不同行业进行再分配。但是旅游可将客源地的社会财富转移到接待地，对一个地区来说，这种他地社会财富的流入，无疑是一种经济“注入”，会促进一个地区经济的发展。

旅游业是人民生活状况的标志。旅游消费不属于人们的基本生活消费，它是社会经济实力、人们收入水平发展到一定阶段的产物。

旅游业可以带动第三产业及相关产业的发展。据研究显示，旅游消费的发生，能够刺激经济活动的扩张，且可产生收入、就业的诱导效应，其作用相当于间接效应的 3 倍。

发展旅游业有利于提高人的素质。提高人的素质，主要依赖于两条途径，一是依靠经济发展，提高人的体能素质和道德修养素质；二是依靠静态的文化教育，提高人的知识、文化素质。其实，发展旅游也是提高人的素质的一条重要途径。这是由于，旅游是一种动态的教育形式，它不仅可以通过旅游锻炼和提高旅游者的体能素质，还可以通过旅游过程中的观城市风光、访历史古迹、游自然景观、寻民俗风情等，使旅游者得到动态的文化科技知识学习和信息交流，特别是让旅游者通过看、访、寻、探，受到心灵上的撞击，得到更多的观念上的更新，这正是人的素质提高的内在基础。

发展旅游业是建设社会主义精神文明的重要内容。当经济水平提高到一定的程度，人们的消费重心必将从物质消费转向精神消费，寻求与大自然和谐相处。

3. 特色旅游业

所谓特色旅游业，就是立足于旅游资源的地方特色，包括山水风光特色、民族文化特色、历史文化特色等，以满足游客“求新、求奇、求知、求乐”的愿望为根本宗旨，打造名胜旅游景区，提升旅游文化层次，创新旅游服务方式，以与其他地区旅游业不同的方式和内容进行发展，并能创造出较高经济效益的旅游业。在发展旅游经济时，一定要重视发展特色旅游业。这是因为旅游业本身对创新有很高的要求，面对着激烈的市场竞争，只有不断创新，突出自己的特色，其旅游产品才会保持持久的生命力。

二、青海旅游业发展现状

青海位于我国西部的青藏高原，是长江、黄河、澜沧江的发源地，被誉为“江河源头”“中华水塔”，自古为进藏的必经之路，留下大量的人文景观、名胜古迹。其既有我国最大咸水湖的迤逦，又有青藏高原的雄壮、河湟文化的悠久，自然地理风光独特大美，成为中外游人的向往之地。

1. 主要旅游景区

青海旅游资源十分丰富，有古建筑201处，国家重点保护的名胜古迹11处①。著名古迹和旅游点有：

（1）青海湖

青海湖古代称为“西海”，又称“鲜水”或“鲜海”，位于西宁市西北150余公里处，是我国第一大内陆湖泊，也是我国最大的咸水湖，面积为4583平方千米。湖面东西最长为104公里，南北最宽为68公里，周长约360公里，最大水深28米，平均水深19米，总储量1050亿立方米，略呈椭圆形。湖面海拔3195米，湖区全年日照时数大部分都在3000小时以上，景色奇特迷人。湖中有海心山岛，湖西北有蜚声中外的鸟岛。湖中盛产无鳞裸鲤（俗称鳇鱼）。

（2）塔尔寺

塔尔寺位于西宁市西南25公里的湟中县鲁沙尔镇，初建于明嘉靖三十九年（公元1560年），占地面积约600余亩，是藏传佛教格鲁派始祖宗客巴的诞生地，以其独特的建筑艺术、珍贵的历史文物和精湛而稀有的“三绝”工艺美术（酥油花、绘画、堆绣）闻名于世。

（3）北禅寺

北禅寺始建于北魏，已有1500多年的历史。《水经注》中说，“上有土楼，北依山原，峰高三百尺，有若削成楼，下有神祠，雕墙古壁存焉”。北禅寺多用洞窟建成，北魏壁画存于悬崖岩洞中。还利用山势崖型凿造高达10米的两蹲金刚佛雕像，因雨水冲刷，现只有一蹲雕像还依稀可辨。山顶有宁寿塔，悬崖有“九窟十八洞”，用栈桥曲廊连接，是青海少有的寺院建筑。

---

① 中共青海省委政策研究室：《省情手册》，2016。

（4）瞿昙寺

瞿昙寺位于乐都区21公里的瞿昙镇，始建于明洪武二十五年（公元1392年），距今已有600多年的历史，明朝开国皇帝朱元璋以佛祖释迦牟尼古姓氏赐名，并亲笔题写金匾“瞿昙寺”。该寺是我国西北地区保存最完整的一组明代宫廷式建筑群。其总体结构与北京故宫大致相同，被誉为“小故宫”。古寺以宏伟建筑、珍贵文物、精美壁画而著称于世。众多珍贵文物中石雕“像背云鼓”背誉为国宝中的国宝。

（5）柳湾氏族公墓

柳湾氏族公墓位于乐都区东17公里处，是我国迄今已知的规模最大、保存较好的一处原始社会墓地。属新石器时代。已发掘1714座，出土文物3万余件，以马家窑文化马厂类型为主，其中一件文物“裸体人像壶”被定为国家一级文物。

（6）喇家遗址

喇家遗址位于青海省民和县官亭镇喇家村，是一处距今4000年左右的齐家文化遗址，遗址完整保留了被地震、洪水毁灭瞬间的状态，被誉为“东方的庞贝古城”，也是我国目前唯一经科学论证的史前灾难遗址。遗址内分布着许多史前时期与青铜时代的古文化遗址，其中以齐家文化遗址分布最多最广，对研究齐家文化的社会形态乃至中华文明的起源等具有重大意义。

（7）西宁八景

古城西宁有着两千多年的历史，是我国西北地区的历史文化名城，地理位置十分重要，有“海藏咽喉”之誉。西宁古八景即：石峡清风、金蛾晓日、文峰耸翠、凤台流云、龙池夜月、湟流春涨、五峰飞瀑、北山烟雨八大景。西宁的新景观则是新中国成立以后新建的旅游景点，是西宁人民节假日休闲、娱乐、散心的好去处。西宁新八景即：人工绣景、西海南园、植物天成、童心妙趣、朝阳绿地、湟滨乐土、看河新图、玛脊神泉。

总之，青海有许多独具特色的自然景观，如茫茫昆仑、风雪祁连、江河源头、孟达自然保护区（内有孟达天池）、国家级森林公园坎布拉林区、阿尼玛卿山、盐湖奇景和万丈盐桥、日月山等，可供观光游览。位于共和县和贵南县交界处的龙羊峡水电站，东距西宁146公里，拦河大坝高178米，雄伟险峻，吸引着广大中外游客。此外，青海的著名古迹和旅游点还有海晏县境内的汉代西海郡古城，柴达木盆地南部的诺木洪文化遗址，西宁的孙中山纪念牌、东关清真大寺、虎台、马步芳公馆，大桶老爷山，互助五峰寺，贵德玉皇阁，河南圣湖仙女洞，玉树文成公主庙等。

2. 青海旅游业发展现状

（1）青海旅游业已成为青海经济发展新增长点和主导产业

“十二五”时期，青海旅游业蓬勃发展，已成为青海经济发展新增长点和主导产业，成为中国旅游业发展向西部转移的一个重要基地和新增长点。

青海入境游客由2010年的4.67万人次增长到2015年的6.56万人次，旅游外汇收入由458.14万美元增长到3876.3万美元，增长7.46倍；国内游客人均花费由2010年的570元增长到2015年的1063元。

据统计，青海2015年旅游总收入248.03亿元，相当于全省GDP的比例由5.26%提高至10.26%，增长了5个百分点①，大幅度推动青海国民经济与综合实力迅速提升。全省建设旅游项目459个，完成建设投资107.9亿元，在宏观经济环境趋紧、三期叠加影响凸显的大背景下，旅游业作为青海快速发展的增长点，对经济快速发展贡献日益凸显，成为全省最具活力的产业之一。

（2）旅游业对青海经济的贡献份额增长明显

① 青海旅游业对国民经济发展的贡献较为突出

“十二五”期间，青海累计接待游客9095.26万人次，年均增速13.56%，实现旅游总收入824.52亿元，年均增速28.4%，分别是“十一五”的18倍和3.15倍（如表5-7所示）。

表5-7　2016年1—9月青海省旅游业主要数据

指　标	1—9月	累计增速（%）
旅游总人数（万人次）	2601.9	25.3
国内旅客（万人次）	2595.4	25.3
入境旅客（人次）	64413	6.1
旅游总收入（亿元）	283	26.4
国内旅游收入（亿元）	281	26.5
旅游外汇收入（万美元）	3280.7	7.4

数据来源：青海统计信息网、社贸处

② 青海旅游业对消费品市场的推进明显

随着青海“美丽乡村”建设不断推进，城镇和农村消费品市场获得良好的外部发展条件，发展速度明显加快，乡村零售额总量持续增加，占比逐年提高。

① 青海省旅游局：《青海省旅游业十三五规划》，2016。

2015年，全国有12个省（市、区）社会消费品零售总额增速高于全国平均水平（10.7%），其中西部地区有6个。青海比上年增长11.3%，增速高于全国平均水平0.6个百分点，居西部十二省（市、区）第5位，位次较上年下降3位。与2014年对比，西部十二省（市、区）增速均有所回落，回落幅度在0.5～4.8个百分点之间，青海回落1.7个百分点（如表5－8所示）。

表5－8 社会消费品零售总额增速对比

地区	2015年		2014年		2015年与2014年对比	
	增速（%）	位次	增速（%）	位次	增速提高（+）或回落（-）百分点	位次升降
全国	10.7		12.0		-1.5	
内蒙古	8.0	10	10.6	11	-2.6	上升1位
广西	10.0	8	12.5	9	-2.5	上升1位
重庆	12.5	1	13.0	2	-0.5	上升1位
四川	12.0	2	12.7	6	-0.7	上升4位
贵州	11.8	4	12.9	4	-1.1	持平
云南	10.2	7	12.7	7	-2.5	持平
西藏	12.0	2	13.1	1	-1.1	下降1位
陕西	10.8	6	12.8	5	-2.0	下降1位
甘肃	9.0	9	12.6	8	-3.6	下降1位
青海	11.3	5	13.0	2	-1.7	下降3位
宁夏	7.1	11	10.3	12	-3.2	上升1位
新疆	7.0	12	11.8	10	-4.8	下降2位

数据来源：《青海统计》第2期，2016年2月

（3）产品业态开发取得突破

主要体现在四个方面：

一是淡季旅游取得突破。推出探非遗——宗教文化游、品民俗——风情体验游、迎挑战——户外健身游、赏美景——采风摄影游、戏冰雪——欢乐家庭游等一系列秋冬季旅游产品。旅游人次、旅游收入显著提升，淡季旅游逐渐趋热。

二是自驾旅游取得突破。构建了覆盖"一圈三线"重要城镇和节点的自驾车营地体系。

三是乡村旅游取得突破。编制了《青海乡村旅游总体规划》，建设了互助

七彩土乡，循化撒拉人家，祁连、门源等风情小镇。打响生态文明、青山绿水、蓝天白云等乡村旅游品牌。

四是集中推出以环青海湖、祁连山、三江源、唐蕃古道、丝绸之路寻踪，世界屋脊探险等为代表的八条特种精品旅游线路，奠定了旅游大发展的基础。

（4）品牌形象得到大力推广

“十二五”期间，“大美青海”商标成功注册，“大美青海”系列旅游宣传活动广泛开展。借助青洽会、清食展、藏毯会、环湖赛等展会和赛事平台，加大旅游宣传推广力度。在京津冀、长三角、珠三角等地开展了高铁旅游推介、新媒体营销、丝路旅游推广等卓有成效的系列营销活动，青海成为全国旅游热点地区。不断创新品牌宣传推广方式，连续5年在央视等主流媒体推出“大美青海”旅游宣传广告，“青海蓝”系列色彩享誉全国，品牌形象日益彰显，品牌美誉度、吸引力、影响力与日俱增。

（5）产业要素提升明显

不断加快推进旅游与相关产业和行业的深度融合，在“食、住、行、游、购、娱”传统六要素的基础上，促进“商、养、学、闲、情、奇”旅游新要素开发，实现资源相互渗透、产业相互配套，拓展了旅游产业链。

目前，青海A级景区达104家，其中5A级景区2家、4A级景区20家、3A级景区63家；星级宾馆312家，社会宾馆3099家；旅行社238家，出境组团社16家；各类旅游车辆699辆；新建、改建旅游厕所897座；全国休闲农业与乡村旅游示范县5个、示范点15个，农（牧）家乐3016家，14万农牧民从中受益，旅游直接从业人员达到12.03万，间接从业人员达55.05万人。特别是青海湖、塔尔寺晋升为国家5A级景区，青海实现了5A级景区零的突破，对提升青海旅游影响力和市场号召力具有很大的带动作用。

（6）政策机制环境创新，旅游管理水平和服务质量进一步提升

青海将旅游产业确定为主导产业，提出了“打造大美青海，建设高原旅游名省”奋斗目标。先后出台《关于加快建设高原旅游名省的若干意见》《青海省人民政府关于促进旅游业改革发展的实施意见》《青海省旅游投诉统一受理机制和旅游市场联合执法工作机制实施办法》等系列重要文件，推出一揽子含金量高、针对性强的政策措施。建立全省旅游工作联席会议制度。以项目建设驱动大旅游产业发展，统筹规划旅游基础设施和配套服务设施建设。优化环境促进品质化发展，旅游管理水平和服务质量进一步提升。

三、青海旅游业当前存在的主要问题

与丰富的旅游资源相比，青海特色旅游业发展起步较晚、基础薄弱，还存在如下一些矛盾和问题：

1. 核心产品竞争能力不强

青海省5A级景区数量少，缺少发挥引领作用的旅游龙头企业。青海旅游产业链较为薄弱，旅游企业在管理、技术、资金等方面的实力不强，未能进入国内旅游目的地排行榜前十位。

旅游业缺乏标志性的高端产品，接待能力特别是国际接待能力较弱。青海高星级酒店数量相对较少，还不能满足快速增长的游客需求。

旅游产业结构较粗，企业规模较小，整体实力较弱。青海旅游产业空间集聚与产业集聚不理想，产业资本投入较少，规模经济不足。

品牌影响力、市场竞争力弱，旅游服务水平不高、精细化不够，品质亟待全面提升。

2. 旅游业发展方式较为粗放

旅游业发展方式较为粗放主要体现在以下几方面：

青海旅游产业总体效益不高，以自然景观、民俗风情等为主的观光型旅游格局尚未根本转变，仍以观光旅游为主。

休闲度假等高端旅游产品开发不足。

景区配套服务设施建设较滞后，没有形成完善的特色餐饮、旅游商品、休闲娱乐等配套接待系统。游客人均消费水平不高，购物、娱乐仍然是“短板”。

旅游商品开发缺乏创意，旅游产业链条短，旅游业的综合效益不高。

3. 供需矛盾依然突出

青海旅游市场体系建设还没有完全到位，交通、景点、酒店、旅游购物市场等缺乏整体互动。

青海省缺乏功能完善的综合旅游目的地，不能有效地吸引游客并延长游客停留时间，制约了旅游的效益提升和可持续发展。

现有接待能力不能满足旺季旅游市场需求，旅游业“井喷式”增长引发的“大交通”基础设施、住宿等供需矛盾依然突出。

旅游淡旺季明显，冬季旅游虽有较快发展，但四季旅游不均衡，在旅游旺季，供需结构性矛盾依然较为突出。

4. 公共配套设施滞后

青海铁路运输车次不足，机场布局尚不完善，不能完全满足旅游发展需求。

景区与旅游集散中心之间缺乏快速交通连接，最后一公里问题依然突出。

旅游营运资质车辆不多，各景区与旅游集散中心之间的交通连接呈放射状分布，环绕旅游集散中心的交通环线没有完全形成。

自驾车服务体系建设还处于起步阶段，配套服务设施以及旅游交通标识系统等还有待进一步完善。

5. 发展环境有待改善

青海旅游资源分散，条块分割明显，旅游开发限制较多。

整合全省旅游资源的力度有待加强。

联合执法和综合管理的长效机制需要进一步完善。

景区建设市场化、多元化投融资渠道有待加强。

旅游业发展体制需要进一步创新，切实强化市场的决定性作用。

四、旅游业发展战略

1. 做强旅游支柱产业

持续打造大美青海，着力构建“一圈三线三廊道三板块”旅游发展格局，把青海省建设成为中华民族特色文化旅游目的地、国家生态旅游目的地、国家丝绸之路战略支点上黄金旅游目的地，努力建成旅游名省。到 2020 年，预计全省接待国内外游客达到 4000 万人次，实现旅游综合收入 500 亿元。

2. 进一步增强旅游综合服务能力

优化旅游发展环境，推动旅游资源市场化改革，构建旅游投融资平台，引进战略合作者，高水平建设重点景区和配套基础设施，有效提升景区的整体品质和美誉度。

提高铁路、民航与城市交通的换乘效率，实施交通干线与 3A 级以上景区衔接通达工程。加快西宁、格尔木、玉树等旅游集散地建设，完善游客咨询、服务和救援体系。

规范提升青海湖、塔尔寺、坎布拉、年保玉则、互助北山、贵德、茶卡、可鲁克湖等重点景区品质和档次，打造三江源生态旅游区、祁连山风光旅游带等国际旅游目的地，力争新增 5 家国家 5A 级旅游景区。

3. 促进旅游产品转型升级

发展全域化、全季节旅游，推进旅游与民族风情结合，丰富旅游专项活动，促进旅游由“旅长游短”向“快进慢游”转变、由观光向观光休闲度假并重转变。

积极发展休闲观光、极限挑战、深度自驾、屋脊探险、影视摄影、乡村游、冬春游、老年旅游以及中藏药健康旅游等旅游产品。

充分依托独特的森林、湿地、荒漠、野生动植物等自然资源，大力发展森林旅游、湿地旅游等生态型旅游产品。打造高铁特色旅游线路，开发沿线旅游产品。

大力发展红色旅游。推进旅游与农业、工业和文化体育等产业融合发展，培育独具特色和魅力的旅游业态。

开发线上线下有机结合的旅游服务产品，推动旅游定制服务，满足个性化需求，深化旅游体验。

4. 推动旅游跨区域合作发展

围绕丝绸之路经济带和青藏铁路沿线、中国长江、黄河之旅等旅游推广联盟，加快旅游外联通道建设。完善区域旅游合作机制，推进青藏旅游一体化，共建川滇甘青国际旅游目的地，促进“黄河上游大草原”“大香格里拉”“大九寨”“三江源”“大年保玉则”旅游经济圈合作开发，实现旅游资源共享、品牌共建、线路互联、节会互参、市场互动。积极发展入境游，推出面向国际市场、周边省（区）的环线旅游产品。

总之，我们应充分认识旅游业发展在青海省的重要地位以及对青海省社会经济发展的推动作用，克服障碍因素，坚持在遵循市场原则的基础上，充分发挥政府作用，必将迎来青海省旅游业的繁荣，从而促进我国西部地区社会经济的全面发展。

第六章　青海城镇化

【学习目标】

1. 重点掌握青海各城市的主要特征
2. 掌握青海城镇化发展的现状、特点及青海城镇化发展思路
3. 了解青海城镇化的历史演进及发展进程

第一节　青海城镇化发展历史

青海省作为西部地区的一个省份，经过三十多年的改革开放，经济水平、社会结构都发生了巨大的变化，尤其是在城镇化建设方面取得了较大的发展，形成了以西宁市为中心，海东、格尔木、德令哈等市为次中心城市，以各县城城关镇为小城镇的三维城镇的城镇体系。

一、青海城镇化发展历史

1. 1949 年前青海城镇化的历史演进①

（1）历史演进过程

青海省真正意义上城镇化的出现是从西汉时期开始的（如表 6－1 所示）。早期青海的城镇主要集中在黄河沿岸的河谷地带。

① 高新才，姜安印：《西北区域经济发展蓝皮书》，人民出版社，2008，第 202-204 页。

表 6-1　汉代不同时期青海郡县设置和城镇发展状况

州	县	城镇发展简况
海东地区	西宁市	汉武帝元鼎六年（公元前 116 年）设西平亭
	湟中县	汗宣帝神爵初（公元前 61—60 年）置临羌县，治今多巴镇
	乐都县	汗宣帝神爵初（公元前 61—60 年）置破羌县，治今乐都老鸦古城
	民和县	汗宣帝神爵初（公元前 61—60 年）置允吾县，治今下川口
	平安县	汗宣帝神爵初（公元前 61—60 年）置安夷县，治今平安镇西古城
	湟源县	东汉建安时期，增设西都
	化隆县	东汉建安时期，增设白土县，治今甘都地区
	循化县	
	尖扎县	北周设远化县

资料来源：青海省地方志编纂委员会：《青海省志·城乡建设志》，青海省人民出版社 2001 年版，第 69-103 页

（2）城镇的特点

1949 年以前的青海城镇可以概括为三种类型：一是民族贸易型的城镇发展，如在唐宋时期，随着中原地区对外贸易的空前发展，带动了青海绢马、茶马互市的形成与发展，使城镇开始从单纯的行政中心向兼具商业贸易转型。二是交通枢纽型城镇的发展，这类城镇往往以“驿站”为点，以“驿道”为线，再附之以贸易，形成了一些以交通枢纽为中心的城镇，同时由于这类城镇具有良好的交通功能，因此成为当时青海同中原地区加强联系的主要渠道。三是宗教寺院型城镇的发展，历史上由于中原王朝对少数民族地区一般采取“羁縻制度”，再加上藏传佛教的“政教合一”社会制度的广泛影响，使得青海省的城镇化体现在以宗教寺院为据点的特色，并在青海省城镇发展史上起到了重要的作用。

2. 新中国成立以来的青海城镇化发展进程①

新中国成立 60 多年来，青海城镇得到了较大发展，总体上看青海省的城镇化是上升的过程。

（1）新中国成立以后青海省城镇化发展进程

第一阶段（1952—1957 年）：随着行政建制的变动和地方政权的建立，产生了一批以行政职能为主的城镇，在广大的牧区设置了曲麻莱、河南、刚

① 高新才，姜安印：《西北区域经济发展蓝皮书》，人民出版社，2008，第 207-208 页。

察、尖扎、泽库、贵南、治多、天峻、甘德、达日、久治、班玛、玛沁等16个县，并调整了部分县市的行政区划；修建了甘青公路、青藏公路和宁张公路。1957年，青海城镇数目增加到40个，初步形成了城镇网络。

第二阶段（1957—1978年）：国家在青海设立了大中型建设项目，全面促进了城镇发展。例如，在海东、海西、海北相继建成了乐都碾伯镇、格尔木、冷湖、大柴旦、茫崖镇及海晏矿区等。其中，1958—1960年设置了格尔木、冷湖、大柴旦市，其人口规模分别达8万、3万、3.5万。

在1958—1962年第二个五年计划期间，由于大办工业、大炼钢铁，所以大批农业人口涌入城市，外省人口进入青海，增加了不少新的城镇和工矿点。1958年12月，经中央批准，中国第一个核武器研制基地在海北州海晏县境内的金银滩开始动工建设，1964年，基地的主要工程及水、电、暖、路全部建成，还铺设了38.9公里的铁路专用线、7.5公里标准公路与青藏、青新公路连接，距离西宁市103公里。同时，青海通用机械厂、青海拖拉机修理厂、毛家寨水泥厂、库容9000吨的西宁冷库等一批重点项目开始建设。1960年，国家对国民经济实行“调整、巩固、充实、提高”的方针，青海省的城镇建设也做出相应的调整。

1963—1965年三年调整时期，城镇建设萎缩，城镇建设资金下降到新中国成立初期水平。有的牧区因城镇选址不当，出现举城搬迁的情况。例如，兴海县城由大河坝迁至子科滩；大通县城由城关镇迁到桥头镇；果洛州府先由吉迈迁至甘德麦仓，后又移至玛沁大武；化隆县城由巴燕镇迁至群科后又迁回；海西州府由大柴旦迁到德令哈镇。经过调整，青海城镇由45个压缩至40个，全省县级行政区中，设置了4个市、39个县、3个县级区和4个市辖区。1965年撤销了格尔木、大柴旦、冷湖3个市的建成制，改市为县或建制镇。

1966—1976年“文化大革命”时期，正值国家“三线”建设时期，青海由于所处地理位置成为“三线”建设的重点之一，因此拉动了青海的城镇建设，10年累计完成建设投资2800亿元，建成大中型项目数十个。国家从上海、山东、黑龙江迁来了机电、铝制品、服装等各类工厂，大量人员落户青海，从而带动了城镇建设。西宁市、格尔木市等城镇为了适应工业发展的需要，市政基础设施建设力度加大。同时，通信线路、输油管线等开始建设。

第三阶段（1978—1999年）：这一时期，国家的工作重点转移到经济建设方面，经济成为这一时期的中心工作，城镇也相应得到发展。为配合矿产资源的开发，1980年设立了格尔木市，1988年设立了德令哈市。同时，随着黄河上游水电资源开发，相应产生了龙羊峡、李家峡2个水电城镇。近几年由于商品经济和农村经济发展，十分注重小城镇的发展建设，在原有5个镇的基础上，批准新建制镇32个，建制镇发展到37个。

第四阶段（2000年至今）：随着改革开放的步伐加快，尤其是西部大开发战略的实施，青海省的经济建设和社会事业在原有的基础上得到了迅速的发展，新设立了2个州辖市、一个地级市和128个建制镇，城镇人口得到快速增长。1979年以前，青海省仅有1个市和7个建制镇，1984年建制镇增加到23个，2000年增加至49个，2006年底青海省的建制镇达到135个，2013年设立了海东市、玉树市，建制镇数达到138个，2015年有地级市2个、县级市3个，建制镇达到140个。

（2）城镇化的特征

第一，城镇的数量呈现两个快速增长时期。第一阶段是新中国成立初期的1950—1960年间。随着新中国成立以后国家在民族地区推行民主改革运动，尤其是土地改革和民族自治区域自治政策的实施，使各少数民族聚居区程度不同地形成了自己的政治、经济、文化中心，形成了一批城镇。第二阶段是1984年以后随着国家新的建制设置标准的颁布，放宽了对边远地区、少数民族地区城镇的建制标准，以致这一阶段城镇数量猛增。再加之这一时期民族地区改革开放的深化态势、乡镇企业的发展以及对矿产资源的开发，一些新的城镇也在这一过程中形成。

第二，城镇发展的质量不尽如人意。表现在城镇化水平所依赖的两个基本指标“工业化率”“非农业化率”的变化不大。一是城镇在发展中通过产业结构演进促成的非农劳动力转移、人口向城镇化聚集的趋势不明显。二是由于城镇产业的价格水平低、产业链条短、产品缺乏市场竞争力，形成了青海的城镇尤其是中小城镇在低水平上徘徊不前的状况。第三，受基础条件、道路交通、资源环境承载能力、经济社会发展程度、区域综合功能等要素影响，青海省城镇主要分布在省内东部地区、黄河流域和青藏铁路沿线，人口也主要集中在城镇密集的东部，区域城镇人口比重具有显著的差异，区域城镇化发展出现了新的格局①。

二、城镇化发展现状及特点

青海省自2009年9月开始启动城镇化发展规划的编制工作，其间充分吸纳和扩展了全省“四区两带一线”规划、主体功能区规划、“十二五”规划

① 杨慧青：《青海推进城镇化建设的对策措施》，经济研究导刊，2014。

以及城乡一体化规划、城镇体系规划、土地利用总体规划等，认真遵循城镇化的发展规律，相继打造出东部城市群、海西城乡统筹一体化发展示范区、青南特色城镇发展区等重大工程，城镇化发展成效突出，但依然存在不足。城镇化的特点主要体现在以下几个方面。

1. *成绩及问题*

第一，青海的城镇化率不断提高，但与全国相比仍然有差距，依然处于爬坡阶段。

2000 年国家西部大开发战略实施以来，青海省的经济得到了快速发展，城镇化也呈现稳定上升的趋势（如表 6－2 所示）。以大城市为中心、小城镇为基础的合理的城镇体系已经逐步形成。“十五”期间，全省城镇化率上升了 4.49 个百分点，每年平均上升 0.9 个百分点；“十一五”期间，城镇化率上升了 5.47 个百分点，每年平均上升 1.09 个百分点；“十二五”期间，城镇化率达到 51.5%，比“十一五”末提高 6.8 个百分点，每年平均上升 1.28 个百分点，区域城镇化发展呈现新格局。

表 6－2　青海省人均 GDP、城镇化率、城镇人口

年份	人均 GDP（元）	城镇化率（%）	城镇人口（万人）
2000	5138	34.76	179.54
2005	10045	39.25	213.21
2010	24115	44.72	251.98
2014	39812	49.78	290.40
2015	41251	50.52	297.27

注：表内数据来源于青海省统计信息网（城镇化率＝城镇常住人口/常住人口×100%）

尤其是近年来，青海省城镇化进程明显加快，是青海省城镇化发展以来增长最快的时期，城镇化率居全国第 20 位，在西部 12 省区中位居第 5 位，在西北 5 省区中位居第 3 位（如表 6－3 所示）。

表 6－3　2013—2015 年全国、西北 5 省区城镇化率对比

省区	2013 年城镇化率（%）（排位）	2014 年城镇化率（%）（排位）	2015 年城镇化率（%）（排位）
全国	53.7	54.77	56.10
陕西	51.3（2）	52.57（2）	53.92（2）
甘肃	41.3（5）	41.68（5）	43.19（5）

（续表）

省区	2013 年城镇化率（%）（排位）	2014 年城镇化率（%）（排位）	2015 年城镇化率（%）（排位）
青海	48.5（3）	49.78（3）	50.52（3）
宁夏	52（1）	53.61（1）	55.23（1）
新疆	44.5（4）	46.07（4）	47.25（4）

资料来源：《中国统计年鉴》

城镇功能明显提升，人居环境逐步改善。城镇水、电、气、路和信息网络等基础设施水平明显提升，垃圾、污水处理、公共绿地等环境设施大幅度改善，教育卫生、文化体育、社会保障等公共服务能力明显提高，城镇化人均住房面积由 9.2 平方米增加到 26 平方米，建成区绿化覆盖率由 14% 提高到 23%。

由于青海省地处青藏高原，具有自然条件恶劣、生态环境脆弱、民族人口构成复杂、区位内陆偏僻、经济基础薄弱等先天不利的条件制约，青海省的城镇化水平与全国平均水平相比仍有较大差距，城镇化率与同期国家平均城镇化率之间的差距由 2001 年的 1.34 个百分点扩大到 2015 年末的 4.99 个百分点，比 2010 年后退 1 名，仍处于艰难的爬坡阶段。

第二，各地城镇化进程不均衡。由于受自然地理等条件的限制，区域内城镇空间布局与发展不平衡，各地区城镇化发展仍然差距较大。

近年来青海省各市、州的城镇化率也有了不同程度的变化，都呈现出上升的趋势（如表 6-4 所示）。其中，在东部城市群建设全面稳步推进的带动下，海东撤地建市，城镇区域不断扩大，城镇人口增加，海东市成为青海省“十二五”以来城镇化推进最快的地区，城镇化率提高 10.21 个百分点。

表 6-4 青海省各市、州地城镇化率比较

地 区	土地面积（万平方千米）	2000 年	2010 年	2013 年	2014 年	2015 年
全 省	70.499	34.76%	44.72%	48.51%	49.78%	50.52%
西宁市	0.766	56.58%	63.7%	67.8%	68.61%	68.92%
海东市	1.32	12.19%	22.83%	31.29%	33.04%	34.00%
海北藏区自治州	4.495	28.21%	32.78%	32.8%	34.08%	34.48%

（续表）

地 区	土地面积（万平方千米）	2000 年	2010 年	2013 年	2014 年	2015 年
黄南藏族自治州	1.79	21.71%	25.69%	25.89%	28.56%	28.80%
海南藏族自治州	4.579	14.63%	28.47%	29.54%	32.03%	33.30%
果洛藏族自治州	7.575	19.51%	24.72%	24.76%	25.57%	26.05%
玉树藏族自治州	19.779	19.91%	32.11%	32.13%	33.01%	33.20%
海西蒙古族藏族自治州	31.96	62.1%	70.03%	70.06%	70.63%	71.02%

资料来源：青海省统计信息网

受基础条件、道路交通、资源环境承载能力、经济社会发展程度、区域综合功能等的影响，青海省城镇及人口主要分布在省内东部地区、黄河流域和青藏铁路沿线，地域差距明显，东部农业区的城镇比例大大高于西部牧业区。西宁市和海东市土地面积仅占全省面积的2.95%，人口却占了全省人口的63.98%，其中西宁市占39.27%、海东市占24.71%。2015年青海省内城镇化水平最高的是海西州，城镇化率达到71.02%；其次是西宁市，城镇化率为68.92%；最低是果洛州26.05%。预计2020年西宁市城镇化水平将提高至75%～78%，青海省其余各市、州城镇化水平均低于同期全省平均水平。全省城镇密度仅为每万平方千米1.95个城镇，海拔超过3000米城镇占建制镇总数的1/3以上，青海省城镇发展结构在区域布局上呈现出很不均衡的特征。

第三，城镇规模不断扩大，非农产业就业比重明显提高①。但未来城镇产业发展支撑乏力，城镇化后续发展基础不牢。

随着青海省经济建设的发展以及农牧区基层综合改革，青海省城镇数量迅速上升，按照“十二五”城镇建设规划，全省构建“一轴、一群、一带、一区”为骨架的城镇空间布局，2015年青海省下辖两个地级市（西宁市和海东市）、3个县级市（德令哈市、格尔木市、玉树市）、6个民族自治州（海北、黄南、海南、果洛、玉树藏族自治州和海西蒙古藏族自治州）、27个县、7个民族自治县（大通回族土族自治县、民和回族土族自治县、互助土族自治县、化隆回族自治县、循化撒拉族自治县、门源回族自治县、河南蒙古族自治县）、6个市辖区（西宁市城中区、城东区、城西区、城北区和海东市乐

① 丁生喜，王晓鹏等：《基于人口—经济—生态协调发展的青海省新型城镇化研究》，生态经济，2015。

都区、平安区）、3个行政委员会（茫崖行政委员会、冷湖行政委员会、大柴旦行政委员会）、乡225个、镇140个、民族乡28个。青海省城镇规模呈现较快增长的势头（如表6－5所示）。城市的首位度也由2010年的10.35下降为2015年的1.58。

城市的首位度是指一国或地区最大城市人口数与第二大城市人口数之比值，通常用它来反映该国或地区的城市规模和人口的集中程度。一般认为，城市首位度小于2%，表明结构正常、集中适度；大于2%则有结构失衡、过度集中的趋势。

表6－5　青海建制市、镇的变化情况　　单位：个

	2000年	2010年	2013年	2014年	2015年
地级市	1	1	2	2	2
县级市	2	2	3	3	3
建制镇	49	137	138	140	140

资料来源：青海省统计年鉴

经济学家研究认为，第三产业对劳动力有极强的吸收力，是劳动力的大蓄水池。青海省积极依托优势资源，立足产业基础，实施优势资源转化战略，大力发展特色经济，培育优势产业，不断推进产业结构的优化升级。从青海省三次产业吸纳就业情况看，2000年青海省第一、第二、第三产业就业结构为55.82∶12.61∶31.57，到2014年和2015年，青海省第一、第二和第三产业就业结构为36.62∶22.84∶40.54和35.81∶23.00∶41.19，与2000年相比，2014年和2015年的三次产业就业结构中第一产业就业比重下降，第二产业就业比重上升，第三产业就业比重上升，三次产业就业人员构成呈现出“一降两升”的局面，二、三产业的快速发展促成了我省城镇化的快速推进。

可以看出青海城镇化的一个明显特点是资源诱导成为城镇的最直接的动力，行政型、资源型的城镇占总城镇数超过了50%。在青海城镇化进程中一直是过分依赖自然资源、低成本劳动力等初级市场要素，而忽视了高级人力资源、知识、技术与信息等高级生产要素的发展。然而在实际城镇发展中，这种要素形成的城镇往往会造成资源配置的浪费；其次，青海城镇化主要是以行政资源推动的，大部分城镇围绕着地方一级的政权结构建设展开的，形成了当地的城镇中心，在这样的城镇化过程中产城融合不紧密，建制镇过弱过小，财政收入少，主要依靠财政转移支付维持，使得青海城镇未来的后续

发展基础不牢[①]。

第四，已经形成了具有省域特点的城镇格局，但城镇体系尚不健全。

区域城镇体系的形成是一个区域社会经济高度发展的必然结果。一个层次清晰、分工明确、联系紧密、结构良好的区域城镇体系可以使系统内的各城镇得到最合适、最充分的发展，更为重要的是，系统化的城镇体系具有极强的辐射能力和腹地带动作用，是区域社会经济进一步发展的强有力的促进因子[②]。

这几年随着青海省政府采取了“扩市提位”“撤乡建镇”“生态移民”“加快小城镇发展”等战略，推进了青海省城镇建设的速度、规模，极大地发挥了城镇体系建设在整合人口、资源、环境、经济社会协调发展中的作用，青海省已经具有一个大城市即省会城市西宁市，四个小城市即格尔木市、德令哈市、海东市、玉树市的城市格局，初步形成了以西宁为中心城市，海东、格尔木、德令哈等市为次中心城市，以各县城城关镇为小城镇的三维城镇建设体系。如今西宁、海东、格尔木、德令哈、玉树 5 个城市，以占全省 56% 的建成区面积，集聚了 70% 以上的人口、70% 的固定资产投资和 72% 的在校学生。西宁市人口密度已近 1.4 万人/平方公里，远高于全国二三线城市平均水平，5 个城市的功能日益完善，正在向着区域性现代化中心城市迈进[③]。

由于受高原自然与生态的约束，雪地、高山、戈壁等不适宜人类居住的地区占很大比重，地形、气候等自然条件明显处于劣势，青海不少地方不具备城镇建设条件，很难形成密集且相互呼应的城镇群。青海城镇分布离散程度高，除青海东部以外的地区，州、县所在地区为主要城镇，其余基本少有城镇，多为高原和峡谷，地处偏远，生产生活较封闭，青海省基础设施建设难度大、成本高、见效慢，加之经济发展滞后，形成的城镇体系中依然存在着省会城市一市独大、中小城市过少、小城镇数量多但功能不完善等不合理的问题。目前青海省每万平方公里城镇数不足 2 个，城镇密度低，平均每平方公里仅 8 人，而同期全国为 141.7 人，呈现出典型的“地广人稀”的特征。由于青海省内城镇间距离远、关联性小，基础设施难以统建和共享，经济活动的协作互补性差，很难发挥现存城镇体系的联动辐射效应。

---

① 《青海省新型城镇化背景下的现代农牧业发展问题研究》，来源是《青海省“十三五”发展战略研究》，青海人民出版社，2015。

② 卓玛措：《青海地理》，北京师范大学出版社，2010。

③ 王燕，谢芬兰：《推进青海新型城镇化发展的建议》，青海统计，2014。

第五，城镇模式主要是以建制镇的形式存在，城镇的集聚能力有限。

建制镇的发展水平在一定程度上代表了一个地区的经济发展和社会文明程度。虽然青海省近几年城镇化水平有了快速提高，在西部大开发战略的大力推动下，青海省县以上建制镇基础设施建设有了较大发展。但由于人口、地域环境的特殊性，青海省人口超过百万的只有西宁一个，大部分都是以建制镇的形式存在，当前青海省是全国城镇密度最小的省份之一。青海省2015年的建制镇总数达到140个，但这些建制镇由于缺少投资的推动变化不大。绝大多数建制镇规模小，建成区面积仅2平方公里，平均人口不足1万，最小的城镇不足千人，建制镇人口密度为1846人/平方公里，在全国处于末位。同时青海省众多小城镇主要分布在沿过境省道、国道以及与之垂直的十字街，产业多为传统的饮食和商贸业。加之一直以来缺乏科学的规划，千篇一律地出现了沿街排列的二、三层楼，小楼背后就是农田的小城镇的城镇模式。这种小城镇由于人口少、经济水平低，产业竞争力弱。据统计资料分析，全省工业比重在40%以上的只有6个城镇，工业总产值在5亿元以上的只有9个城镇。这些建制镇发展的内生动力不足，无法带动城镇消费水平的提高，尤其是对第三产业的发展没有起到积极的推动作用，城镇的集聚效应难以有效发挥，无法形成具有带动作用的真正意义上的城镇。

2. 青海省城镇分类及评价

（1）综合性职能城镇

综合性职能城镇是指某一区域内具有政治、经济、文化中心单位的城镇。这些城镇结构比较复杂，内部功能比较齐全，对外辐射能力强，综合性职能明显。比如西宁市、各州府所在地，如隆务镇、大武镇、结古镇、恰卜恰镇、德令哈市、西海镇等。它们既有政治、行政这些地位，又有方便的交通，门类完善的工业，繁荣的商业，较为发达的文化、科技、教育、卫生事业，并且周围有种类繁多、规模较大的为城镇服务的特色农牧业经济。

（2）新兴工矿业、交通城镇

新兴工矿业、交通城镇是指伴随着青海省资源开发而兴起的城镇群。这些城镇集中分布在资源丰富的柴达木盆地和黄河、湟水谷地。由于这些城镇是在资源开发或者公路、铁路建设的基础上建立起来的，因此，这些城镇的功能单一、性质明晰、发展迅速、定型很快。比如龙羊峡、李家峡是由于开发水电而建起来的，冷湖、花土沟、芒崖镇是由于开采石油和石棉而建起来的，茶卡、柯柯、热水、锡铁山镇是由于开采盐、煤和铅锌矿而建立起来的，格尔木市是依托丰富的资源和优越的交通条件而建立起来的，桥头镇是以开采煤炭为主，带动电力、机械、冶金、化工等行业部门而建立起来的，这些城镇具有很强的经济活力。

（3）农业县域性中心城镇

农业县域性中心城镇是指东部农业区的各县城，这些城镇在历史上农业经济比较发达，形成较早，有深厚的历史底蕴，是青海省东部农业区经济、文化的中心。比如民和县的上川口镇、湟源县的巴燕镇、贵德县的河阴镇等，这些城镇人口在5万~10万之间，具有鲜明的地方特色、优势农副产品加工等工业已经具备较大规模，有较为便利的交通条件，成为县域经济、物贸、文化教育和科技交流的中心，是连接省会西宁市和广大农村城镇的纽带，也是推进青海省城镇化进程的主导力量。

（4）牧区政治中心和物资集散地

牧区政治中心和物资集散地是指分布在广大的牧业地区，主要以行政职能为主的牧业县域城镇。这些城镇历史短、工业基础薄弱，大多是新中国成立以后基于行政需要而设置的，功能主要是以消费和服务为主，具有一定的交通、商业、文教、卫生等服务设施，目前已经由单一的政治中心转向商品物资集散地、文化娱乐活动中心。比如囊谦县的香达、乌兰县的希里沟、久治县的智青松多、兴海县的子科滩、祁连县的八宝等。

（5）特殊职能城镇

特殊职能城镇是指因具有某些特殊功能的带动而形成的城镇。比如湟中县的鲁沙尔镇，因为是黄教创始人宗喀巴的诞生地，建有黄教祖寺塔尔寺被誉为黄教圣地而驰名中外，大量的朝圣者和游客使之成为中外著名的旅游城镇；此外湟中县的多巴镇是闻名海内外的高原训练基地的所在地；同仁县的隆务镇是我国热贡艺术的发祥地，成为我国历史文化名城；乐都县的碾伯镇是历史上南凉王国的都城，被确定为青海省历史文化名城；互助县的威远镇以土族之乡、酒乡而闻名。

第二节 青海城市特征分析

一、城市与区域发展的关系

城市和一定的区域结合为一个经济区，城市是区域的核心，区域是城市的腹地，城市不是孤立存在的，它将受其影响的农村作为自己的腹地。城市集中了人类社会大部分物质和生产、生活设施，也是区域政治、教育、科技、文化活动的中心。一般城市的经济和社会发展水平高于周边农村，它通过自身的集聚功能将周边农村的各种生产要素吸引到城市中来，同时也通过扩散功能对周边农村产生辐射，带动周边农村的发展。

目前青海省共有 5 个城市。其中 2 个地级市：西宁市、海东市，3 个县级市：格尔木市、德令哈市、玉树市。

二、省会城市——西宁

1. 城市概况

西宁市简称宁，因取“西陲安宁”之意而得名。西宁市是青海省省会，是全省政治、经济、科教、交通、通信的中心。

据第六次人口普查数据资料的显示，西宁市全市常住人口 229.07 万人，其中城镇人口 157.15 万人、乡村人口 71.91 万人。现辖城东、城中、城西、城北四区，大通、湟中、湟源三个县，以及西宁（国家级）经济技术开发区，全市共有 69 个乡镇街道办事处（其中镇 27 个、乡 23 个、街道办事处 19 个）。2015 年城镇常住居民人均可支配收入为 25232 元，农村常住居民人均可支配收入为 8865 元。

城镇居民可支配收入是指城镇居民家庭可用于最终消费支出和其他非义务支出以及储蓄的总和，即居民家庭可以用来自由支配的收入。计算方法：可支配收入=家庭收入-缴纳所得税-个人缴纳的社会保障支出-记账补贴。这一指标可直接利用统计资料，不需要个人结算。

（1）发展历史

西宁历史悠久。商周秦汉时期，河湟地区是古羌人聚居的中心地带。西汉元狩二年（公元前 121 年）霍去病将军在此设西平亭。东汉建安十九年（公元 214 年）设西海郡。唐初（公元 619 年）建鄯州，成为青藏高原与中原的交通周转站。五代北宋时期称青唐城，成为东西商贸交通的都会，兴盛一时。宋崇宁三年（公元 1104 年），宋军进入青唐城，改称西宁州。清雍正三年（1725 年）改置西宁府。1914 年裁西宁府，设西宁道。1926 年，撤销道，改为西宁行政区，设西宁行政长官。1946 年西宁改县为市，成为青海省省会。1949 年 9 月 5 日西宁解放，仍作为省会。

（2）地理区位

西宁市地处青藏高原河湟谷地南北两山对峙之间，统属祁连山系，黄河支流湟水河自西而东贯穿市区。地势自北向南倾斜，西北高，东南低，呈东西向条带状，东西长约 35 千米，南北宽 3 千米～5 千米不等，最窄处仅 2 千米左右，如同一叶扁舟穿梭在群山之间，四周群山怀抱，三川汇聚。三面被祁连山支脉环抱，北接大坂山与大通河相望，南接拉脊山与黄河干流分水，西接日月山与青海湖水系相邻。全市总面积0.766万平方公里，市区面积380平方公里，建成区面积103平方公里。市区海拔2261米，年平均降水量413.6毫米、蒸发量1180.9毫米。年平均气温6.1度，夏季平均气温17.1度，气候宜人，是中国十大避暑旅游城市，有“中国夏都”之称。西宁市是我国海拔高度仅次于拉萨的省会城市，素有“高原古城”之称。

（3）资源特征

矿产资源主要有煤炭、铁、石膏、白云石、石灰石、灰岩、铝土和云母等。风力和太阳能资源也较丰富，具有一定的开发利用价值。西宁市已发现和探明矿种35种，矿产地135处。

有较丰富的地表水和地下水资源。湟水河穿过市区，全年径流量为18.94亿立方米，地下水储量为6.6亿立方米，已探明的水资源蕴藏量为12.74亿立方米。

农作物主要有蔬菜、瓜果、小麦、油菜籽、豆类、马铃薯等；林木主要有松、杨、柳、榆、桦木等。

西宁市及周边地区风光独特秀美，名胜古迹众多，旅游资源丰富。有享誉全国的藏传佛教圣地塔尔寺、西部地区大清真寺之一的东关清真大寺、名闻中外的高原明珠青海湖、鸟岛，有令人神往的金银滩草原和充满神秘色彩的原子城，有被列入全国重点文物保护单位的沈那遗址，有青海境内最早的宗教建筑北禅寺等。

西宁市是一座有着两千一百多年历史的高原古城，曾是汉后将军赵充国屯田的地方、南凉的都城、唐蕃古道的咽喉、丝绸之路青海道重要节点、青藏高原通向中原的门户、河湟文化的发祥地之一，自古就是一颗璀璨的“高原明珠”。

（4）人口与民族

西宁市是典型的移民城市，多民族聚集、多宗教并存。西宁地处黄土高原与青藏高原、农业区与牧业区、汉文化与藏文化的三大接合部，移民人口达100多万之多，有汉、回、藏、土、蒙古、撒拉等46个民族，汉族人口169.66万人，占总人口的74.06%，少数民族人口59.41万人，占总人口的25.94%。佛教、伊斯兰教、道教、基督教、天主教五大宗教并存，藏传佛教、伊斯兰教影响尤为深远。

2. 经济增长特征

根据法国经济学家佩鲁的增长极理论，我们可将城市称之为区域经济中的“磁场极”。西宁市就是整个青海区域的“磁场极”。

进入“十二五”以来依托青海省的发展优势，西宁市区域经济得到了快速提升。2013 年西宁市 GDP 总量达到 978.53 亿元，占全省 GDP 总量的 46.55%，2014 年西宁市 GDP 总量达到 1077.14 亿元，占全省 GDP 总量的 46.80%，2015 年西宁市 GDP 总量 1131.62 亿元，占全省 GDP 总量的 46.82%。西宁市成为青藏高原上 GDP 总量最大的地区，是青海省内发展经济基础最好的地区，是青藏高原上工业最为发达的地区，是青海省乃至整个青藏高原上经济发展最为重要的城市之一。

（1）工业

西宁是青藏高原上一座新兴的工业城市，产业发展相对完备。经过多年的发展，特色经济已初具发展规模，尤其是工业园区日趋成熟，园区内产业空间布局日趋合理，规模效益日渐凸显，促进了西宁特色产业的发展。

西宁市目前已经建成西宁（国家级）经济技术开发区、西宁高新技术开发区、大通北川、湟源大华等产业园区，形成了在全省乃至西北地区有影响的新能源、新材料、有色金属、制造装备、特种钢、特色纺织、生物医药等特色产业集群。

西宁（国家级）经济技术开发区是 2000 年 7 月 3 日，经国务院批准成立的国家级开发区。开发区立足青海省资源优势，大力发展盐湖化工、有色金属、石油天然气等资源精深加工产业；重点发展以高原动植物为主的中藏药、食品、生物化学制品等特色产业；积极发展生态环保、高新科技、新材料、信息技术等新兴产业；协调发展流通、金融、房地产、中介、进出口贸易等配套服务产业。目前已经形成“一区五园”的工业格局，具有鲜明产业特色的五大园区已经成为引领区域经济增长的重要增长极。

东川工业园区：围绕将东川工业园区建设成为青海重要的新能源、新材料产业基地，全力培育硅材料及光伏制造产业链、铜精深加工产业链、钛合金熔铸及板管带材加工产业链、电子铝箔铜箔及延伸产业。

南川工业园区：围绕将南川工业园区建设成为“世界藏毯之都”、我国重要的锂资源精深加工基地，加快打造藏毯绒纺产业链、锂电池材料及储能（动力）电池产业链、光伏聚光电池产业链。

甘河工业园区：围绕将甘河工业园区建设成为国家重要的有色金属生产及特色化工产业基地，打造有色金属延伸加工产业链、精细化工产业链，加快建设铬化工产业园、碳（石墨）材料产业园、氟化工产业园。

北川工业园区：围绕将北川工业园区建设成为全省绿色发展引领区和外向型产业出口基地，加快建设西宁综合保税区，大力发展铝精深加工产业。

青海国家高新技术产业开发区其前身是青海生物科技产业园区。2010 年 11 月，经国务院批准升级为国家级高新技术产业开发区（简称青海高新区），于

2011 年 10 月 27 日正式揭牌，近年来，园区大力培育有竞争优势和发展潜力的高新技术产业，特色产业聚集效应不断显现，特别是“十二五”期间，高新区地区生产总值年均增长 57%，工业增加值年均增长 74%，园区内聚集了全省 28% 的高新技术企业，初步形成了装备制造、生物技术、中藏药加工、高原绿色食品加工和生产性服务业等高新技术产业雏形，提升了全省经济社会发展的科技含量，为推动青海经济持续快速发展发挥了重要的引领作用。

目前青海高新技术产业开发区积极融入“一带一路”建设，紧密结合生物医药、装备制造和现代服务等主导产业，以产业链为核心，主攻龙头型、配套型的支柱产业项目，主攻成长性好、技术含量高的高新技术产业项目。

2015 年，西宁（国家级）经济技术开发区完成生产总值 421.5 亿元，增长 16%；工业总产值和工业销售收入双双跃上千亿元台阶，分别达到 1109 亿元和 1078.6 亿元，技工贸收入突破两千亿元，达到 2104 亿元；入驻各类企业 1400 户，建成投产工业企业 258 户，规模以上工业企业 174 户，销售收入超过 10 亿元的工业企业 30 家，各类就业人员达到 7.6 万人；完成工业增加值 327.3 亿元，在全省工业中所占比重达到 34.1%，在西宁市工业占比更是上升到 75.2%，循环经济工业增加值在青海省所占比达到 80% 以上。西宁（国家级）经济技术开发区成为全省重要的工业发展聚集区，在全省工业经济、绿色循环发展中发挥了引擎驱动和示范引领作用。

（2）特色农业

西宁市根据自身产业资源特征，大力发展特色产业经济，目前已经形成了特色农业和农副产品加工业。

青海西宁国家农业科技园区是 2002 年 5 月被科技部正式批准为国家农业科技园区的一个试点园区，是青海省首个国家级农业科技园区。经过多年的建设与发展，青海西宁国家农业科技园区建设取得积极进展。

西宁国家农业科技园区累计投资 32 亿多元，完成了 2 个新建核心区的建设，初步建成 10 个示范区，园区面积达到 38.90 万亩，实现年收入 67 亿多元。西宁国家农业科技园区将新建现代城郊畜牧业养殖和设施农业两个核心区。力争经过 5 年的建设，构建起完整的国家农业科技园区发展体系，形成“核心区、示范区、辐射区”的有效衔接，对西宁来说不但能产生经济效益，更有良好的社会效益和生态效益。在核心区的新建中，可为农村剩余劳动力提供至少 2 万个就业岗位，并引导和带动青海农业的标准化、产业化及市场。

（3）旅游产业

近几年，西宁市以多元化投融资机制加快旅游资源开发和建设，推进旅游产业市场化进程，发挥中心城市对周边地区旅游业的辐射带动作用，进一步提升“中国夏都”的品牌效应。加快开发和丰富西宁主城景区、宗教文化旅游区、生态休闲旅游区建设以及西宁周边特色旅游经济带建设，结合“环湖赛”“青洽会”“郁金香节”“国际藏毯博览会”等国内外知名节会的举办，加大旅游宣传力度，逐步把西宁建成全国知名的高原特色生态旅游集散地和区域旅游生活娱乐服务区。

在青藏铁路全线通车和省委、省政府提出把青海建设成旅游名省的机遇下，西宁市利用已开辟或正在开辟的环青海湖旅游线、黄河源旅游线、唐蕃古道旅游线、宗教朝圣旅游线、世界屋脊旅游线、青藏铁路旅游线等十条精品旅游线路，向世界各地的游客展示西宁市的各种特色旅游资源。国家体育总局在西宁湟中县修建了多巴国家高原体育训练基地，王丽萍、王军霞、孙英杰等体育名将均在此进行过赛前集训。

到目前已经形成西宁—三江源生态旅游线、西宁—青藏铁路观光旅游线、西宁—祁连山森林草原风光旅游线的以西宁为中心的“一圈三线”的旅游发展格局。旅游业已经成为全市经济社会发展中重要的和新的经济增长点。

2015 年西宁市共有 A 级景区 28 个，全年接待国内外游客 1606.53 万人次，增长 11.3%，占全省总接待量的 69.4%，实现旅游总收入 156.46 亿元，增长 23.4%，占全省总收入的 63.1%。

3. 城市交通运输及基础设施

西宁是“丝绸之路青海道”和“唐蕃古道”的必经之地，自古就是西北交通要道和军事重镇，是丝绸之路青海道的重要节点和连接东西南北的枢纽。

西宁市是全省交通、邮电通信中心。随着西部大开发和现代交通设施建设步伐的加快，以西宁为中心的辐射全省的交通网络已经形成。高速公路和一级公路四通八达，往东可以直达兰州，往西则通往青海另一个重要城市格尔木，往南是三江源地区，往北则通向河西走廊一带。铁路向四周延伸，兰新铁路、兰青铁路、青藏铁路的建设，使西宁成为重要的铁路枢纽，总铺轨里程 1300 余公里。2014 年，西宁市自新中国成立以来投资规模最大的市政工程——西宁火车站改造工程历时 5 年建成并投入运行，兰新铁路第二复线全线建成通车，西宁进入高铁时代。目前，西宁的曹家堡机场已经通航全国各主要城市，机场共有停机坪 22 万平方米、廊桥 13 部、机位 33 个，可全天候、双向起降空客 330、波音 767 等大、中型飞机，已经满足年旅客吞吐量 750 万人次的发展需求。2014 年西宁市的旅客运送量已经突破了 400 万人次的大关，是青海主要的对外通航口岸。

“十二五”以来，西宁市围绕东部城市群发展战略，在交通、水利、能源、拓展城市发展空间等方面实施了一批重大基础设施工程，改善了基础条件，增强了发展动力。经过几年的快速建设，如今西宁市建成区面积达到117平方公里，建成道路450里，排污管网920公里，自来水普及率达到100%，天然气普及率94.5%，建成区绿化覆盖率达到37.1%，人均公共绿地面积10.3平方米，先后获得国家园林城市、国家卫生城市、中国优秀旅游城市称号，正在加紧创建全国文明城市和环保模范城市。

2015年西宁市以占全省39.27%的人口实现了全省46.82%的经济总量、35.5%的地方公共财政预算收入、39.7%的固定资产投资额和66.9%的社会消费品零售总额；城镇和农村常住居民人均可支配收入分别高于全省690元、932元。

三、盐湖城——格尔木

1. 城市概况

（1）发展历史

格尔木市是20世纪50年代以后，因青藏公路修建和柴达木盆地资源开发而迅速崛起的新兴工业城市。1955年5月，设立中国柴达木工作委员会；1956年3月成立格尔木临时工作委员会；1960年设立格尔木市；1965年3月撤市改县；1980年6月又恢复设市。

“格尔木”为蒙古语，意为“河流密集之地”①。格尔木市地处格尔木河中下游的冲积平原上，面积为11.90万平方公里，平均海拔2800米，深居内陆高原环境。

据第六次人口普查数据资料的显示，格尔木市全市常住人口21.52万人，其中，城镇人口18.63万人，乡村人口2.89万人，现设3个工行委、2个镇、2个乡、5个街道办事处和1个经济开发区。2015年城镇常住居民人均可支配收入为25616元，农村常住居民人均可支配收入为14297元。

（2）地理区位

格尔木市地处欧亚大陆中部，地貌复杂，地形南高北低，由西向东倾斜。昆仑山、唐古拉山横贯全境，山势高峻，气势磅礴。该市居世界屋脊，境内雪峰连绵，冰川广布，冰塔林立，河流纵横，湖泊星罗棋布，世界之最唐古拉山主峰格拉丹东雪峰海拔6549米，高峻挺拔，雄伟壮丽。盆地地势平坦，沙丘起伏，绿洲陷显，盐湖、碱滩、沼泽众多，其中察尔汗盐湖是世界是最大的盐湖，号称“盐湖之王”。

---

① 张忠孝：《青海地理》，科学出版社，2009，第203页。

(3) 资源特征

格尔木是一个典型的资源型地区，资源配置在全国独一无二。

矿产资源，格尔木市盆地辖区盐湖资源储量大，有中国“盐湖城”之称。察尔汗盐湖、东西台吉乃尔矿区，其面积相当于美国西尔斯盐湖的50倍，是中国最大的镁锂盐矿床。其中蕴藏了600亿吨的氯化物为主的近代盐沉矿物质。钾、镁、锂、硼、溴、碘、铷等的储量和品位，均居全国之首。唐古拉山地区水晶、铅锌、煤等矿藏，储量丰富，有待开发。

生物资源，格尔木市有50余种野生动物资源和200余种野生动植物资源，其中20余种被列为国家级珍稀野生动植物。高原特有的野牦牛、白唇鹿、野驴、雪豹、雪鸡、黑颈鹤、雪莲等，是极为珍贵的稀有品种。

旅游资源，格尔木市以“青藏高原、世界屋脊、昆仑文化”为轴心的旅游资源十分丰富，有长江源头、万丈盐桥、雪山冰川、昆仑雪景、瀚海日出、沙漠胡杨等独具特色的自然景观，是观赏青藏高原风光、野生动物活动和进行科学考察、登山探险的理想之地。格尔木昆仑旅游区是国家AAAA级旅游景区，察尔汗国家矿山公园、昆仑山国家地质公园魅力独特，具有发展旅游业的良好前景。

2. 经济增长特征

(1) 工业

格尔木是柴达木循环经济试验区建设的主战场，也是全国优质钾肥生产基地，工业经济是全市主导产业。

1990年格尔木市被青海省确定为资源开发试验区，1992年成立昆仑经济开发区；1994年被国家民族事务委员会、体制改革委员会确定为全国民族自治地方改革开放试验区。2001年确定为格尔木工业园区。2005年经国务院批准，柴达木循环经济试验区成为国家首批13个循环经济试点的产业园区之一，是我国西部大开发特色优势产业基地，目前已经形成了盐湖化工、油气化工、煤化工、金属冶金、特色生物、新材料、新能源等七大特色产业。柴达木循环经济试验区下设四个工业园区，即格尔木工业园区、德令哈工业园区、乌兰工业园区和大柴旦工业园区，其中格尔木循环经济工业园区是其中最大的园区。格尔木以其独特的资源禀赋、战略地位、工业经济基础成为柴达木循环经济区的主力军和主战场，其循环经济发展程度直接决定着整个循环经济区的成败。

格尔木工业园区以格尔木昆仑经济开发区为核心，依托周边丰富的盐湖、油气、金属，带动了石油天然气工业小区、盐湖化工工业小区、冶金工业小区的发展，通过油气产业、盐湖化工、冶金产业间产品、副产品或者废弃物的交换，进行产业链延伸和耦合，逐步形成以钾、纳、镁、锂、硼、还原铁等深加工和以甲醇、聚氯乙烯、复合肥等为重点的综合开发利用格局。

石油天然气小区重点发展炼油、甲醇、醋酸、二甲醚、合成氨/尿素等产品。

盐湖工业小区以察尔汗、东西台盐湖资源为依托，重点构建盐湖化工工业链，重点发展氯化钾、硫酸钾镁肥、硼酸及镁系列产品。

冶金工业小区以肯德可克、索拉吉尔及周边地区铁矿、有色金属矿产资源为依托，构建冶金工业产业链。

“十二五”期间，格尔木工业园区实施重点项目107个，累计完成投资403亿元；园区现有注册企业225家，规上企业由2011年的27家发展到2015年的42家；单位土地投资强度由2011年188万元/亩提高到2015年276万元/亩；地方公共预算收入从2011年1.6亿元增长至2015年的4.82亿元，年均增长25%；工业总产值已经占到了柴达木循环经济试验区的八成以上，实现了“小体系、大贡献”，成为拉动柴达木循环经济试验区经济发展的重要引擎。

目前格尔木工业园（区）形成了“3+5”基本框架，即：格尔木昆仑经济技术开发区（国家级）、柴达木循环经济试验区、格尔木市循环经济工业园和藏青工业园区，同时挂牌格尔木市民族自治地方改革开放实验区、浙江省柴达木工业园格尔木区、格尔木青新工业园及挂昆仑重大产业基地、察尔汗重大产业基地。格尔木工业园区经过多年的发展，现在已经成为全省工业经济的中心。

发展方向：今后格尔木市建成光伏发电并网容量将突破2000兆瓦、风力发电并网达到99兆瓦。同时，120万吨煤制烯烃等重大项目开工，金属镁一体化项目部分装置建成试车，镍钴资源开发、大型燃煤电站等项目前期工作进度加快，着力构建以四大支柱产业（盐湖化工、油气化工、煤基化工、金属选冶）为核心、三大新兴产业（新材料、新能源、装配制造业）为补充、特色轻工业（昆仑玉、矿泉水、枸杞加工）为支撑的循环工业经济体系，力争使格尔木成为循环经济试验发展的核心区、全国最大的钾肥及盐湖化工基地、光伏产业示范城、青藏高原地区重要的钢铁生产基地、西部重要交通枢纽和物流集散中心，进而辐射带动茫崖、冷湖、大柴旦、都兰等地区资源开发和产业发展。

（2）特色农牧业

格尔木市地处柴达木盆地，柴达木枸杞因高原温差最大的特殊气候、柴达木土地盐碱成分很高的特殊土壤等地域特殊性，独具了果粒大、保健成分含量高、颜色纯正等品质优势和市场优势。最近几年格尔木市在藜麦、绿色有机蔬菜等特色农业方面也取得了很大发展。格尔木在全省率先建成了第一个“出口枸杞质量安全示范区”。

2015 年格尔木全市特色农作物中枸杞种植规模（耕地）达到 4133.33 公顷，总产量 9145 吨，实现产值 3.6 亿元，出口量占全省的 78%。蔬菜总产量 2.6 万吨。

进入 2015 年，格尔木市的生态畜牧业和规模养殖业不断加快。年初存栏量达到 24.32 万头（只），实现肉类总产量 5168 吨。今后格尔木市将重点依托“格尔木蒙古羊”“唐古拉牦牛、藏羊”地域品牌优势，不断扩大优良畜种养殖规模，提高牛羊肉产品的加工能力。

2015 年格尔木市旅游总收入达到 13.58 亿元。

3. 城市交通运输及基础设施

目前格尔木市已经形成了集公路、铁路、民航、市内交通、城乡道路于一体的综合交通运输网络。铁路方面，格敦（格尔木至敦煌）铁路、格库（格尔木到库尔勒）铁路已经开工修建，格成（格尔木至成都）铁路正处于积极的规划之中。公路方面，已经形成了以格尔木为中心，面向东南西北四个方向辐射发展的公路交通网络，构筑起东至西宁、南达西藏、西通新疆、北至河西走廊、西南到四川的放射式公路网络。航空方面，格尔木机场已经实现了满足旅客吞吐量 30 万人次的目标，开通了格尔木至西宁、拉萨、西安、成都、上海等地的航线。

目前格尔木市建成区面积 31 平方公里，建成道路 171 公里，排水管道 185.2 公里，自来水普及率 100%，天然气普及率 95%，建成区绿化覆盖率 17.9%，荣获国家园林城市称号。

四、海西内蒙古自治州首府——德令哈

1. 城市概况

德令哈市是青海省海西蒙古族藏族自治州州政府所在地，是全州政治、科技、文化、教育中心，也是海西东部经济区中心。1956 年 2 月 1 日，经中共中央同意成立德令哈工作委员会；1958 年改设德令哈县；1966 年海西蒙古族藏族自治州由大柴旦镇迁址于德令哈；1983 年经省人民政府批准设立德令哈镇，逐渐发展成为自治州政治、文化、科技中心；1988 年 4 月经国务院批准建市，成为青海省第三座城市，起步较晚。

德令哈是蒙古语，意为“广阔的金色草原”。巴音郭勒河从此穿过，土地

辽阔，水源便利，农牧兼有[①]。德令哈市总面积2.77万平方千米，市区海拔2980米。

据第六次人口普查数据资料的显示，全市总人口近11万人。共有汉、蒙古、藏、回等23个民族，现辖3镇1乡3个街道办事处。2015年城镇常住居民人均可支配收入为25476元，农村常住居民人均可支配收入为11231元。

（1）发展历史[②]

13世纪，蒙古族崛起，灭金亡宋，建立了元帝国，德令哈亦被置于元朝统治之下，为宣政院所属“吐蕃等处宣慰司”辖区。之后，明正德五年（公元1512年）和明崇祯九年（公元1636年），蒙古族两度进入柴达木地区。现居住在德令哈地区的蒙古族为厄鲁特蒙古禾硕特部（西蒙古）首领顾始汗之后裔。现在的德令哈，多民族聚居，各民族互相尊重，和睦相处，团结进步，形成了独特的、具有广泛影响力的德都蒙古文化元素。

（2）地理区位

德令哈市位于柴达木盆地东北边缘、宗务隆山南麓，东临天峻县、乌兰县，南与都兰县相接，西与大柴旦毗邻，北临甘肃省，德令哈市地形由北向南微倾，市区平均海拔3000米，终年干燥少雨，属典型的大陆性高原气候。德令哈市地处青海省的中部，是历史上著名的“丝绸之路青海道”主要驿站、古羌属地、蒙古族牧场。

（3）资源特征[③]

目前德令哈市境内发现的矿产资源有16个品种、65个矿床，其中已探明的石灰石储量在7亿吨以上，可利用价值较高。市区以南30公里的尕海湖，蕴藏着丰富的天然卤虫资源；境内有丰富的野牦牛、野驴、雪豹、麝、岩羊、黄羊、雪鸡、沙棘、枸杞和锁阳等驰名中外的野生动植物资源。

德令哈市旅游资源丰富，古柏蓊翳的柏树山，碧波粼粼的黑石山水库，神秘莫测的“外星人遗址”，古老久远的怀头他拉岩画，一咸一淡、生态各异、遥相连接、神韵悠长的“褡裢湖”——托素湖和可鲁克湖，红透高原的万亩枸杞林等特色旅游景点吸引着八方游客。

2. 经济增长特征

（1）工业

德令哈工业园区充分依托柴达木盆地盐湖、石油天然气、煤炭等的资源，

① 张忠孝：《青海地理》，科学出版社，2009，第205页。

② http：//www. delingha. gov. cn/index. html.

③ http：//www. delingha. gov. cn/index. html.

构建了两碱化工、新建材产业链，同格尔木工业园区、乌兰工业园区和大柴旦工业园区有机联合，充分利用德令哈及周边地区丰富的石灰石、钠盐资源，以盐湖提锂钾副产的尾盐综合利用为重点，发展纯碱、烧碱、电石、PVC、氯化钙等产品，提高尾盐高效、清洁、深度综合利用，构建两碱化工、新建材产业链。德令哈工业园区的方向是在“十三五”期间重点发展盐碱化工、建材、中藏药三大产业，着力培育和构筑六大特色产业链，通过产业“链接”，形成盐湖化工、煤焦化工、有色金属、建材工业等多产业横向扩展和资源精深加工的纵向延伸相结合的循环型工业。德令哈市已经成为全省重要的碱业基地、全州重要的建材基地、生物制品加工基地、劳动力转移培训基地。德令哈州府的地位更加突出，区位优势更加凸显，综合实力更加强大，进而辐射带动了乌兰、都兰、天峻等地区的资源开发和产业发展。

（2）特色农牧业

依托当地独特地理条件，近些年德令哈市的枸杞“红色”产业风生水起，发展起来的枸杞产业精深加工的“诺蓝杞”“大漠红”等成为全国枸杞领域知名品牌，通过建设枸杞产业基地，使枸杞种植面积连年翻番。截至 2015 年，全市枸杞种植总面积已突破 11.4 万亩，枸杞产量达 14073 吨，比 2014 年增加 1302 吨，获得国家权威机构“有机枸杞”认证的有机枸杞种植面积 6.1 万亩，2015 年德令哈市枸杞总产值近 2 亿元。

2015 年德令哈市已建成大型种养殖专业合作社 3 家、柴达木福牛产业基地 2 个、畜用暖棚 2550 座、畜禽养殖场 65 家。传统养殖的草食牲畜存栏突破 27 万头（只），牲畜产仔 13.37 万头（只），成活 12.57 万头（只），成活率 94%；草食畜出栏率 46.3%，商品率 43.4%，肉产量达 3966 吨，奶产量达 3400 吨，蛋产量达 440 吨。

3. 城市交通运输及基础设施

德令哈市东与省会西宁市、西与格尔木市由铁路和公路两条运输线路连接，南与都兰县、北与敦煌市，西北与大柴旦镇、冷湖镇、花土沟镇、茫崖镇处公路连接，基本上形成了青海—西藏、青海—新疆、青海—河西走廊交通网络上一个交通枢纽，加大了德令哈市与外界的联系。青藏铁路又将市区分割成南、北两块，青藏铁路、青新公路两条交通大动脉，呈平行状态，从德令哈境内的南部通过，又由省级德都公路把青新公路和遥遥相对的青藏公路连接起来。

德令哈市建成区面积 17 平方公里，建成道路 116.6 公里，排水管道 218.6 公里，自来水普及率 98%，天然气普及率 52.1%，建成区绿化覆盖率 27.9%。

五、新兴城市——海东市

1. 城市概况

(1) 发展历史

海东市位于青海省东北部，因地处青海湖以东而得名。2013 年 2 月 8 日，经国务院批准撤销海东地区，设立地级市海东市，这是目前中国最年轻的地级市之一，是青海省的第四座城市。海东市现辖乐都区、平安区、互助土族自治县、民和回族土族自治县、化隆回族自治县、循化撒拉族自治县，即两区四县。海东市总面积 1.32 万平方公里，占青海省国土面积的 1.83%。总人口 145.43 万，有汉、回、藏、土、撒拉等 19 个民族，有 96 个乡（镇）。2015 年城镇常住居民人均可支配收入 23373 元，农村常住居民可支配收入 8196 元。

(2) 地理区位

海东市位于青海省省会西宁市与甘肃省省会兰州市之间，东部与北部同甘肃省的兰州、临夏、甘南等州（市）相连，南部与西部分别与本省西宁、海北、黄南等州（市）接壤。地处黄土高原向青藏高原过渡镶嵌地带，海拔在 1650～4636 米之间，境内山峦起伏，沟壑纵横。海东市所处的湟水谷地和黄河谷地是青海省气候条件最好、开发最早的地区，也是青海省主要农作物栽培区。

(3) 资源特征

海东市有耕地 318.19 万亩，占青海省总耕地面积的 36%，人均 2.24 亩。可利用的草地面积 1111 万亩。林地面积 1109.73 万亩，森林覆盖率 28.3%。盛产马铃薯、油料、小麦、蚕豆、青稞、瓜果、蔬菜等农副产品。

海东市已发现矿产资源 54 种，已探明的矿产资源有煤、岩（砂）金、铁、硫、锰、铜、铂、镍、硒等 30 多种，其中蕴藏量以亿吨计的有石灰石、硅石、石膏、钙芒硝等。

海东市水电资源丰富，黄河、大通河、湟水河可建大、中、小型水电站 49 座，装机容量 621 万千瓦。目前已建成 27 座，装机容量 448 万千瓦，是青海省重要的能源基地。海东市电力供给资源充足，亚洲最大的 KV 变电站建设在民和县。海东市既是青海西电东送的通道，也是青海电网与东部电网连接的咽喉。

海东市历史悠久、文化灿烂，民俗旅游资源丰富，土族、撒拉族歌舞、饮食、手工艺品等独具特色。互助北山国家森林公园被誉为青藏高原上的“植物王国”和“天然动物园”。循化孟达国家自然保护区，被誉为青藏高原上的“西双版纳”。市内有神奇的宗教文化旅游资源，宗教寺院众多，如互助县的佑宁寺、乐都区的瞿昙寺、循化县的赞卜呼清真寺、平安区的夏宗寺等。海东市还是第十世班禅大师的故乡和十四世达赖喇嘛的出生地。市内文化遗存密集。有新石器时代的马家窑文化，青铜器时代的齐家文化、辛店文化、卡约文化。此外，乐都区的柳湾原始社会墓地遗址是考古界享有盛誉的一颗明珠，出土的彩陶名扬国内外，有“彩陶王国”之美誉，列入全国文物重点保护单位；民和县的喇家遗址是我国目前保存最为完整也是唯一经科学论证的史前灾难遗址，被誉为“东方的庞贝古城”，列入全国文物重点保护单位及国家重点遗址保护项目。

2. 经济增长特征

（1）工业

海东工业园区延伸西宁（国家级）经济技术开发区、柴达木循环经济试验区的资源精深加工产业链，是正在全力建设的青海省第三大工业园区，已经成为带动海东市乃至全省经济发展的重要增长极。

海东工业园区是青海省人民政府2011年3月批准设立的省级开发区，是中关村国家示范区在北京市外建立的第一个辐射基地。园区总规划面积103.77平方公里，其中，临空综合经济园43.3平方公里、乐都工业园15.68平方公里、民和工业园24.43平方公里、互助绿色产业园20.37平方公里。目前，海东工业园区“一区四园”的格局基本形成。

目前，海东工业园区四园的定位及主导或特色产业为：

海东临空综合经济园：定位为科技创业园、中小企业园、现代物流保税区、有色金属深加工基地及不锈钢产业基地。主导或特色产业为风电设备制造、光伏设备制造、储能材料及组件、高原富硒农副产品深加工、铝基合金及各种特种型材、包装铝箔等下游产品深加工。

乐都工业园：定位为制造装备、有机硅、镁合金板材等产业基地。主导或特色产业为重点发展铸锻产业、玻璃、PVC制品、镁合金精深加工，配套发展设备制造、汽车工业、航空航天、核工业、电力工业的基础配套产品。

民和工业区：定位为轻质合金材料生产基地、有机食品深加工基地。主导或特色产业为制造装备业、无公害、绿色、有机食品精深加工产业。

互助绿色产业园：定位为特色农畜产品加工、销售绿色产业基地。主导或特色产业为：青稞酒酿造、高原绿色食品及农副产品精深加工、生物制药、民族旅游工艺品加工、基础原材料、新型建材、仓储物流。

通过4年的建设，海东工业园区各项工作取得了阶段性成效，临空综合经济园、乐都工业园、民和工业园和互助绿色产业园发展势头良好，截止到

2015 年海东工业园区已经有 122 家企业签约入驻海东工业园区，在基础设施建设、主导产业培育、项目建设步伐等方面取得较大进展。2015 年，海东全市工业增加值达到 160 亿元，年均增长 25%。

（2）特色农牧业

海东有着长达数千年历史的农耕文明，河湟各族儿女在这片热土上，用智慧和汗水创造了绚丽的农耕文化。在这片物产丰饶的高原大地上，各种特色农产品硕果累累，奠定了海东“青藏高原瓜果之乡”的历史地位。农作物主要有马铃薯、油菜、小麦、青稞、玉米、蚕豆、豌豆；畜牧业主要以舍饲为主，家畜家禽主要有牛、羊、互助八眉猪、海东鸡等；水产主要有虹鳟鱼、金鳟鱼等。同时，苹果、梨、杏子、桃子、核桃、沙果等杂果和西瓜久负盛名，乐都紫皮大蒜、循化线椒等更是闻名遐迩。

近年来，海东立足优越的自然资源、区位优势和气候特点，以建成全省生态农业先行区、循环农业示范区、高效农业样板区为发展导向，确立了以特色蔬菜、果品、牛羊和生猪养殖为主的川水地区特色经济带，以马铃薯、玉米全膜覆盖和草畜联动为主的浅山地区循环经济带，以优质油菜及脱毒马铃薯制种、苗木繁育和树莓种植为主的脑山地区绿色经济带等“三大经济带”发展思路，全方位部署和推动高原特色现代农牧业可持续发展，成为全省重要的商品粮、油、肉、禽蛋、蔬菜、果品生产基地和引领全省现代农牧业发展的示范区。

2015 年，海东市粮食总产达到 54.4 万吨，占全省的 53%；油料总产 12.8 万吨，占全省的 42%；蔬菜总产 70.2 万吨，占全省的 42%；各类肉产量达到 11 万吨，占全省的 26%；蛋产量 1.34 万吨，占全省的 38%；奶产量 6.3 万吨，占全省的 15%；全市农业总产值达到 57.3 亿元，农民人均收入达到 8196 元，高于全省平均值 263 元。海东市成为青海省农业的半壁江山。

（3）服务业

随着海东市采取对河湟文化深度挖掘、景区提档升级、发展环境优化、旅游产品转型扩面等方面措施的实施，确立了“极地门户·青藏首站”的旅游新形象，“大美青海·风情海东”的旅游景区知名度得到了显著提升。此外，海东市的物流业日益壮大，青藏高原国际物流商贸中心成为全省现代国际物流重要基地，青海海吉星国际农产品集配中心列入商务部跨区域农产品流通重点项目，闽龙物流园等一批重点项目加快建设；交通运输、房地产、金融、商贸服务、住宿餐饮、信息咨询等服务业发展势头良好，各领域建设均取得实质性进展。海东市第三产业快速发展，2015 年第三产业增加值达到 138.3 亿元，年均增长 11.1%。

3. 城市交通运输及基础设施

海东市交通发达，青藏铁路、109 国道和丹拉高速公路穿境而过，海东市委、市政府驻地距曹家堡机场7 公里，距省会西宁 32 公里，距兰州 200 公里，是全省交通主干线最发达地区之一。移动通信业务、互联网络及电子政务快速发展，移动信号已经覆盖全市所有行政村，宽带互联网已经延伸至乡镇一级。

由于海东市是新建城市，因此城市基础设施呈现出高起点规划、高水平设计、高质量建设的特点。核心区路网、水网、通信网等主骨架全面拉开，重点工程建设正在快速推进，市政公用设施条件持续改善，人居环境质量得到不断提高。

六、新兴城市——玉树市

1. 城市概况

（1）发展历史

玉树系藏语音译，其含义为“遗址”。相传玉树族第一代头人肯布那钦初建部落的地区是格萨尔王妃珠姆的诞生地，故而命部落名为玉树。玉树市原属于玉树藏族自治州所辖的六县之一。2013 年 10 月经国务院批准，同意玉树县撤县设市，玉树市正式挂牌成立。至此青海省玉树市成为中国三江源地区人口最稠密、最具现代化气息的城市。

目前玉树市总面积为 1. 57 万平方公里，约 12 万人，其中 93% 的人口为藏族，现辖 2 个镇 5 乡 4 个街道办事处。2015 年玉树市的农牧民人均可支配收入为 2506. 45 元。

玉树市的地质构造复杂，有些学者认为玉树市地质构造的特殊性是研究青藏高原隆升和打开地球动力学奥秘的一把“金钥匙”，亦称“天然实验室”。

（2）地理区位

玉树市位于青藏高原腹地，地处玉树藏族自治州东部，与西藏昌都专区接壤，与四川省甘孜州相望，平均海拔 4493. 4 米，东西最宽 189. 5 公里，南北最长 194. 3 公里。属典型的高原性气候，无四季之分，只有冷暖两季之别，冷季长达 7 至 8 个月。降水集中、雨热同期；冷季多大风沙暴、暖季多雷雨冰雹，霜冻频繁。空气中氧的含量仅为海平面的 1/2 ~ 2/3。光照丰富、辐射强烈。

（3）资源特征

矿产资源主要有金矿、铜矿、石膏矿以及其他多金属矿藏，均未被开采，极具开发潜力。

水源丰富，河流密布，水质良好，分外流河和内流河，外流河又分长江和澜沧江水系。内流水系极少，河流短，多流入小湖泊。河水由雨水、冰水、雪水补给。地下水资源主要是山前洪积扇和河谷冲积平原上的潜水。玉树市境内水利资源十分丰富，河床落差大，理论蕴藏量大。目前探明的水力理论蕴藏量 308 万千瓦，可供开发水力资源 49. 27 万千瓦，可发电 25. 55 亿千瓦。

玉树市出产的冬虫夏草、知母、贝母、鹿茸、麝香、大黄、羌活等中药材驰名中外，白菌、真菌（藏语“色雪”）被誉为“菌中之王”；人参果、红景天、雪莲花等野生植物产量极高，其食用、药用价值广为人知。野生动物种类繁多，有兽类 31 种、鸟类 73 种，属国家保护动物 16 种，其中金钱豹、棕熊、白马鸡、黑颈鹤、藏雪鸡等珍禽异兽世界稀有。

玉树市是青海省主要畜牧产品基地之一，农牧业是全市国民经济的基础产业，可利用草地面积 2023. 44 万公顷，主要类型有草甸草场、草原草场沼泽草场、荒漠草场、森林草场等，适宜放牧牛、绵羊、山羊等。在畜产品资源开发、加工和利用方面具有较大的潜力。全市有耕地 5. 4 万亩；农作物品种主要有青稞、小麦、油菜、马铃薯、豌豆等。

玉树市旅游资源丰富，新寨玛尼石堆、格萨尔文化广场、晒经台、藏娘佛塔及桑周寺、热水沟、当卡寺、隆宝滩自然保护区、结古寺等都是著名的旅游景点。隆宝滩草甸沼泽地（长 10 公里，宽 3 公里）是国家一级保护珍禽黑颈鹤的栖息地，为国家自然保护区。著名的文成公主庙，是一座既有唐代艺术风格又有藏式平顶建筑特点的古式建筑，属于省级文物保护单位之一。新寨村的玛尼石堆，建于 1715 年，奠基人为结古寺的一世嘉那活佛宗求帕文。玛尼堆，藏语称“多崩”，意为“10 万经石”，长 80 余米、高 5 米、宽 70 余米，为一大人文景观。藏娘佛塔及桑周寺有很高的古建筑文物价值，而且保存和收藏有一批非常珍贵的宗教、历史文物。藏娘佛塔与尼泊尔的巴耶塔、西藏的白居塔共称为世界著名的三座藏传佛教佛塔。每年的 7、8 月份，玉树草原牧草繁盛，一片粉绿，到处盛开着一束束、一簇簇姹紫嫣红、灿若云霞的野花，以大型歌舞表演、赛马和物资交流为主要内容的康巴艺术节拉开了帷幕。

2. 经济增长特征

玉树市地处青藏高原东部，气候寒冷，年温差小，日温差大，因此玉树市是一个以牧为主、农牧结合的半农半牧市，主产牦牛、犏牛、绵羊和小麦、青稞、马铃薯等。

2015 年玉树市农作物种植 3. 29 万亩，恢复撂荒地 4200 亩，完成饲草料种植 3. 3 万亩，其中巴塘饲草料基地达 3500 亩，成为玉树州最大的集中连片饲草料种植基地。2015 年农作物总产量 4813. 7 吨，其中蔬菜产量 3416. 5 吨，肉类产量 11178 吨，完成生态畜牧业总产值 4. 31 亿元。2015 年接待游客 35. 07 万人次，同比增长 83. 7%，实现旅游收入 1. 75 亿元。

第三节 青海新型城镇化发展思路

一、影响青海新型城镇化进程的主要因素

一个地区城镇化进程与该地区的自然地理条件、经济发展条件、人文历史状况等密切相关，综合分析制约青海省新型城镇化发展的主要有以下因素。

1. 恶劣的自然地理条件

国内外城镇化发展历程表明，城市带或者城市群的发展大都是沿海、沿湖、沿大江大河而最终形成的。青海省内沟壑纵横，地貌起伏剧烈，形成具有青海特点的川水、浅山和脑山的自然地理区划，而青藏高原也是世界上海拔最高、面积最大而又最年轻的高原，号称“世界屋脊”。这里平均海拔超过 3500 米以上，气候条件以高寒、干旱为主，宜居的地方不多。自然环境的先天不足和恶劣一直是困扰青海省城镇化发展的一个最显著的条件。

由于地处青藏高原地区，青海省的多数城镇都建在高海拔地区（如表 6－6 所示）。

表 6－6 青海省主要市县（城所在地）海拔高度 单位：米

市县名称	海拔高度	市县名称	海拔高度	市县名称	海拔高度	市县名称	海拔高度	市县名称	海拔高度
西宁市	2250	循化县	1860	贵南县	3100	甘德县	4020	曲麻莱县	4223
大通县	2720	海晏县	3000	龙羊峡	2653	达日县	3970	德令哈市	2980
湟中县	2645	门源县	2880	同仁县	2480	久治县	3628	格尔木市	2850
湟源县	2666	祁连县	2810	尖扎县	1990	玛多县	4300	乌兰县	2960
平安区	2114	刚察县	3300	泽库县	3660	玉树县	3710	都兰县	3180
民和县	1800	共和县	2880	河南县	3510	杂多县	4080	天峻县	3408
乐都区	2000	同德县	2980	李家峡	2060	称多县	3825	大柴旦	3176
互助县	2520	贵德县	2205	玛沁县	3730	治多县	4193	冷湖	2755
化隆县	2848	兴海县	3306	班玛县	3560	囊谦县	3660	茫崖	2940

资料来源：青海省统计年鉴

青海的自然地理环境底蕴，不仅决定了地域经济类型和地域文化单元，而且影响城镇分布的基本区位指向和人居环境模式。青海省大致海拔2600米以下为农业区，2600～3000米为农牧交错区，3000米以上为游牧区。农业区和农牧交错区大部分位于河谷地带和山麓地带，这里生存条件相对较好，又是汉民族和少数民族杂居、交流最活跃的地区，因而成为城镇的主要分布区。历史上河湟谷地不同程度地产生了各类城镇。3000米以上的游牧区，则较难形成达到一定规模的人口定居点。就区域城镇体系而言，由于高大山地的天然阻隔和跨度很大的空间约束，造成了青海省城镇体系空间结构的离散性，城镇的多方面功能和作用难以得到发挥。

2. 较低的社会经济发展水平

经济发展与城镇化之间存在着一种“双向互促共进关系”，即经济的快速增长将会提升居民的收入水平，提高居民对产品及劳务的消费能力，提供更多的就业岗位，从而会吸引城镇化过程中转移的富余劳动力向城镇流动，加快城镇化的步伐。同样，城镇化的发展也会促进当地经济发展。

2000—2015年，青海省人均GDP从5138元增加到41252元，人均GDP年均增长18.2%，其中城镇居民人均可支配收入从5170元增加到24542元，农村居民人均纯收入从1490元增加到7933元；工业增加值从78.8亿元增加到1207.31亿元，城镇化率从34.76%增长到50.52%，随着青海省经济建设的加快，城镇化步伐也呈现快速提高的态势。但由于青海省经济基础薄弱、经济总量规模小（多年来青海省经济总量一直处于全国倒数第二，仅高于西藏）、居民收入水平偏低依然是青海经济的基本特征，制约了青海城镇化发展（如表6-7所示）。由于青海省的经济水平和西北五省区及全国相比不论从总量还是人均分析，都一直处于低水平，使得支撑青海城镇发展的内在动力严重不足。

表6-7 2013—2015年全国、西北五省区人均GDP对比 单位：元

省区	2013年人均GDP（排名）	2014年人均GDP（排名）	2015年人均GDP（排名）
全国	41907.00	46531	49228
陕西	42752.00（1）	46998（1）	48700（1）
甘肃	24668.15（5）	36473（5）	26600（5）
青海	35491.06（4）	39812（4）	41251（4）
宁夏	40173.67（2）	42081（2）	46200（2）
新疆	38113.92（3）	40919（3）	42700（3）

资料来源：青海省统计局网

3. 独特的生态问题

青藏高原是全球相对特殊的区域，高原生态环境具有独特性、原始性、脆弱性的特点。青海省国土面积为72万平方公里，国土空间大，占全国总面积的1/13，但适宜开发面积小，生态价值空间大。与其他地区相比，青海省的"生态源区"功能十分突出，是我国长江、黄河的发源地。长江流域（南方）和黄河流域（北方）几乎占据了我国国土面积的一半，而且是我国人口和产业相对密集的精华地带。青海省的生态环境与整个流域的生态环境存在着唇齿相依的关系，青海省城镇的发展必然要受到生态承载能力和全球生态保护的制约。

4. 文化的多样性、民族构成的复杂性

青海省是我国儒家文化、道教文化、伊斯兰文化、藏传佛教文化的交汇复合地带，信教人数多，宗教场所多，文物古迹多。由于历史、社会、自然等因素，民族集聚地区经济文化落后，已成为社会经济发展的难点之一。从民族构成的复杂度看，青海省独特的地域环境和民族发展史使青海省具有包括藏、回、蒙古、土、撒拉、保安、东乡、汉等多民族在内的民族区域特色，形成了多种民族文化因素互相联系与制约的地域文化系统，2015年青海省总人口为588.43万人，其中少数民族为280.74万人，占总人口比重达到47.7%。城镇化的快速推进带来了人口的大规模转移和流动，众多少数民族人口的流动不仅面临因城乡文化差异带来的城市适应问题，还要克服民族文化差异带来的就业和文化适应问题，这些民族问题将会严重阻碍他们的市民化进程。在这种文化地域综合体特征下如何开发建设具有青海省民族经济社会特征的现代化、国际化、特色化的城镇将会是今后青海省城镇化推进过程中面临的一个重要难题。

二、"十三五"时期青海新型城镇化发展思路

1. 青海省经济区域的形成过程

由于受特定历史条件对所处发展阶段及省情认识程度的限制，青海省区域划分出现多次变化和调整。"九五"时期，青海省委省政府提出了"开发一线、带动一翼、稳定发展青南"的区域发展战略，把全省划分为西宁经济区、东部经济区、柴达木经济区、环湖经济区和青南经济区五大区域；"十五"时期，又进一步提出了遵循"因地制宜、分类指导、重点突破、构筑特色"的原则，把全省划分为东部综合经济区、柴达木开发区和三江源生态经济区三大区域；"十一五"时期，提出了重点发展东部地区和柴达木地区，适度发展环青海湖地区，保护和治理三江源地区，逐步形成经济与人口、资源环境相协调的发展格局；2007年，青海省委省政府结合青海发展的客观实际，明确提出了"四区两带一

线”分工合理、各具特色、优势互补、良性互动的区域协调发展新格局的重大战略思想，即东部地区、柴达木地区、环青海湖地区、三江源地区和沿黄河发展带、沿湟水河发展带及兰青—青藏铁路发展轴线的区域格局。总的来看，随着几次对青海省经济区域划分的变动，青海区域划分和演进已经突破了原有单一的地理划分，逐渐形成由地理空间的叠加与经济社会维度相互交织的综合区域划分，特别是随区域开发程度的加深，区域综合功能日益增强，“四区两带一线”发展战略的提出和实施，必将对青海省今后的经济社会发展及城镇化的推进产生积极而深远的影响①。

东部地区，包括西宁市4区3县、海东市2区4县以及贵德、同仁、尖扎县，共16个县（区、市）、67个小城镇，面积3.04万平方公里。该地区位于青海省东部黄河、湟水河流域，是历史悠久的农业区，也是青海主要的城镇群和重要的经济发展功能区。

柴达木地区，包括海西州格尔木、德令哈2市和乌兰、都兰、冷湖、大柴旦、茫崖5县（行委），18个小城镇，面积24.22万平方公里。该地区盐湖、石油天然气、有色金属、非金属矿产、太阳能、风能资源丰富，是国家级循环经济试验区和全国重要的盐化工基地。

环青海湖地区，包括海北州的祁连、刚察、海晏、门源，海南州的共和、贵南，海西州的天峻，共7县，18个小城镇，面积8.58万平方公里。该地区生态地位十分突出，是阻挡西部、西北荒漠化向东部蔓延的天然屏障，是黑河、大通河、湟水河和青海湖的源头地区，青海湖国家级自然保护区是我国七大国际重要湿地之一。

三江源地区，包括玉树州的玉树、杂多、称多、治多、囊谦、曲麻莱，果洛州的玛沁、班玛、甘德、达日、久治、玛多，海南州的同德、兴海，黄南州的泽库、河南，共16个县（市）及格尔木市唐古拉山镇，32个小城镇，面积30.25万平方公里。三江源地区是全国重要的生态安全屏障和生态功能区，也是全省人口密度最小的地区。

沿黄河发展带是指黄河干流沿岸区域，涉及玉树州的曲麻莱，果洛州的玛沁、玛多、达日、甘德、久治，海南州的共和、贵德、兴海、同德、贵南，黄南州的同仁、河南、泽库、尖扎，海东市的循化、化隆、民和，共18个县（市）。

沿湟水发展带是指湟水河及其一级支流区域，涉及西宁市四区三县、海东市民和县、乐都区、平安区、互助县和海北州海晏县，共12个县（区）。

---

① 李勇等：《青海科学发展之路研究》，青海人民出版社，2013，第99页。

兰青、青藏铁路发展轴线，涉及西宁市四区三县、海东市民和县、乐都区、平安区、互助县和海北州海晏县、刚察县和海西州天峻县、乌兰县、德令哈市、格尔木市、大柴旦行委，共18个县（市、区行、委）。

在“四区两带一线”的区域发展格局的指引下，2013年青海省分区域城镇化发展水平情况良好（如表6－8所示）。

表6－8　2013年青海分区域城镇化发展现状

名称	城镇人口（万人）	城镇化率（%）
东部地区	206	52
柴达木地区	33	70
环青海湖地区	18	33
三江源地区	23	27
合计	280	48.5

2. 青海新型城镇化发展思路

（1）形成城镇体系新布局

实施《青海省城镇体系规划》，着力推进东部城市群快速发展，强化西宁中心城市集聚辐射带动作用，支持打造“一芯双城七片区”城市发展新格局，加强海东副中心城市建设，基本形成多层次城镇体系。壮大格尔木、德令哈、玉树区域性城市，充分发挥其在全省城镇化格局中的重要支撑作用。积极培育8个新兴城市，着力将共和、同仁、贵德、海晏、玛沁等具有先行优势的5个县积极培育成新兴城市；稳妥推进门源、民和、互助等3个民族自治县规划、建设、管理向城市体制转变，适时撤县建市。推进海西西部三行委行政区划管理体制改革。依照《青海省新型城镇化规划》，继续在交通沿线和人口集中地区再打造48个宜居宜业的综合服务型、工业服务型、交通物流型、文化旅游型、商贸服务型和农牧业服务型美丽城镇。

（2）加强城镇基础设施建设

以完善城镇功能为目标，实施一批市政道路、停车场、供水排水、供气供热、污水垃圾处理等工程，积极推进地下管廊、“海绵城市”示范工程，有效提升城市综合承载力。完成城镇棚户区、国有工矿棚户区、城中村和旧城改造。创建公交城市，完善交通设施布局，建设公交专用道、综合换乘枢纽，建立快捷的城市公共交通体系，提高交通出行便捷性、舒适性。实施西宁畅通工程，开工建设西宁城轨一号线，加快构建“外成环、内成网”的路网体系。建设自行车道、步行道等城镇慢行系统，保障慢行路权。积极推动电动汽车充电基础设施建设。安排与周边省区交界区域的城镇加快基础设施建设，完善服务功能。

（3）推进农牧业转移人口市民化

把促进有能力在城镇稳定就业和生活的农牧业人口有序实现市民化作为首要任务。加快户籍制度改革和居住证制度双落地，建立健全“人地钱”三挂钩机制。统筹解决好农牧业转移人口户籍转换问题，取消城镇、农村的户口性质区别，放开建制镇和小城市落户限制，进一步放宽西宁市落户限制。全面推行居住证制度，基本实现公共服务常住人口全覆盖。健全财政转移支付同农牧业转移人口市民化挂钩机制，完善城镇建设用地增加与农村建设用地减少挂钩机制。建立产权确认登记制度，维护进城农牧民土地承包权、林地承包权、宅基地使用权和集体收益分配权，支持引导其依法自愿有偿转让上述权益。加强县城配套基础设施建设，为进入城镇打工或居住的农牧民创造必要的生活条件；提高建制镇自我发展能力，因地制宜培育壮大吸纳就业能力强的产业，让进城农民工稳定就业。大力推进转移人口“员工融入企业、子女融入学校、家庭融入社区、群体融入社会”的四融合工程。创新人口管理，实行在居住地注册并随居住地变动迁移的户口登记政策，加快建立以居民身份证号码为唯一标识，依法记录、查询和评估人口相关信息的制度。继续抓好新型城镇化试点。

（4）提升城镇品质

推进智慧城市[①]建设。以网络宽带化和应用智能化为核心，推动信息技术与城市发展全面深度融合，加快摄像、红外、激光等传感设备的普及应用，健全和完善城镇智能信息技术管理数据库，提高城镇信息化、智能化水平。注重人文城镇建设。把文化软实力作为推动城镇化的重要支撑，提倡城镇形态多样性，加强河湟文化发掘和历史文化名城保护，推动传统文化元素融入现代城市建设，结合老城区改造，留住城镇的人文特色和历史记忆。加强绿色宜居城镇建设。坚持生态建设与城镇建设同步推进，将环境容量和综合承载力作为确定城市规模的基本依据，以构筑城镇生态廊、带为重点，全力推进城镇公园、城镇绿地、城乡林带、荒山绿化等建设，着力扩大城镇生态空间和环境容量，形成以城镇绿肺、绿心、绿岛为主体的绿地系统，构筑起环城绿圈。在海拔较高的重点城

---

① 智慧城市：就是运用信息和通信技术手段感测、分析、整合城市运行核心系统的各项关键信息，从而对包括民生、环保、公共安全、城市服务、工商业活动在内的各种需求做出智能响应。其实质是利用先进的信息技术，实现城市智慧式管理和运行，进而为城市中的人创造更美好的生活，促进城市的和谐、可持续成长。

镇建设一批科技生态园，改善人居环境，努力建设人与人、人与自然和谐相处的美丽家园。城镇建成区绿化覆盖率达到28%。

（5）提高城镇规划建设管理水平

强化城镇规划的科学性、权威性、严肃性，发挥好调控、引领和约束作用。控制城镇开发强度，划定水体保护线、绿地系统线、基础设施建设控制线、历史文化保护线、永久基本农田和生态保护红线①，防止“摊大饼”式扩张，推动形成绿色低碳的城镇建设运营模式。根据发展需求，加强城市新区规划建设，完善城市功能，促进产城融合，拓展城市发展空间。加快建设智能化交通系统，建成智能化交通管理体系。创新市政公用事业投资、管理和运营体制，积极推进市政公用事业改革，进一步提高服务水平。推进城镇管理改革创新，推行市县两级政府规划建设管理部门综合执法，推动管理重心下移，强化社区管理。合理布局公共基础设施，使养老、健身、卫生等公共基础设施服务延伸到社区。科学确定城镇开发强度，推动城镇化发展由外延扩张式向内涵提升式转变。

表6－9　新型城镇化建设重大工程

工程名称	工程内容
转移人口城镇化工程	建立转移人口成本分担机制，配套建设基本公共服务设施
东部城市群基础设施工程	西宁市外环内网及市政道路建设项目，海东市核心区道路建设项目，东部城市群公共交通一体化建设项目，公共停车场、绿色出行等项目
新兴城市培育	共和、同仁、贵德、海晏、玛沁、门源、民和、互助等8个新兴城市基础设施建设
美丽城镇	完成48个美丽城镇建设
美丽乡村	完成1500个高原美丽乡村建设
地下管网	以重点城市、城市新区、各类园区、成片开发区域为重点，结合旧城更新和地下空间开发，开工建设干线、支线综合管廊；实施城镇供水、燃气、供热等地下管网改造
海绵城市建设项目	实施道路广场、公同绿地、河湖水体等雨水收集、净化和利用工程，提高城镇排水防涝、雨污分流、雨水调蓄能力

① 生态保护红线的实质是生态环境安全的底线。其可划分为生态功能保障基线、环境质量安全底线、自然资源利用上线。

第七章　青海商贸物流经济

【学习目标】

1. 掌握青海省商贸业发展状况
2. 掌握青海对外贸易的基本情况
3. 重点掌握青海现代物流业的发展方向
4. 了解青海曹家堡保税物流中心（B型）

第一节　青海省商贸流通业

一、发展商贸业的重要性

改革开放初期，我国除有“无工不富”的说法以外，还有“无商不活”的说法，其实质是说商贸流通业在区域经济发展中的重要作用不可或缺。英国经济学家、统计学家科林·克拉克曾将各种社会经济活动形象地比作一棵大树：第一产业如同庞大的树根，深入土地吸收最原始的和最基本的营养；第二产业如同粗壮的树干，支撑着整棵大树，代表着树的规模和水平；第三产业则如同茂密的树叶，使大树显得繁荣、富有活力和吸引力①。

商贸流通业的发展是开拓市场、扩大需求、促进消费、拉动经济增长的重要引擎。大力发展商贸流通服务业，对于加快实现经济方式转变、做大做强城市经济规模、促进城乡繁荣与和谐、保障市场安全、增加社会就业、维护社会稳定具有十分重要的作用。

---

① 孙久文，叶裕民：《区域经济学教程》，中国人民大学出版社，2003，第78页。

二、青海省商贸流通业发展概况

1. 商贸流通业基本特征

（1）社会消费品零售总额

社会消费品零售总额指国民经济各行业直接售给城乡居民和社会集团的消费品总额。它是反映各行业通过多种商品流通渠道向居民和社会集团供应的生活消费品总量，是研究国内零售市场变动情况、反映经济景气程度的重要指标①。

近30年来，青海社会消费品零售总额呈现持续上升趋势。1986年，青海社会消费品零售总额为19.02亿元，2014年上升至614.6亿元，是1986年的32.31倍。由图7-1可见，2004年同1986年和1994年相比，青海社会消费品批发和零售总额大幅上升，2004年分别是1986年和1994年的7.42倍、2.37倍；此后是逐渐继续递增，至2014年，社会消费品零售总额是2004年的4.35倍，同比增长13%，高于全国平均增速（增长12%）1个百分点，增幅在全国31个省（区市）中排名第2位，人均消费突破万元。

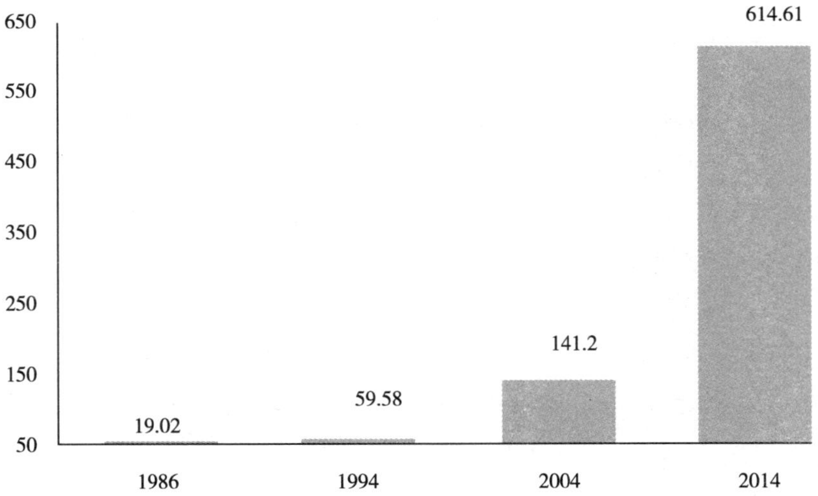

图7-1　青海主要年份社会消费品零售总额（亿元）

资料来源：《青海统计年鉴2015》

（2）社会消费品销售的行业差别

由表7-1可见，在青海全部社会消费品贸易总额中，批零贸易总额占有很

① 《青海统计年鉴2015》，第十七章，主要统计指标解释。

大的比重，1994 年为 74.28%，其他年份都在 81% 以上，且历年占有比重基本平稳。住宿餐饮也呈现发展上升的趋势，但是所占比重仍然偏小，1986 年为 4.9%，2014 年上升到 7.25%。其他行业所占比重除 1994 年最高达到 18.26%，基本呈逐年下降趋势。批零贸易业涉及面很广，其占有较大比重合乎实际，也是必然的。而住宿餐饮比重小，并非完全因为行业小、涉及面窄，而与青海对外开放程度较低、季节性强、经营成本不断增加、流动人口较少有一定关系。

表 7－1 青海社会消费品贸易的不同行业构成

年份	社会消费品零售总额（亿元）	行业（亿元）			构成		
		批零贸易	住宿餐饮	其他行业	批零贸易	住宿餐饮	其他行业
1986	19.02	16.26	0.9349	1.8170	85.48%	4.9%	9.55%
1994	59.58	44.26	4.44	10.88	74.28%	7.45%	18.26%
2004	141.20	115.40	22.14	3.66	81.72%	15.67%	2.59%
2014	620.83	568.13	45.04	—	91.51%	7.25%	—

资料来源：《青海统计年鉴 2010》，青海省 2015 年国民经济和社会发展统计公报（统计年鉴只有总额，为国家统计局最终核定数。因国家不调整分项数，导致分项相加与总额不符）

（3）社会消费品销售的地区差别

从销售地区构成来说，城市区域的社会消费品批发零售总额占有较大比重，基本在 50% 以上。县级及县级以下地区社会消费品批发零售总额，占整个社会消费品批发零售总额的比重较小（如表 7－2 所示）。市、县、县以下三级商贸业的差距表明，城市区域商业的拉动作用强，县及县以下商业今后还有发展的空间。

表 7－2 青海分级层社会消费品批发零售总额

年份	社会消费品零售总额（亿元）	销售地区（亿元）			构成		
		市	县	县以下	市	县	县以下
1986	19.02	9.17	6.54	3.30	48.21%	34.38%	17.35%
1994	59.58	34.34	16.70	8.54	57.63%	28.02%	14.33%
2004	141.20	91.57	33.53	16.10	64.85%	23.74%	11.4%
2014	620.83	383.77	150.32	80.52	62.44%	24.26%	13.1%

资料来源：《青海统计年鉴 2010》，青海省 2015 年国民经济和社会发展统计公报（统计年鉴只有总额，为国家统计局最终核定数。因国家不调整分项数，导致分项相加与总额不符）

2. 商贸流通业存在问题

（1）商贸流通业区域发展不平衡

由图 7－2 可见，2014 年全省社会消费品零售总额中西宁市、海东市和海西州的占比最大，共占全省社会消费品零售总额的 90.84%，果洛占比最小，仅为 0.76%。西宁市、海东市和海西州商贸流通业设施相对比较完善，大型商品交易市场、农产品市场、大型百货商店、综合超市集中在城市中心，方便了城市居民的购物消费，而其他地区流通业发展相对滞后，商贸流通业空间布局的不平衡，导致了局部区域过于密集，过多的同类流通企业追逐着有限的需求，竞争更趋激烈，而偏远地区由于缺少商业网点、基础设施和所需的服务，消费需求不能得到满足。

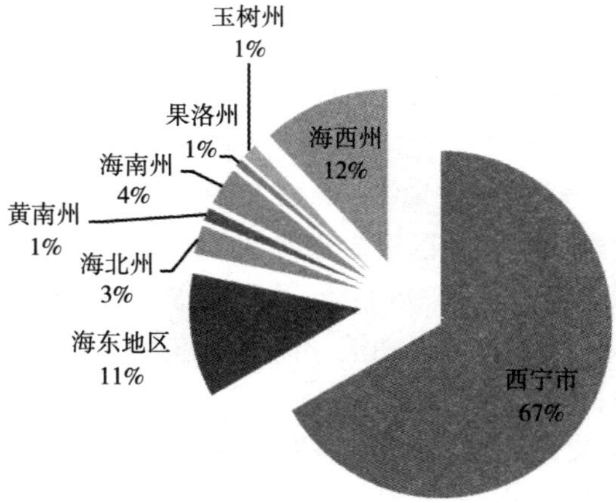

图 7－2　社会消费品零售额占比

资料来源：《青海统计年鉴 2015》

（2）农牧区流通体系不健全

近几年来，随着“万村千乡市场工程”的实施，农牧区的消费环境得到初步改善。但由于缺乏规划的引导及资金的支持，青海农牧区商业网点的业态大多以传统的夫妻店、杂货铺、代销店为主，原有的供销社网点投入不足，设施陈旧，农牧区商业网点少、业态单一。加之，农村市场消费者居住分散，消费水平低，交通不便，发展农牧区连锁经营的市场成本较高，致使大型商贸企业开拓农牧区市场的积极性不高，影响了农村市场的拓展和消费潜力的提升。

（3）缺乏大规模的仓储、货运基地

规模的不断扩大，需要与其配套的产业服务能力的提升。而目前，青海与产业配套的商贸流通业发展相对滞后，设施老化、物流工具和管理手段落后，服务水平不高，与产业发展匹配程度差，缺乏集仓储中心、配送中心、货运中心、信息网络中心、营销策划中心等多项功能于一体的综合物流设施。自2009年起青海开始依据国家标准开展A级物流企业综合评估工作，截至2014年底，仅有13家企业进入A级物流企业行列，其中，4A级6家、3A级5家、2A级2家。

（4）商贸流通从业人员流动性大，劳动力呈现结构性紧缺

受全国用工紧缺的影响，青海商贸流通业企业也出现招工难的现象，其中餐饮业尤为突出。虽然近年各商贸企业提高了员工工资水平和福利待遇，但依然留不住人，一些员工刚参加企业的培训就跳槽到了另一个企业，企业从业人员流动性的加快，增加了企业的经营成本，影响了企业服务质量的提高，给企业持续发展带来了很大挑战。

（5）市场集中度和信息化水平较低

青海商贸流通业经营规模普遍较小，全省限额批发零售、住宿餐饮业实现消费品零售额只占到全部的40%，资金与技术的因素制约了本土流通企业的规模扩张，经营规模小，难以形成辐射带动作用。由于企业规模小，流通信息化技术的应用起步较慢，POS系统、MIS系统还没有普遍应用，一些便利店的POS机也仅仅发挥着打印机功能，而整体信息化管理未得到发挥，制约了流通现代化的进程。

（6）连锁经营水平不高，零售业态发展不平衡

西部大开发以来，青海的商贸流通业得到了较快发展，连锁经营步伐明显加快，但流通业中传统的经营方式、业态仍居主导地位，大型专业店等新兴业态所占比例较小，折扣店、仓储式会员店等新型业态发展缓慢，餐饮、中介服务行业及广大农村牧区连锁经营更加薄弱。经营规模和连锁化程度明显低于全国水平，使本土流通企业参与市场的竞争力不高。

三、青海省商贸业新趋势

1. 商贸业发展新趋势

当前青海商贸业发展的主要趋势是：批零住餐企业规模逐步扩大；非公有制商业比重持续增加；城乡差距仍然较大；电商平台建设步伐加快，网络消费大幅提升。

（1）全省批零住餐企业规模不断扩大

青海省第三次全国经济普查结果显示：法人单位快速增长，全省共有批发和零售企业法人单位5312个，比上次经济普查时增长90.3%，年均增长

13.7%；住宿和餐饮企业法人单位734个，比上次经济普查时增长46.2%，年均增长7.9%。资产规模在成倍增长，批发和零售业企业法人单位资产总计1702.5亿元，比上次经济普查时增长6.7倍，住宿和餐饮业企业法人单位资产总计77.6亿元，比上次经济普查时增长1.8倍。从业人员大幅增加，批发和零售业从业人员78365人，比上次经济普查时增长68.2%，年均增长11%；住宿和餐饮业企业从业人员23799人，比上次经济普查时增长19.0%，年均增长3.5%。随着第三产业的快速发展，批零住餐业吸纳了大量的劳动力，促进了发展。

（2）城乡消费有差距，但差距逐年减小

由表7-3可见，2011—2014年农村社会消费品零售额绝对数持续增加，但零售额占城乡销售总额的比重变化微小，只占13%左右，城镇社会消费品零售额占比则保持在87%左右，说明城乡差距客观存在。但是，青海城市市场实现社会消费品零售总额同比增长幅度分别为17.42%、16.7%、13.54%、13.13%；而农村社会消费品零售总额同比增长幅度分别为14.38%、12.64%、20.64%、11.85%，说明城镇增幅和农村增幅差距正在缩小，农村社会消费水平呈现波浪式上升。

表7-3　青海城乡社会消费品零售总额占比、增长比较

年份	总额	城镇市场（亿元）	占比	增幅	农村市场（亿元）	占比	增幅
2011	410.51	357.44	87.07%	17.42%	53.07	12.92%	14.38%
2012	480.25	420.11	87.47%	16.7%	60.14	12.52%	12.64%
2013	549.58	477.03	86.79%	13.54%	72.55	13.2%	20.64%
2014	620.83	539.68	86.92%	13.13%	81.15	13.07%	11.85%

资料来源：《青海统计年鉴2015》

（3）电商平台建设步伐加快，网络消费大幅提升

世界电子商务大会对电子商务的权威定义是：电子商务（Electronic Commerce），指实现整个贸易活动的电子化。它涵盖的范围可以定义为：交易的各方以电子贸易的方式，而不是通过当面交换或直接面谈方式进行的任何形式的商业交易活动。从技术方面可以定义为：电子商务是一种多技术应用的集合体，包括交换数据（如电子数据交换EDl，电子邮件E-mail）、获得数据（如共享数据库、电子公告牌BBS）以及自动捕获数据（如条形码、IC卡应用等）。

电子商务市场对我国经济发展起着重要的推动作用，《国民经济和社会发展“十二五”规划纲要》中明确提出要积极发展电子商务，电子商务平台在互联网经济中迸发出巨大发展潜力。2014 年，我省加快推进电子商务建设，40 多家省内外电商企业入驻朝阳国家电子商务示范基地，建成规模较大的电商平台 20 余家，“青海过日子网”“大美易购网”“京东商城中国特产·青海馆”、“1 号店特产中国·海南州馆”等网络购物平台投入运营。“双十一”网络购物节省内主要电商平台及依托第三方电商平台的网络销售额达到 2113 万元。全年全省实现电子商务交易额 264.06 亿元，同比增长 39.6%，网络零售额 73.96 亿元，同比增长 80.8%，相当于全省社会消费品零售总额的 12%。

2. 消费市场新特点

（1）城乡居民收入增长，消费品市场发育前提条件变好

人民群众收入水平持续提高，是消费品市场得以发展的前提条件。由图 7－3可见，1984—2013 年，青海城镇居民可支配收入和农民人均纯收入均在持续增长，其中城镇居民人均可支配收入增长了 28 倍，农民纯收入增长了 22 倍。这种双增长趋势正是青海消费品市场发展的良好前提条件。

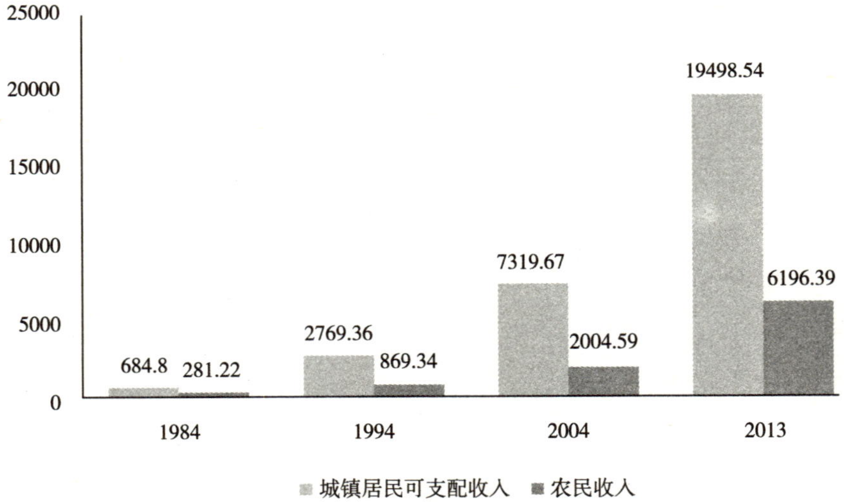

图 7－3　青海城镇居民可支配收入和农民纯收入（元/人）

资料来源：《青海统计年鉴 2015》

（2）消费品市场规模逐步扩大

城乡居民消费需求稳步增加，必然拉动消费市场规模扩大。图 7－4 显示，1984—2013 年，青海城乡居民生活消费支出也呈现双增长的趋势，其中城镇居民生活消费支出增长了 23 倍，农民生活消费支出增长了 30 倍。因此，

生活消费品市场也在持续扩大。可以预见，今后随着人民收入和生活水平的提高，市场规模还会快速发展。

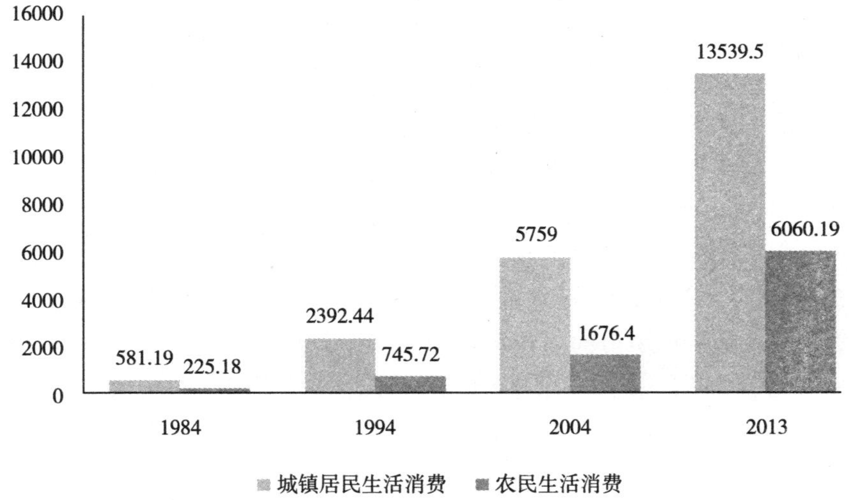

图7－4　青海城乡居民生活消费支出（元/人）

资料来源：《青海统计年鉴2015》

四、今后发展方向和对策建议

1. 构建现代流通业发展新格局

贯彻落实《青海省加快流通业发展的政策措施》，构建多中心的流通网络体系，流通布局向多级化格局发展，形成省级—市区—区级—社区四级流通网络体系。协调商业空间和其他空间的关系，要协调好为生活服务和为生产服务的关系、大型商业设施建设和中小型商店发展的关系、商业设施的新建和改造关系、不同行业业态规模和设施的关系。要协调好城市商业空间和城市居住空间、旅游空间、工业空间的关系，特别是做好商业空间和旅游空间的互补关系，商业空间和居住空间的依托关系，商业空间和社会空间、生态空间的协调性关系。

2. 完善农村商贸流通体系

要把农牧区基础设施建设、农牧区流通网络完善、农牧区流通体系构建作为一项系统工程重点予以强化。要从城乡一体化和建立畅销体系的角度重新考虑商业资源的合理配置，鼓励商贸、服务体系突破城乡、所有制和主管部门的界限向农牧区多渠道延伸。渗透、设立以连锁经营等为主要内容的现代商业网点，加快农牧区商品化、市场化、现代化进程。进一步加快农牧冷链物流配送系统建设，完善农牧产品流通体系，提高流通效率，降低流通成本，更好地促进农牧民增收，启动农牧区消费市场。

3. 提高商贸流通业现代化水平

加速建设现代物流配送体系。目前，我省大多数连锁企业尚无独立的配送中心，即使有些企业有，但规模较小，技术落后，自动化水平和配送比例较低。物流配送是现代商贸流通业的重要组成部分，被称为“第三利润源”，配送的完善和快捷成为实现连锁经营的重要保证。

4. 利用新型城镇化机遇挖掘商贸潜力

党的十八大提出要牢牢把握扩大内需这一战略基点，培育一批拉动力强的消费增长点，增强消费对经济增长的促进作用。其中特别强调的加快城镇化发展战略，为中小城市的加快培育带来了千载难逢的机遇。随着青海城镇化水平的大幅上升，未来一段时间推进城镇化将是青海经济增长方式转化的主线，新型城镇化的思路将不再是钢筋水泥式的城市化，更强调商贸结构升级、信息化城市和智能化城市。

5. 推动电子商务创新发展

一是落实政策措施。贯彻落实《青海省加快电子商务发展政策措施》，充分发挥各市州政府、各部门的作用，加快形成全省商务发展的合力，加快电子商务公共服务平台和覆盖两市六州的电子商务服务体系建设。二是推动试点示范。加快青海省电子商务货源基地、产业基地、加工基地建设，完善朝阳国家电子商务示范基地功能配套，充分发挥示范基地在推动全省电子商务发展中的辐射带动、示范引领作用。三是深化电子商务应用。继续支持青海已上线电子商务，鼓励支持新平台的建设运营，推动电子商务在青海各领域的普及应用。

第二节 青海进出口贸易

一、青海省对外贸易基本情况

1. 对外贸易发展现状与特点

近些年，青海省对外贸易取得了较大的发展，但是在顺差的背后，却是大大低于东部发达地区的整体外贸竞争力水平和以资源劳动密集型产品为主的贸易结构。与一些外贸强省相比，青海外贸总体竞争力不强，市场份额较小，对经济的拉动作用有限。

（1）进出口总额

进出口总额是指实际进出我国国境的货物总金额。包括来料加工装配进出口货物，补偿贸易进出口、代售国外商品的进口，在国外寄售商品和样品、展览品、转口的进出口商品等①。

2014 年青海省实现进出口总值 105.6 亿元人民币，同比增长 21.5%，远高于同期全国 2.3% 的增速。其中，进口 36.3 亿元，增长 5.4%，而同期全国下降 0.6%；出口 69.3 亿元，增长 32.1%，远高于同期全国 4.9% 的增速；贸易顺差 33 亿元。

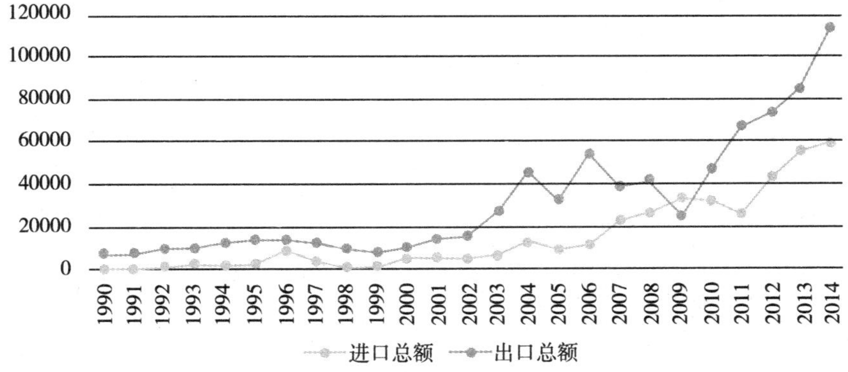

图 7－5　青海省进口总额、出口总额变动趋势

国务院于 1990 年底决定进一步深化外贸体制改革，并于 1991 年开始实施。这次改革使中国外经贸易管理体制更适应社会主义市场经济发展的要求，外贸企业自负盈亏使出口的发展摆脱了国家财政状况的制约，使中国外贸体制在自负盈亏方面取得突破性进展，更便于参与国际分工和国际交换，也更适应国际贸易规范的要求。此次深化外贸体制改革之后，中国外贸经营基本打破了“大锅饭”体制，外贸企业的经营机制发生了根本性的改变②。

回顾青海省从 1990 年至 2014 年进口和出口的增长过程，可以分为 4 个阶段：第一阶段，从 1990 年至 2002 年，青海省进口总额和出口总额相差不大，保持着较小的贸易顺差。第二阶段，从 2002 年至 2008 年，出口虽然波动较大，但是增速大于进口，贸易顺差逐渐拉大。第三阶段是 2009 年，青海省进口总额首次超过出口总额，出现了外贸逆差，但是逆差规模不大。第四阶段，从 2010 年至 2014 年，进口和出口都呈现出较大的增速，并且出口增速明显

① 《青海统计年鉴 2015》，第七章，主要统计指标解释。

② 韩玉军，周亚敏：《我国外贸体制的演进》，人民论坛，2009（30）。

快于进口，贸易顺差规模呈扩大趋势。稳步增长的对外贸易特别是顺差的扩大为实现全省经济增长目标做出了贡献（如表 7－4 所示）。

表 7－4　1990—2014 年青海进出口总额　（单位：万美元）

年度	进出口总额	出口额	进口额	差额
1990	7027	6805	222	6583
1991	7791	7552	240	7312
1992	10399	9043	1356	7687
1993	12442	10174	2268	7906
1994	14331	12350	1981	10369
1995	16226	13807	2419	11388
1996	22497	13480	9017	4463
1997	16476	12440	4036	8404
1998	11405	10431	974	9457
1999	10785	8686	2099	6587
2000	15973	11200	4773	6427
2001	20490	14913	5577	9336
2002	19671	15109	4562	10547
2003	33913	27387	6526	20861
2004	57551	45476	12075	33401
2005	41338	32324	9014	23310
2006	65175	53422	11752	41670
2007	61207	38591	22616	15975
2008	68847	41875	26972	14903
2009	58590	25099	33491	-8392
2010	78906	46630	32276	14354
2011	92382	66182	26199	39983
2012	116016	72984	43032	29952

（续表）

年度	进出口总额	出口额	进口额	差额
2013	140256	84726	55530	29196
2014	171896	112833	59063	53770

资料来源：1990—2013 年各年《青海统计年鉴》，国家统计局网站，2014 年青海省国民经济和社会发展统计公报

（2）贸易依存度

贸易依存度也称为贸易系数、贸易依存率，是指一定时期内一个国家或地区对外贸易总额与该国或地区国内生产总值的比值，反映了一国或地区对外贸易的依赖程度，是衡量一个国家或地区对外开放程度高低的一个基本指标①。

与全国平均水平比较：1993 年到 2013 年间，全国平均贸易依存度随着改革开放力度的加大与外贸政策的调整，呈现出波浪式的变化轨迹，总体呈现出上升趋势，同时波动幅度也较大。而同期的青海省贸易依存度的变化则相对平稳，总体呈现出小幅度下降的趋势，与全国平均贸易依存度的差距也逐渐被拉大。这说明青海省对外贸易与国民经济基本实现了同步增长，并没有明显超前于经济的发展，也不具备对经济增长的强烈的拉动作用。同时，反映出青海的贸易依存度偏低，对外贸易处于低水平，有待进一步提高。

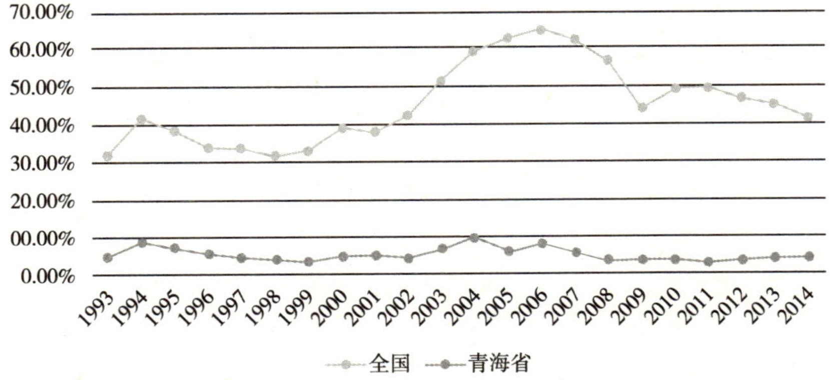

图 7－6 青海省与全国平均贸易依存度比较

① 《青海统计年鉴 2015》，第七章，主要统计指标解释。

与贸易发达省份比较：上海市、广东省、浙江省、江苏省、福建省的对外贸易发展水平目前处于全国前列，对各自经济的贡献率相当大，上海市、广东省贸易依存度近些年都超过100%。较高的贸易依存度反映出这五省市经济开放程度较高，对内地、周边地区的经济辐射作用和影响力也较强。相对于这五个省市，青海省的对外贸易处于一个很低的水平，对经济增长的贡献率非常有限。

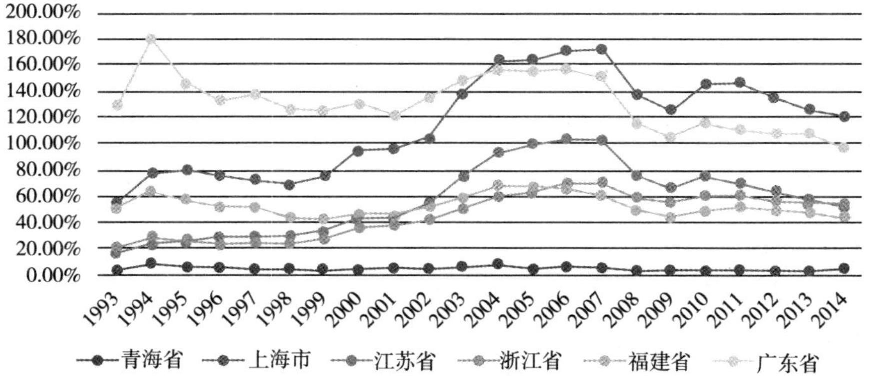

图7-7 青海省与贸易发达省市贸易依存度比较

与西北其他省份比较：西北五省中，新疆由于地处边界，对外贸易水平较高，但是相对于全国平均水平和贸易发达省份还有很大差距。青海是贸易依存度最低的省份，与新疆的差距也较大。造成西北五省贸易依存度普遍偏低的主要原因是地理因素和政策因素。

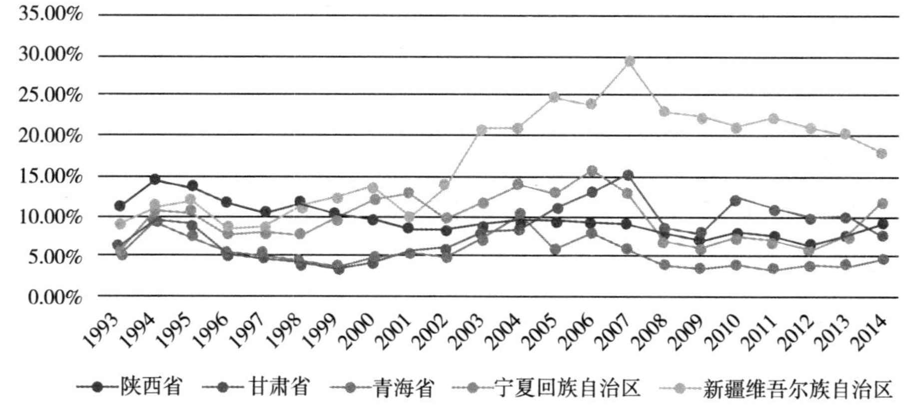

图7-8 西北五省贸易依存度比较

总之，通过贸易依存度分析，青海省对外贸易水平还处于很低的水平，与全国平均水平和贸易发达省份地区尚有不小差距，即使和西北其他省份相比也有一定差距，在全国属末尾。对外贸易对全省经济增长的贡献非常有限，经济发展还不具备外向型经济的特点。如此低水平的对外贸易状况与全省经济发展水平相对应，全省经济发展依然属于典型的西部地区的内向型经济模式。青海省的贸易依存度有待进一步提高，全省经济的国际化进程有待加快。

（3）贸易方式

一般贸易指单边输入关境或单边输出关境的进出口贸易方式，其交易的货物是企业单边售定的正常贸易的进出口货物。

加工贸易是与一般贸易相对而言的贸易方式。《中华人民共和国海关加工贸易货物监管办法》（海关总署令第219号）规定，加工贸易，是指经营企业进口全部或者部分原辅材料、零部件、元器件、包装物料，经加工或装配后，将制成品复出口的经营活动，包括进料加工、来料加工。

服务贸易指国与国之间互相提供服务的经济交换活动。服务贸易有广义与狭义之分，狭义的服务贸易是指一国以提供直接服务活动形式满足另一国某种需要以取得报酬的活动。广义的服务贸易既包括有形的活动，也包括服务提供者与使用者在没有直接接触下交易的无形活动。服务贸易一般情况下都是指广义的。

青海的出口贸易方式以一般贸易为主。从2007年至2014年出口贸易方式比重来看，一般贸易占绝大比重，比重呈现出下降趋势。而加工贸易比重有所增加，但是相对于一般贸易比重仍旧过小，与全国平均水平存在很大差距。另外，进口贸易的主要方式同样是以一般贸易为主，并且一般贸易比重更大，加工贸易所占比重微不足道。

一般贸易占绝对比重、加工贸易比重过小的贸易方式意味着青海外贸发展方式过于单一，出口商品的层次也较单一，不利于对外贸易和全省经济发展。

近些年青海省进出口贸易方式如表7－5和表7－6所示。

表7－5　2007—2014年出口贸易方式　　（单位:%）

	2007年	2008年	2009年	2010年	2011年	2012年	2013年	2014年
一般贸易	99.9	98.6	98.1	98.7	98.8	94.2	67.4	82.7
加工贸易	0.1	1.4	1.1	0.7	0.8	3.1	3.7	3.2
其他	0	0	0.8	0.6	0.4	2.7	28.9	14.1

表 7－6 2007—2014 年进口贸易方式 （单位:%）

	2007 年	2008 年	2009 年	2010 年	2011 年	2012 年	2013 年	2014 年
一般贸易	99.9	97.8	98	97.7	97.8	98.1	99.3	99.5
加工贸易	0.1	0.6	0.8	0.6	1.6	1.3	0.6	0.2
其他	0	1.6	1.2	1.7	0.6	0.6	0.1	0.3

（4）进出口贸易的商品结构

从出口商品结构来看，近些年，青海省始终保持以硅铁、纺织纱线织物、铝及铝材品等为主的出口商品结构，青海省出口产品中初级产品所占比重较大，但出口商品结构不断优化，结构调整取得实效，基本实现由出口高耗能产品占绝对比重向出口具有青海特色的资源优势产品转变。比如地毯、山羊绒、体现青海特色的生物制品、制剂、农产品以及新能源、新材料产品逐步走出国门，出口规模大幅增长。另外，青海省机电产品出口不断增长，每年同比均有较大增幅，尤其是 2014 年，出口总值达 2.7 亿美元，较上年增长 83.1%，增速迅猛。

从进口商品来看，青海省是以氧化铝、煤、铝矿砂等为主的进口商品结构模式。进口商品仍然是资源密集型商品，缺乏技术含量较高的商品。随着近年全省经济的快速发展、一大批项目的开工建设，预计机电和高新技术产品进口额也将大幅增加。进出口商品结构的变化带动了青海省对外贸易和经济的发展，优化了青海省以资源出口为主的粗放型的外贸增长方式。

（5）进出口贸易的市场结构

2010 年至 2014 年，青海省进出口贸易涉及 180 余个国家和地区。进出口贸易市场主要为亚欧地区，对新兴市场呈增长态势。对传统市场欧盟进出口平稳，2010 年至 2014 年间，每年进出口值保持在 1.3 亿至 2.3 亿美元间，对新兴市场尤其是对东盟国家进出口呈激增态势，每年接近翻番水平。

从出口市场构成来看，日本、中国香港、美国、澳大利亚、韩国、巴基斯坦、德国是青海省近些年主要的出口国家和地区。从进口市场来看，日本、澳大利亚、德国是青海主要的进口市场国家。随着“一带一路”倡议的实施，可以预计未来青海进出口贸易的市场结构更广阔，与新丝路沿线各国的联系和贸易往来也会越来越频繁。

综上所述，青海省对外贸易结构的主要特点可以概括成：对外贸易依存度偏低；出口商品以资源密集型商品为主；私营企业逐渐占据进出口主体地位，国有企业比重大幅下滑；贸易发展方式单一，一般贸易占据绝对地位，加工贸易和服务贸易发展严重滞后；市场结构呈现多元化发展趋势；外贸增长方式仍然是单一粗放型的方式。

2. 青海对外贸易发展存在的问题

（1）规模与效益不对称，进出口结构不尽合理

尽管青海省的对外贸易规模在近几年出现了持续性的高速增长，但从另外的角度来看，青海省对外贸易的效益和质量并没有同步增长。许多传统的出口商品贸易规模很大，但效益并不是很高，与较高的贸易规模不相适应。

从进口商品来看，大宗进口商品的议价能力不高，缺乏话语权。消费品进口规模偏小。从出口商品结构来看，青海省主要是以资源密集型商品和初级产品为主，技术含量低，附加值不高。而彰显国际竞争力的机电产品和高新技术产品出口尚未形成气候，出口份额和年增长率都远远低于全国水平，这反映了青海省的资本和技术密集型产业发展落后，缺乏国际竞争力，即使是出口比重在上升的机电产品，也大多数属于加工程度低、技术含量不高的一般性工业制成品，很容易受到国际市场波动的影响，难以持续稳步增长。同时，其极易受到国家宏观调控政策的影响。2006 年以来，国家出台了一系列限制“两高一资”产品出口的政策措施，对青海省对外贸易产生了较大影响。

（2）外贸主体单一，企业规模小

近年来青海省的对外开放程度虽然有了明显的提高，但是与全国平均水平相比仍有不小差距，即便和西部地区相比差距也较明显。突出表现在外贸企业规模小，主体单一。据统计，2015 年全省有进出口经营资格的企业 1367 家，同比增加 61 家。有进出口业绩的企业 152 家，同比增加 9 家。其中，有出口业绩的企业 110 家，出口上千万美元的企业 20 家，同比增加 4 家，共计实现出口 148383 万美元，占全省出口总值的 90. 35%。有进口业绩的企业 64 家，进口过千万美元的企业 3 家，共计实现进口 25251 万美元，占全省进口总值的 86. 33%。大部分拥有进出口经营权的企业，由于产品无市场或缺乏外贸人才并没有开展进出口业务。

青海的外商投资企业数量少、规模小，对青海省外贸的促进作用有限。2006 年至 2013 年间，全省外资企业的出口额 14188 万美元，只占全省出口总额的 3. 3%；进口额 77743 万美元，占全省进口额的 30. 86%。

（3）自主发展能力不强，开拓市场能力偏弱

外贸的自主发展能力主要反映在出口竞争力，其强弱主要取决于以下三个方面：出口企业的自主创新能力；出口商品是否拥有自主品牌；是否拥有自主的出口营销网络。在自主创新能力方面，青海省的出口企业普遍缺乏自

主创新能力，这一点从高新技术产品在制成品出口中所占的比重就可以看出。在自主品牌方面，青海省很多出口产品缺乏自主品牌，自主品牌和自主知识产权的产品在出口中所占比重很低。出口商品大多是初级产品，附加值很低。这种大量出口低附加值商品的粗放型扩张模式，不利于增加国际交换收益，不利于外贸和经济的可持续增长，不利于提升国际竞争力。在出口营销网络方面，严重缺乏自主的营销网络和销售终端，所以与最终客户的直接联系往往被一些国外及国内的贸易中间商所割断，导致大多数的贸易利益被中间商赚取。一般而言，在外贸流通的利润价值链上，零售环节的利润最高，往往要占60%以上，而利润最低的是生产环节，不足10%。因此，企业要进一步提高出口贸易的利润水平，就必须拥有自主而健全的营销网络。

二、加快推动青海省对外贸易发展的思考

1. 产品技术创新是对外贸易发展的源动力

（1）提高出口产品技术创新能力，加快转变贸易增长方式

提高对外贸易商品的创新能力，将贸易增长方式由粗放式、外延式增长转变为集约式的增长方式。目前，我省的进出口商品基本上是以资源和能源高消耗为主的商品，附加值和技术含量都较低，对于扩大对外贸易规模和质量都不利。比如体现青海特色的生物制品、制剂、农产品以及新能源、新材料产品虽然近年来出口份额增加较快，但是这些商品存在产业规模小、产业聚集效应不明显、集约化程度较低等问题，因此，要进一步提升出口商品尤其是特色优势产品的科技含量，从而提升产品质量、规模和出口附加值，带来更好的经济效益。同时，对一些薄弱的但有巨大发展潜力的商品加大扶持力度，鼓励相关企业进行产品研发和技术创新，充分发掘其潜力，培育对外贸易新的增长点。

（2）适度扩大进口贸易，重视进口贸易所带来的技术溢出效应

高新技术产品和生产要素的进口是引进国外先进设备技术和管理方式的重要渠道。目前青海进口商品中更多的是以氧化铝、煤、铝矿砂等资源密集型商品为主，高新技术商品进口比重偏小，技术溢出效应不明显，带动本省相关企业的技术创新步伐较缓慢。因此，要以大型项目的建设为契机，鼓励关键零部件、重大技术装备进口，增加先进技术设备、关键零部件、国内短缺资源和节能环保产品进口，加大消费品的进口。对高新技术产品加以有效利用、消化和吸收，促进青海科技水平的进步和管理水平的提高，激发技术溢出效应，有利于提高出口商品的国际竞争力，带动全省产业结构的优化升级。

2. 优化产品结构是对外贸易发展的根本

（1）依托青海特色优势产业，不断优化进出口产品结构

青海出口贸易商品结构中与第二产业相关的商品占较大比重，这些商品属于资源密集型的商品，附加值太低，青海特色产业的出口商品科技含量不高，没有形成规模效应。因此，在稳定出口的同时，优化出口商品结构、扩大出口产品的多样性显得十分必要。青海省在出口商品的多样性方面与一些对外贸易发达的省份相比仍然有差距。要在保持出口优势产品的同时发掘其他具有比较优势产品的出口。加大对中亚国家在藏毯、"三绒"制品、农产品等方面的出口，扩大从中亚国家进口羊毛（绒）、驼毛（绒）、药材等原料的规模。通过能源开发、承包工程等方式带动机电商品、高新技术商品产品的出口，并推动初级出口商品向产业链高端延伸。

（2）推进出口品牌战略，提升出口商品知名度

目前青海出口商品中，有部分商品虽然出口数量占出口比重不是很高，但是这几年增速迅猛，在国际市场上逐渐有了知名度。截至目前，青海出口产品品牌中有青海省"著名商标"12 个、"国家驰名商标"3 个，如"柴达木""布哈拉""藏羊"等。比如：青海枸杞产品凭借阳光、纯净的自然环境赋予的有机、绿色、无公害等优势，也逐步闯入国际高端市场。2014 年，青海枸杞出口达到 880 多吨，创汇 1338.31 万美元，枸杞产品出口到德国、法国、西班牙、荷兰等欧盟国家，成为中国有机枸杞主要出口地。民族特色产品穆斯林服饰、贵南藏绣等远销到沙特阿拉伯、印度、巴基斯坦、美国、英国、法国、日本、肯尼亚等国家和地区，随着产品知名度的提高，订单源源不断，2014 年累计出口创汇达 1350 万美元。除此之外，还有很多具有青海特色优势的商品出口也逐渐走出国门，积极开拓国际市场。目前，这些商品在国际市场上知名度只有得到更大的提升，才能形成有效的产业规模和产业聚集效应，提高对青海的出口贡献率。实施出口品牌战略要以市场为导向，以企业为主体，以政策为支撑，以提高国际市场的竞争力为目的，通过对一批重大项目、重点企业的支持，培育一批在国际有较高知名度的出口产品，提升产品的技术含量和在国际市场上的竞争水平。

3. 市场创新是对外贸易发展的导向

（1）积极实施进出口市场多元化战略，规避市场风险

出口市场过度集中不仅容易形成买方垄断，失去出口商品市场和价格的控制，影响出口贸易的发展，而且容易形成产品单一和出口市场过度依赖某些国家和地区，当这些国家和地区的经济不景气时，造成出口规模缩减，影响本地区经济增长。只有实现进出口市场多元化的格局，才能保证在对外贸

易中处于积极主动的地位，从而获得贸易利益。同时，多元化的市场战略也有利于提高参与国际分工的程度和地位，有利于分散市场风险。因此，青海省发展对外贸易在继续开拓传统贸易市场的同时加大新兴市场的开拓，特别是国家“一带一路”建设为青海开拓沿线国家市场提供了战略机遇。通过积极的走出去、请进来的方式，不断建立和完善国际营销网络，重点开拓中亚、南亚和中巴经济走廊所涉及的新兴市场，推进国际市场多元化。

（2）优化产业结构，促进对外贸易与产业结构的良性互动

青海产业结构和对外贸易之间尚未建立起有效的互动关系。因此，要大力发展与贸易相关的第一、第三产业，加大对产业和相关企业的扶持力度，提高产品附加值，加强技术创新，以技术带动传统行业相关产品的出口，强化对外贸易与产业结构的关联性。目前，青海省三次产业结构还不尽合理。2014 年，全省第一产业增加值 215.93 亿元，增长 5.2%；第二产业增加值 1232.11 亿元，增长 10.0%；第三产业增加值 853.08 亿元，增长 8.8%。第一产业增加值占全省地区生产总值的比重为 9.4%，第二产业增加值比重为 53.5%，第三产业增加值比重为 37.1%。对贸易影响显著的第二产业存在一些深层次的矛盾，主要表现在：一是发展方式粗放，主要工业产品大多为工业初级产品，资源和能源消耗较高，工业能耗占青海全社会综合能耗的 80% 以上；二是生产力布局重复，产业结构趋同，轻重工业比例不协调，重工业占 92%，轻工业占 8%，轻工业发展明显滞后；三是产业链条短，企业规模小、竞争力弱。优化产业结构，促进三次产业与对外贸易的良性互动，要以青海特色优势资源为依托，促进绿色经济发展；以科技创新为动力，大力推进高科技含量、高附加值产业发展；以现有产业为基础，延伸产业链条，推动循环经济产业发展；不断促进产业结构优化升级，加快新能源、新材料、先进装备制造业、特色生物资源开发等战略性新兴产业发展；立足结构调整，加速高原旅游、物流、金融等现代服务业发展。

第三节　青海现代物流业

一、现代物流业有关理论

1. 物流产业和现代物流概念

物流行业被誉为“21 世纪最具发展潜力的行业”之一，对经济发展的重要支撑作用越发明显。物流产业是指物流以及与物流密切相关行业、企业的

集群。判断物流产业不是仅仅以是否从事物流活动为依据，是否从事物流活动及与物流相关的活动只是必备的条件之一，还要看是否具有独立企业的管理架构和工程架构。应该说明产业化的物流活动仅是国民经济全部物流活动中的一部分，处于生产活动中的物流，尽管十分广泛，但是它缺乏独立企业的管理架构和工程架构，不是物流产业的组成部分①。

现代物流作为一个深入国民经济各个方面的巨大的开放系统，是一个跨地区、跨行业、跨部门的产业，连接着国民经济的各个环节，如运输、仓储、包装、装卸搬运、流通加工、配送、信息等。

现代物流以电子信息技术为基础，注重服务、人员、技术、信息与管理的综合集成，是现代生产方式、现代经营管理方式、现代信息技术相结合在物流领域的体现。尤其是第三方物流的发展，经营主体更加重视物流系统各要素之间、物流要素与经营管理、物流要素与供应链管理的集成关系，并在组织结构、应用技术等方面为物流活动集成化提供了实施的技术手段。现代物流将进一步向着物流的系统化、国际化、信息化、网络化、社会化、规模化、内陆化发展②。

2. 现代物流业与区域经济发展的关系

现代物流业是支撑国民经济发展的基础性、战略性产业，正在迅速成长为促进产业经济快速增长的新引擎。其发展水平已成为衡量一个国家和地区综合竞争力的重要标志之一。我国 2014 年印发的《物流业发展中长期规划(2014—2020 年)》中明确表示："物流业是我国国民经济发展的基础性和战略性产业，促进物流业发展有利于调整我国产业结构、转变发展方式和推进生态文明建设，增强我国的国民经济竞争力。西部地区要结合丝绸之路经济带战略，推进区域物流的协调发展。"

改革开放以来，中国物流业迅速发展，但不同地区间物流发展水平却存在很大差距。区域物流的发展已成为改善区域投资环境、产业发展环境和提升区域竞争力的关键一环。各地政府把物流业作为支柱产业，增加对物流业的投入，将其视为未来经济发展的新的增长点。

表 7 - 7③ 给出各省市区 1987—2010 年中典型年份的物流业产值，表中数据反映出中国各地区物流业规模的发展变化趋势。由此也可以看出，物流产值与经济发展水平密切相关，物流产值排名前 10 位的省份大部分位于环渤

① 田征：《物流学基础》，大连海事大学出版社，2005，第 1-2 页。

② 沈志云，邓学钧：《交通运输工程学（第二版）》，人民交通出版社，2013，第 126 页。

③ 高秀丽：《物流业与区域经济协调发展研究》，华南理工大学博士论文，2013。

海、长江三角洲、珠江三角洲等东部沿海经济发达的地区。这主要是因为这些地区制造业、对外贸易快速发展，从而催生了物流业的快速发展。河北、河南虽地处中部，但是具有承东启西的地理区位，故物流业产值也较高。物流产值排名最后的10个省份中，有6个省份属于西部地区，其中青海物流业产值为全国倒数第二，仅高于西藏。可见青海的现代物流业还是一项十分弱小的产业，既有加快发展的紧迫性、必要性，也有做大做强的空间。

表7－7　1987—2011典型年份全国各地区物流业产值

（单位：万美元）

	1987	1990	1995	2000	2005	2010
北京	17.70	20.96	103.32	298.67	404.66	712.01
天津	14.54	30.47	86.85	177.89	227.16	585.37
河北	24.03	46.43	179.41	415.79	702.00	1745.91
山西	18.74	24.99	99.56	203.07	351.19	654.08
内蒙古	12.77	20.69	69.36	175.46	360.19	875.61
辽宁	52.70	83.90	176.90	350.50	509.37	926.81
吉林	15.15	21.11	77.08	168.87	208.10	373.93
黑龙江	26.40	34.50	86.40	213.30	318.39	469.31
上海	34.89	62.46	183.05	385.61	582.60	834.40
江苏	43.25	63.64	253.52	557.37	741.06	1768.30
浙江	29.47	45.01	192.36	363.37	512.94	1076.67
安徽	23.99	32.40	108.44	215.61	358.71	527.02
福建	19.37	48.56	189.55	410.66	455.18	871.16
江西	14.54	25.18	78.32	194.98	300.60	446.22
山东	47.45	81.87	296.08	545.13	968.64	1971.00
河南	30.08	59.65	161.92	378.56	625.87	873.30
湖北	18.94	37.25	119.37	284.36	365.71	753.61
湖南	20.49	33.18	133.71	288.16	366.72	832.28
广东	53.20	101.61	433.10	938.74	990.53	1825.29
广西	9.14	20.45	93.02	158.12	225.20	480.17
海南	3.26	6.21	26.35	52.45	64.34	101.90

（续表）

	1987	1990	1995	2000	2005	2010
四川	33.55	64.59	207.69	428.38	599.25	963.30
贵州	7.74	11.69	22.77	75.86	115.82	480.32
云南	11.08	19.82	49.93	123.23	163.08	193.26
西藏	0.73	1.62	2.81	2.15	11.10	22.12
陕西	15.60	33.79	90.60	151.75	242.12	474.60
甘肃	10.67	12.01	28.72	78.38	144.70	227.18
青海	1.47	4.10	9.42	21.84	31.88	61.26
宁夏	2.46	3.49	9.84	29.55	45.81	145.17
新疆	7.73	14.63	59.63	148.63	149.63	222.47

当物流业与工农业紧密结合发展时，不仅物流业自身能得到较快发展，还能促进工农业发展。物流业直接推动了国内商业贸易，也直接推动了外贸和外经工作，是工农业生产不可缺少的配套产业部门。一个地区要与其外部实现“货畅其流，内通外联”，就必须搞好交通运输、市场、通信网络等基础设施建设，加强区域基础设置和市场体系建设。国家对西部地区实行的区域援助政策，始终将改善交通运输条件作为一个援助重点，其积极意义在于高度重视物流功能，有利于提高西部地区现代物流业发展水平。这是西部省区借助国家援助政策加快发展的一个机遇。

二、青海物流业和服务业发展现状

1. 青海现代物流业发展概况

（1）青海物流产业规模与结构

随着青海国民经济的总体发展，青海物流规模和结构也在发生变化。在物流业中，占主体成分的是交通运输业中的货运周转量，包括民航航空货运量、铁路和公路运量。另外，仓储业和邮电业的发展也能反映物流产业的一定变化趋势。在图 7 -9 中，交通运输、仓储及邮政业增加值的变化情况更加清楚地揭示了青海物流产业的总体规模正在扩大，其业务总量呈现迅猛增长趋势。2014 年，交通运输、仓储及邮电通信业完成增加值 81.7 亿元，比上年增长 8.8%。至 2014 年，青海每天货物运输周转量（年货物运输周转量/365）增至 14145.10 万吨公里，比上年增长 12.36%。其中，铁路 7471.50 万吨公里，增长 10.10%；公路 6240.91 万吨公里，增长 12.34%；民航 3.30 万吨公里，增长 7.5%。每天客运周转量增至 3630.10 万人公里，比上年增长 10.50%。每天存货增加至 1395 万元，每天邮电业务量增加至 2199.43 万元。

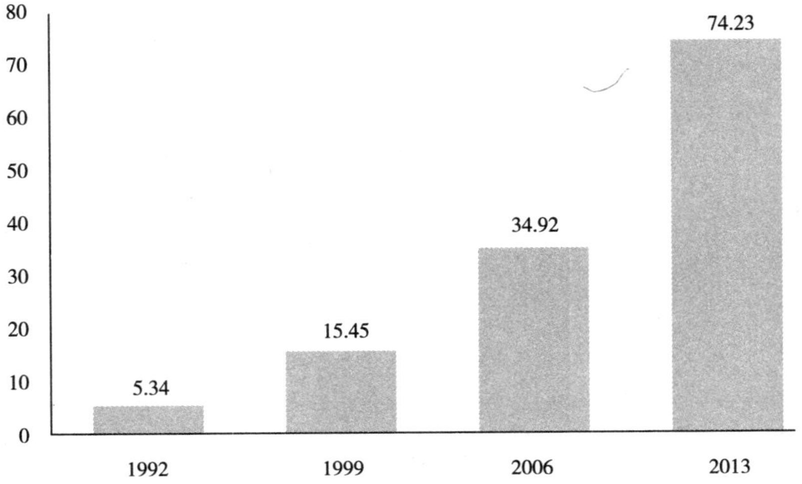

图 7-9　交通运输、仓储及邮政业增加值（亿元）

资料来源：2015 年青海省统计年鉴

随着青海省物流规模的扩大及物流结构的变化，青海省物流业的从业人数也得到较大的增加，从统计数据来看，交通运输、仓储和邮政从业人数由 2010 年的 35514 人增加到 2014 年底的 46266 人，5 年间增加了 10752 人。

（2）青海物流基础设施①

2014 年，青海全社会交通固定资产投资完成 445.82 亿元②，其中铁路建设完成投资 59.55 亿元，公路（道路）建设完成 379.73 亿元。“十二五”以来，基础设施建设实现跨越发展。青藏铁路西格段增建二线完工，实现大提速，兰新客运专线建成投运，青海迈入高铁时代；基本实现西宁至六州州府通高速公路，县城通二级及以上公路，全省公路里程达到 7.56 万公里，其中高速化公路突破 3000 公里，西宁外环高速公路全线贯通；建成投运西宁机场二期、德令哈和花土沟机场，果洛机场成功校飞，祁连机场开工建设，形成“一主六辅”民用机场建设格局。基础设施向高速化、网络化、广覆盖快速推进，发展后劲全面增强。

① 中国报告网：http：//zhengce. chinabaogao. com/gonggongfuwu/2016/0Q024QD2016. html.

② 交通固定资产投资 = 交通运输、仓储及邮电通信业固定资产投资额（452.7）—装卸搬运和其他运输服务业（0.05）—仓储业（6.78）—邮政业（0.05）。

2. 青海物流业发展简评

综上所述，青海物流业的发展已经有一个良好的开端，综合交通运输体系框架基本形成，物流基础设施日趋完善，物流对其他行业的渗透能力正在增强，主导性物流空间流向基本成型，无论是企业数量、发展区域、经营规模，还是专业队伍建设等方面都取得了长足进步，充分显示出物流产业在经济建设中的重要作用。但是，青海物流业与发达地区相比，总体水平仍然较低，现代物流的组织化程度不高，企业规模小而散，管理水平低，整体竞争力不强，严重阻碍青海现代物流业向更高层次、更大规模发展。青海物流业要想成为真正的现代物流业还需要走较长的路。

三、青海物流业综合发展的基本布局和主要任务①

根据青海省人民政府办公厅出台的《关于进一步加快现代物流业发展的指导意见》，青海省物流业综合发展的基本布局和主要任务如下：

1. 基本布局

按照"物流区域—物流园区—物流节点—物流中心"的布局模式，围绕东部、柴达木、环湖、三江源四大物流区域，坚持"功能提升，优化重组，适度超前，统一规划，有序开发"的原则，规划建设西宁、海东、海西三大物流园区和专业物流中心，完善公铁航物流设施。

（1）西宁物流园区

依托良好的交通条件、物流基础设施及已经形成的物流市场，建设集交易、运输、仓储、配送、转运中心及配套服务功能于一体，辐射全省、连接内地及周边省区的青藏高原地区最大的现代化综合物流基地，使之成为全国综合性物流枢纽城市。重点打造朝阳高端生活资料物流园、北川工业物流园、多巴综合物流园。

朝阳高端生活资料物流园主要提升发展以食品、药品、家具等城市生活资料为主的高端现代物流业，建设物流企业总部基地及物流金融区、生活消费品分拨配送中心、物流装备租赁与展销区、冷链物流区、高原特色商品展示加工与仓储配送区、快递分拣区、建材家居物流区等，推进以集仓储、联运、配送、信息处理等为重点的现代化市场建设，成为城市配套生活资源的高端现代物流园区。依托现有的信息平台，建设由商品交易服务系统、货运交易信息系统、车辆定位与货物追踪系统、车辆紧急救援维修协调系统、物

① 青海省人民政府办公厅：《关于进一步加快现代物流业发展的指导意见》。

流业务应用托管系统组成的公共信息服务平台。

北川工业物流园在已建成的百万吨生产性服务业物流体系的基础上，新建民爆器材仓储物流配送、甩挂站场，改扩建铁路专用线，提升发展以工业原材料为主的仓储、分拨、转运和配送服务，重点满足北川工业园、生物产业园和装备制造园原料的仓储物流和需求供应。

多巴综合物流园通过109国道将甘河工业区物流中心和双寨货运中心有机连接起来，建成集生产资料、农畜产品、粮油加工和有色金属物流于一体的综合物流园，并承载入青疆煤的转运和仓储功能。物流园以青藏铁路为界分为两部分，铁路以北结合现有油菜籽加工和储存，规划建设粮油仓储区和农畜产品仓储区；铁路以南规划建设以大宗生产资料和产品为主的生产资料仓储区。

（2）海东物流园区

依托海东工业园区和曹家堡空港优势，配套完善公铁航基础设施，面向国际开展物流配送、进出口贸易和出口退税等。同时，承载全省钢材、建材等大宗生产型物资，使之成为立足东部城市群、服务青海，面向青藏高原、影响全国的综合性物流园区。重点打造临空保税物流园、青海商贸综合物流园和民和兰西经济区物流码头。

临空保税物流园利用临近曹家堡机场及周边铁路公路交通发达便利的区位优势，以青海省和兰西经济区产业发展为依托，主要建设青海曹家堡保税物流中心（B型）及综合配套工程项目，使之成为集保税仓库、简单加工增值服务、国际物流配送、物流信息和咨询、进口和转口贸易、出口退税等功能于一体的多功能一站式服务园。

青海商贸综合物流园主要在海东工业园区建设以建材、轻工、小商品和汽车为主体产业，以“退城入园”为发展战略，承载全省钢材、石材、木材等大型建材与生产资料，形成集物资仓储、加工、配送、分拨和转运于一体的商贸综合现代物流园。

民和兰西经济区物流码头利用原民和镁厂厂房设施和原民和火车站及铁路专用线，改造建设矿产资源物流区和农机汽车配件交易区、建材商品交易区、期货和铁路、汽车货运物流区、农畜产品物流区和以商贸交易、商品流通为主的商贸交易物流区，使之成为具备1000万吨仓储及运输能力，涵盖农畜产品加工、汽车配件、小商品集散等领域和功能的大型综合物流园。

（3）海西物流园区

依托海西地理位置和现有的交通优势，重点发展以盐湖化工、石油天然气、煤炭和非金属矿产等工业品为主的生产型物流园区，建设成为连接西藏、新疆和全省的重要大宗工业品集散地。重点发展格尔木综合物流园、德令哈综合物流园、饮马峡煤炭和化工物流园。

格尔木综合物流园利用青藏铁路和即将建成的格敦铁路以及后期实施的格库铁路、格成铁路交会枢纽和G109、柳格高速（G3011）在园区交会的物流通道便利条件，建设格尔木城南综合物流区。主要发展工业物流（公路运输物流为主，并辅以公铁联运）、商业物流及农副产品批发物流。利用格尔木火车站引出的铁路专用线，建设昆仑物流区，主要包括堆场、仓库和物流管理中心，成为格尔木工业园需要通过铁路编组运输的（没有引入铁路专用线的企业）工业产品集散地。利用与格尔木铁路站点距离近的优势，建设察尔汗城镇物流区，为进出城镇的货物和工业生产作业区提供全方位的现代物流服务。通过三个物流区建设，把格尔木物流园建成集仓储、运输、配送、信息等综合服务功能，以生产资料物流为主、生活资料物流为辅，服务于柴达木资源开发并辐射西藏、新疆地区的区域性物流基地。

德令哈综合物流园建设工业物流区和食品及农副产品综合物流区。德令哈工业物流区按照德令哈工业园区企业货物就近运输和交通配套便利性的要求，重点发展以农副产品及食品（冷链物流）、盐碱化工、冶金、建材四大专业物流为主体，集物料仓储、加工、分拣和城市及工业废品处理及循环利用于一体的物流区。德令哈食品及农副产品综合物流区重点发展食品、农副产品、商贸等生活性物流，主要建设粮食及食品批发及加工区、仓储区、货运代理和配送服务区、快件物流服务区等。

饮马峡煤炭和化工物流园依托饮马峡周边丰富的煤炭资源和化工企业，重点建设和发展集煤炭储存、转运、交易于一体的内陆型重要煤炭资源开发配送物流基地，形成连接东部经济区以及柴达木煤炭资源开发区的节点。同时，辐射承载周边地区化工产品的仓储和转运，建立盐化工物流体系。

（4）公路物流中心

加快以西宁朝阳和格尔木两个公路货运主枢纽建设为核心，利用改造现有公路货运站场，加快建设西宁、海东、海西三大物流园区通园区公路，合理规划和配套园区路网结构，新建公路货运站场。同时，以加快海东、海北、海南、黄南、海西5个州（行署）地区性货运站场为节点，大力推进以高等级公路为依托的城际快速货运网络、区域性配送网络和农牧民生产生活资料配送网络。

（5）铁路物流中心

在综合考虑产业布局、城乡规划和货物流量流向以及对周围货物吸引程度等因素的前提下，整合利用、改造提升现有铁路货运站场，在物流园区规划新建和改造一批铁路货运站场，完善提升西宁北、格尔木站等的货运中转能力，满足物流园区货物仓储和运输需求。

（6）航空物流中心

不断扩大西宁、格尔木等机场服务领域，加快建设以高附加值货物为主的机场物流中心和配送中心等物流运作设施，将航空快件运输、物流货物中转服务、空港物流信息服务融为一体，开发特色物流，满足大量科技类企业的快速通关、快速转运、快速配送、零库存等要求。

（7）专业物流中心

在园区建设的带动下，支持建设煤炭、农副产品、应急和城市快递配送等专业物流中心，为充分发挥已形成的特色物流产业优势提供良好基础。

煤炭物流中心：按照全省物流区域布局，在海西天峻天棚、海北热水、西宁大通建设煤炭物流中心。天峻天棚煤炭物流中心主要承载木里地区煤炭资源的物流仓储和配送；热水煤炭物流中心主要承载刚察和祁连地区煤炭资源的物流，提升集交易、运输、仓储、洗选、加工配送于一体的物流基地；大通煤炭物流中心主要承载火电企业电煤应急储备仓储和转运。

农畜产品物流中心：不断完善已有的青藏高原农产品集散中心配送停车、装卸作业设施等功能，建成集农副产品仓储、交易、配送和销售于一体的综合物流中心，加强农产品加工、包装、储藏、运输、销售等环节的标准化管理，构筑居民“放心菜”的物流保障体系，努力打造服务于西宁等重点城镇的生鲜食品物流配送系统，使之成为青藏高原规模最大、功能最全、服务最好的现代化、人性化的农副产品交易流通基地，带动西宁周边及青海中西部市场的发展，并辐射整个青藏高原。建设乐都农产品物流中心，建成以农产品、畜禽产品加工、流通、批发为主的农产品集散中心。三江源、环湖等地区围绕特色农畜产品优势，以服务城市消费为重点，以物流配送为主要形式，建设发展规模适度的农副产品物流中心。

生产性专业物流中心：在西宁经济技术开发区、柴达木循环经济试验区和海东工业园区内建设与之相对应的生产性专业物流中心，为园区大中型企业和特色优势产业项目提供生产原料供应物流、产品仓储和销售物流、废弃物回收综合利用物流等专业服务。同时，以延伸产业链、增加附加值为重点，完善各优势产业物流体系，促进专业物流与特色优势产业发展有机结合，不断提高园区物流服务能力。

应急物流中心：加快推进全省电煤、粮食、救灾等应急物流中心建设，以州（地、市）府为中心，建立区域性应急综合物流中心，提升省国家粮食储备库、应急物资保障库、玉树物流集散中心等应急保障水平。

城市快递配送中心：依托航空、铁路优势，在西宁、格尔木、德令哈等集中建设城市快递配送中心，发展集仓储、分拣、配送于一体的城市快递业务，加快实现邮政仓储和配送中心自动化、信息化，加快城市快递业务发展。

2. 主要任务

按照一体化、大网络的思路，构建和完善全省的物流网络体系，大力推进物流的社会化和专业化，积极培育引进现代物流企业，用现代物流信息技术改造提升物流运营和管理水平。

（1）推动物流节点城镇建设

围绕“四区两带一线”发展任务，合理布局物流项目，启动建设26个物流节点城镇。重点建设海东乐都县碾伯镇、民和县川口镇，海西察尔汗、大柴旦、花土沟、都兰县香日德镇、天峻木里和天棚，海北州西海镇，海南州恰卜恰镇、倒淌河镇，黄南隆务镇，果洛达日以及玉树结古镇等地区物流节点。把西宁建设成国家级区域性物流节点城市，把格尔木、德令哈市、平安、民和建设为省级物流节点城市（镇）。

（2）加快物流交通枢纽建设

一是加快公路运输枢纽建设。围绕构建“六纵九横二十联”公路网，加快省内干线公路和通往州府所在地高等级公路建设，打通往成都、新疆和拉萨的高等级公路，贯通重要节点城镇物流通道，确保省内物资畅通运转。二是加快铁路运输枢纽建设。围绕构建东连陇海、北接兰新、西通南疆、西南连接拉萨、东南通达成都的铁路网，加快建设或实施敦格铁路、格库铁路、格成铁路、西成铁路，打通向西、北和南方铁路通道，从根本上解决我省空车不足问题，确保大宗物资及时外运；进一步完善西宁铁路枢纽功能，加快实施宁大支线、西宁站编组场改造工程，提升货物发送能力。三是加快航空运输枢纽建设。围绕构建“一主八辅”机场，进一步开辟航空运输通道，形成以西宁为中心、辐射全国的航空运输网络，着力提升航空物流比重。通过推进公铁航枢纽建设，形成衔接有序、相互配套、运转高效的立体综合交通网络，为实现全省物流网络体系的紧密联系提供重要基础。

（3）培育壮大现代物流企业

通过政策引导，鼓励省内传统物流企业通过参股、兼并、联合、合资、合作等多种形式进行资产重组，积极吸引飞马等省外大型物流企业进入，建立地区总部和采购中心，或参与物流园区建设与经营。整合资金，落实政策，加大A级物流企业的培育力度，扶持国储物流等20家符合国家物流企业分类与评估指标标准的A级物流企业，提高综合服务水平，延伸供应链管理。以培育大型物流企业为重点，加大对物产集团、西宁长丰、青海通达等现有A

级物流企业的扶持力度，支持其做大做强。大力推进制造业与物流业“两业联动”工程，引导工业企业剥离物流资产与业务，提高企业的核心竞争力；支持制造企业和物流企业互相深度介入对方企业的管理、组织、计划、运作、控制等过程，共同追求资源集约化经营和企业整体优化的协同合作发展，形成30家制造业与物流业联动发展示范企业。建立引进、培育物流企业考核机制，对完成年度引进和培育任务的物流园区给予一定的奖励。

（4）推动保税物流产业发展

支持临空保税物流园发展，加快建设曹家堡保税物流中心（B型）、保税物流商务中心等项目建设，使之尽快投入使用，并积极吸引物流企业入驻，促进青海物流企业的国际化和现代化。将保税物流园建设与全省工业经济转型升级结合起来，不断完善保税物流园功能，积极为有色金属、新能源、新材料、装备制造等青海特色优势产业和战略新兴产业的发展、壮大、升级提供服务平台，带动临空综合经济区和东部城市群的联动发展。加强管理创新，建立真正的“境内关外”的监管模式，推动公铁航多式联运和多种配套服务的集成，建成货物通关畅捷、综合成本低廉、配套服务完善、管理运作规范的物流服务平台。

（5）稳步推进物流信息化建设

以三大物流园区为重点，应用国际通行的信息标准和规范，进一步完善现有公共信息平台的各项功能，逐步推进统一物流信息平台建设，形成信息发布、信息查询和综合服务等功能，实现公共物流信息公共平台与供应链的各个环节的连接。同时，支持物流企业应用新的技术，建立起信息技术、运输技术、装卸搬运技术、自动化仓储技术、库存控制及包装技术等专业技术为支撑的现代化物流技术装备，确保信息流与物流的同步统一。重点扶持和培育2~3家专业化物流信息服务提供商，为物流企业推出具有行业特色的物流信息服务平台，最大限度为企业降低运营成本、改善运营环境服务，实现网上单证传递、货物网上托运和车辆配载服务，全程跟踪管理。

第四节　物流中心个案：青海曹家堡保税物流中心（B型）

青海曹家堡保税物流中心（B型）作为国家“一带一路”战略节点，填补了青藏地区海关保税监管场所的空白，对建设和优化对外开放交流平台，拓展对外合作空间，发挥重要物流节点作用，服务和引领青海外向型经济发展有着历史意义和现实意义。

一、保税物流中心（B型）概念

1. 基本概念

（1）保税

保税是指经海关批准的境内企业所进口的货物，在海关监管下在境内指定的场所存储、加工、装配，并暂缓缴纳各种进口税费的一种海关监管业务，即海关对货物或劳务“保留征税权”。

（2）保税物流

保税物流特指在海关监管区域内，包括保税区、保税仓、海关监管仓等，从事仓储、配送、运输、流通加工、装卸搬运、物流信息、方案设计等相关业务，企业享受海关实行“境内关外”制度以及其他税收、外汇、通关方面的特殊政策。

（3）保税物流中心

保税物流中心是国务院海关总署等部门批准成立，集中开展保税物流等相关业务的保税监管场所，是封闭的海关监管区域，具备口岸功能。

目前主要分为A型和B型两种模式：

A型保税物流中心，是指经海关批准，由中国境内企业法人经营、专门从事保税仓储物流业务的海关监管场所，可实现国际货物入物流中心保税、国内货物入物流中心退税。物流中心之间保税货物可自由流转。

B型保税物流中心，是指经海关批准，由中国境内一家企业法人经营，多家企业进入并从事保税仓储物流业的海关集中监管场所。

（4）保税物流中心A型与B型的主要区别

A型保税物流中心：经营主体和业务主体合一，中心场所由经营主体负责，同时负责向海关等管理部门的业务备案申报。

B型保税物流中心：经营主体和业务主体分离，经营主体只投资并租赁场所，业务主体租赁场所并开展业务，向海关等管理部门负责业务备案及申报。

保税物流中心（B型）功能较为完善、运作情况良好，被广大进出口企业和物流企业所熟知，青海省曹家堡保税物流中心属于B型保税物流中心，故本节主要探讨B型保税物流中心。

2. B型保税物流中心功能及政策

B型保税物流中心的主要功能有：保税仓储；国际物流配送；简单加工和增值服务；检验检测；进出口贸易和转口贸易；商品展示；物流信息处理；口岸；入物流中心出口退税。各地的保税物流中心为当地出口加工的生产制造企业和进出口的贸易型企业的出口退税、保税等问题方面发挥着重要作用，同时发挥着保税物流中心的集聚效应，有利于吸引当地和国外物流企业入驻园区，促进物流业的国际化和现代化。B 型保税物流中心的优惠政策有：保税政策；出口退税政策；免税政策；贸易管制政策；外汇管制政策。

二、青海曹家堡保税物流中心（B 型）

1. 概况

2015 年 11 月 25 日，由海关总署、财政部、国家税务总局、国家外汇管理局联合发文批准设立的青海首个保税物流中心——青海曹家堡保税物流中心（B 型）正式获批，标志着青海首个海关保税监管场所正式设立。

青海曹家堡保税物流中心（B 型）地处青海省海东市工业园区内，临近西宁曹家堡机场，毗邻青藏铁路、京藏铁路、109 国道，区位优势明显，占地 524 亩，总投资 19 亿元。保税核心区批准建设面积 0.073 平方公里，约合 110 亩，主要由保税仓库、堆场、查验监管库、卡口、办事大厅等建筑构成，建筑面积约 6 万平方米，道路及堆场面积约 4 万平方米。准备区及保税配套服务区占地面积约 170 亩。该保税物流中心的建成，将依托青海省特有的资源和产业基础，重点开展保税仓库、国际中转、国际配送、国际采购、增值加工、商品展示、出口退税等功能，服务青海承接国内外产业转移、聚集特色优势产业和战略性新兴产业，引领、带动、辐射和服务全省及周边区域的外向型经济发展。

青海曹家堡保税物流中心（B 型）是青海开放型经济发展的又一重要平台，是青海省委、省政府建设“丝绸之路”经济带的重要一环，其在政策、功能方面的优惠环境，也将会为吸引国内外现代物流、商贸流通企业落地青海创造服务平台，带动国际化的物流、信息流和资金流，加快青海产业结构调整和经济增长方式转变，促进青海内陆开放型经济的跨越发展，培育青海新的增长极，助推兰西经济建设。

2. 运营发展模式

（1）通关模式分析

青海曹家堡保税物流中心（B 型）通关模式见图 7 - 10。

（2）业务模式分析

模式一：进口保税（缓税）

境外供应商→曹家堡保税物流中心→境内

进口货物入保税物流中心，即可享受国际的保税政策，暂缓交税。适用

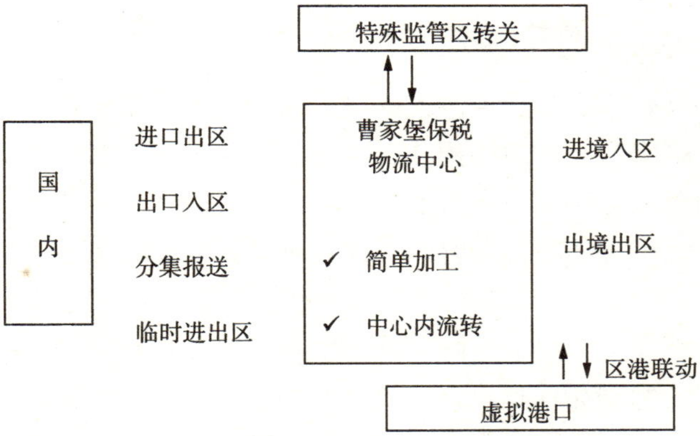

图 7－10　青海曹家堡保税物流中心（B 型）通关模式图

因国际经济走势预测、采购计划安排或其他因素导致一次进口大量货物，但未找到下游买家的企业，进口货物进入保税中心，享受政策，找到买家后再报关。其优势是缓解企业税款资金压力，提供货物仓储场地。

模式二：出口退税

境外客户→曹家堡保税物流中心←境内

境内货物进入保税物流中心，即相当于出口，可实现退税，无须等到实际货物离境。适用企业：①等出口货物生产完毕，未出口前可先放置保税物流中心，实现提前退税。②在出口关税率提高或出口退税率降低的情况产生之前，为争取时间将货物放置保税物流中心。③国内采购国内生产企业制造的设备、物资、物料先行出口至中心内，实现出口退税，国内买家进口（用手册、免表或一般贸易进口，降低采购成本）。其优势是提前退税，合理安排外贸物流，加快资金周转，降低采购成本。

模式三：进出口贸易和转口贸易

境外（A）→曹家堡保税物流中心

境外（B）←曹家堡保税物流中心

进出口贸易保税物流中心内企业可与境外企业开展进出口贸易，其优势是可有效地解决境外企业面对中国市场的分销问题。

转口贸易是指国际贸易中进出口货物的买卖，不是在生产国与消费国之间直接进行，而是通过第三国转手进行的贸易，这种贸易对中转国来说就是转口贸易。其优势，中转国可利用保税物流中心这个平台，进行转口贸易，从而获取转口利润，同时也可通过转口申报有效屏蔽上游、下游供应商信息。

模式四：供应商管理库存业务①

保税物流中心具有保税和退税两大政策，为很多生产型企业带来了丰富的物流方案选择，供应商管理库存模式，俗称 VMI 模式②，就是其中的典型代表之一。专业的第三方物流企业在保税物流中心内建立专门的分拨中心，配备专业的人员，运用先进的物流管理系统，对来自境外和境内的供应商的货物实施有效的库存管理，能准确、迅速地向中心外配送生产所需的原材料、半成品，满足了中心外生产型企业的零库存管理要求。现在国内的很多保税物流中心（园区）都将开拓保税物流仓储和配送业务作为发展重点，充分利用保税物流中心的保税、退税政策优势，大力发展面向制造业的第三方物流服务。

模式五：简单加工和增值服务

可从事不改变货物化学性质和不超过海关规定增值率的简单加工和增值服务。包括对货物进行分级分类、分拆分拣、分装、计量、组合包装、打膜、加刷条码、刷贴标志、改换包装、拼装等辅助性简单作业。适用企业为：一是按照我国进口商品标签管理办法规定，拟在我国销售的进口商品必须附有正式的中文标签，由于国际国内人工成本的差异，进口商品可在保税物流中心进行贴标或分装。二是出口货品包装不符等原因在国外无法清关需退运回境的企业，因退运货物的报关手续相当烦琐且时效不高，可考虑退运回保税物流中心，在保税仓库重新改换包装后复运出境即可。其优势是可充分利用保税物流中心“境内关外”的功能，尽可能地延长国内加工链。

模式六：分送集报

分开送货，集中报关的简称，一般用于出口加工区、保税物流中心等特殊监管区域，经海关认定，信誉资质较好的企业，为提高通关效率，而采取的一种特殊通关模式。适用于小批量多批次的进出口加工贸易企业。其优势是对于生产加工贸易型企业一方面可加快货物的流转，充分利用保税物流中心仓库的保税功能快速分拨，及时供货；另一方面可有效降低报关成本。

---

① 海关总署加工贸易及保税监管司：《中国海关保税实务大全（第 2 版）》，中国海关出版社，2012，第 275 页。

② VMI（Vendor Managed Inventory）是一种以用户和供应商双方都获得最低成本为目的，在一个共同的协议下由供应商管理库存，并不断监督协议执行情况和修正协议内容，使库存管理得到持续的改进的合作性策略。

三、加快青海曹家堡保税物流中心（B 型）发展的对策建议

1. 借鉴先进管理模式，打造本地平台优势

截至 2015 年底，国家先后批准设立了苏州工业园区保税物流中心、天津高新保税物流中心、南京龙潭保税物流中心、青岛保税物流中心、西安保税物流中心等 76 家保税物流中心（B 型）。青海曹家堡保税物流中心（B 型）要借鉴先进运营管理模式，打造本地优势平台和行业领头企业的强强联合，结合青海当地产业结构及业务形态，提升曹家堡保税物流中心（B 型）的服务水平及服务功能，鼓励内贸企业以及物流企业入驻保税物流中心。青海曹家堡保税物流中心（B 型）具体功能定位要与青海经济、产业相结合，将曹家堡保税物流中心（B 型）打造成国家向西开放“桥头堡”的强大引擎，为落实“国家向西发展战略”提供强力保障。

2. 准确定位运营发展方向

第一，加快园区内产业链内上下游企业间的货物流转速度，降低物流成本，打造适用青海企业的 VMI 模式，真正做到 JIT[①] 配送理顺税务关系，呈现出口退税政策的优势性，发挥对周边生产企业的吸引力，形成园区产业聚集效应。

第二，扩大服务范围和区域，把业务辐射至青海各州市县以及整个西北地区。通过向辐射范围内的企业提供优质的保税物流服务的方式，完善青海保税物流的服务功能和监管体系，并最终成为西北地区保税物流网络的重要环节和关键组成部门。

第三，对进入保税物流中心的国内货物实行进区退税，避免这些货物的“境外一日游”，降低企业运营成本。同时，对国际分拨、配送、采购及国际中转等业务提供操作平台，以促进企业拓展新业务，提高物流效率。

第四，结合物流产业，合理布局农牧产业、新能源、新材料、藏医药等相关产业加工区，形成集进口加工、国际物流、国际贸易、金融服务于一体的综合性陆港。先发展物流，构建便捷的流通环境，然后再依托物流业发展工商业，为青海的产业结构调整和外向型经济发展提供强大动力。

第五，进一步整合周边物流、仓储、监管、加工、生产型服务、进出口贸易等资源，促进供应链完善，加快产业结构优化，为高新技术产业的高附

---

① 准时制生产方式（Just In Time，简称 JIT），又称作无库存生产方式（stockless production）、零库存（zero inventories）、一个流（one-piece flow）或者超级市场生产方式（supermarket production）。

加值原材料、制成品带来良好的保税物流环境。

第六，做大做强龙头项目，在项目的引入上既注重对现有存量的挖掘，又重视对外寻求增量，特别是外向型大项目和承接东部产业转移的项目，下大力气引进龙头企业，以龙头企业带动配套企业发展，加速保税物流中心产业聚集，推动青海经济发展。实施龙头项目引进战略，将全省的招商优惠政策向保税物流中心倾斜，入驻保税物流中心的企业在重大招商引资项目中享有优先权。同时在产业选择、区域带动、未来发展等方面做到定位高、起点高，把曹家堡物流保税中心（B型）定位为全省对外开放的重要载体和平台，定点西宁、带动全省，举全省之力进行建设、招商、发展，形成产业聚集效应。

第七，要打造产业集群规模效应，加快物流大通道建设。曹家堡保税物流中心（B型）的建成运营，要力争打造和提升以保税商品展销中心、青藏高原特色出口商品直销中心、跨境电商物流配送基地、丝绸之路国际会展中心等为主的产业集群及规模效应，以货物带动贸易流，从而牵动商业流，组建西北地区功能全面的进出口及国际商贸枢纽示范圈，加快物流大通道建设的快速发展。一是力争开辟国际货运航线；二是加大推进落实电子口岸平台建设步伐，整合进出口货物流、资金流以及监管数据信息，形成统一信息平台，提升监管效率，促进贸易便利化；三是在曹家堡保税物流中心组建跨境电商物流配送中心。

3. 扩大融资范围吸引战略投资者

加快曹家堡保税物流中心（B型）发展需要大量资金，仅依靠政府投入很难完成。因此，需要我们开阔视野，扩大融资范围，多方筹措资金。一是向信托机构借款，作为银行信贷的一种补充，信托机构的借贷方式比较灵活；二是可以吸引资金用于曹家堡保税物流中心（B型）的固定资产投资；三是吸引外资，吸引境外的战略投资者。加快曹家堡保税物流中心（B型）运营发展还可以采取其他的形式融资，但要充分考虑融入资金的条件，结合自身的实际情况融资，解决资金短缺的难题。

【案例拓展】

保税区是中国继经济特区、经济技术开发区、国家高新技术产业开发区之后，经国务院批准设立的新的经济性区域。由于保税区实行比其他开放地区更为灵活优惠的政策，已成为中国与国际市场接轨的“桥头堡”。综合保税区是目前我国开放层次最高、优惠政策最多、功能最齐全、手续最便捷、运行规则与国际接轨的一种新的自由贸易港区模式。

目前，西北五省市中，甘肃已经获批兰州新区综合保税区和武威保税物流中心。宁夏被确定为内陆开放型经济试验区以及获批银川综合保税区。新疆被确定为“丝绸之路经济带核心区”，同时拥有阿拉山口国家级综合保税区和喀什综合保税区两个国家级保税区，正在积极申报乌鲁木齐综合保税区，获批可能性较大。西藏也在积极申报那曲综合保税区。而青海目前只有曹家堡保税物流中心即将投入运行。曹家堡保税物流中心的主要作用就是解决一般贸易出口商品退税问题、解决一般贸易进口商品保税问题和解决加工贸易中的深加工和结转货物问题，有利于降低物流成本和增加物流服务价值。

在曹家堡保税物流中心的投入运行平稳之后，青海省应该着手加快保税物流中心向综合保税区的升级，升级为综合保税区，将有助于提高开放层次、获得优惠政策、完善功能，将来还能享受到自贸区的各种优惠政策，并为纳入自贸区做好准备。虽然短时间内青海省还不具备申请自贸区的条件，但是可以通过与周边省份的合作，为今后长期规划做准备。目前，与青海毗邻的兰州正在积极申报自贸区，新疆也拟以喀什综合保税区为主体，联合乌鲁木齐出口加工区、阿拉山口保税区等几个口岸共同申报新疆自贸区，宁夏也在积极申请设立中阿自由贸易区。加强与这些省市的合作，有助于青海省对外贸易的快速发展。

第八章　青海金融业

【学习目标】

1. 了解新中国成立以来青海省金融业在金融机构、金融改革、金融监管、金融科技等方面的发展历程

2. 掌握“十二五”以来青海省金融业的发展现状及存在的主要问题

3. 理解“十三五”开局以来青海省金融业的发展前景展望

区域经济增长是区域经济发展的基础，区域金融是区域经济发展到一定阶段的产物。近年来青海省金融业不断发展壮大，为促进全省经济社会发展做出了积极贡献。青海省经济发展主要靠工业来支撑，银行信贷主要集中在电力、化工、有色金属等领域，金融产业发展仍较为滞后，与经济社会发展还不相适应。大力促进青海金融业发展，对促进全省经济又好又快发展具有重要的意义。

第一节　青海金融业发展历程

新中国成立后，青海省金融业摈弃半殖民地半封建社会高利盘剥的信贷制度，树立起“筹集社会资金，支持经济建设”新信贷制度，金融组织体系得到了充分发展，信贷业务蒸蒸日上。从新中国成立到2005年的五十多年期间，青海省金融业实现了“六个转变”：一是金融机构体系由人民银行“大一统”转变为人民银行实行垂直领导；二是体制僵化的国家专业银行转变为充满活力和市场竞争力的国家控股的股份制商业银行；三是传统、落后、低效的手工操作转变为各项业务操作电子化、客户信息管理电子化；四是资本市场从无到有；五是保险市场从单一的国有保险转变为财险、寿险分业经营，多主体、多种类并存；六是金融业监管职能由集中统一监管转变为分业监管。金融在现代经济中的核心作用日益凸显。

一、新中国成立以来至改革开放前青海金融业的发展历程

新中国成立后，青海金融事业生机勃勃地发展起来，青海省金融业摒弃半殖民地半封建社会的高利盘剥的信贷制度，树立起“筹集社会资金，支持经济建设”的新信贷制度，使信贷事业蓬勃发展。

金融机构得到了充分发展，1949 年 10 月 20 日，中国人民银行青海省分行成立。同时，在州县政府所在地建立中心支行、分行，到了 1957 年，基层机构已经发展到了 159 个。1951 年开始兴办农牧区合作金融组织——农村信用合作社，1957 年已经发展到 284 个。为了有效运用与管理基本建设资金，1952 年 8 月 1 日成立了交通银行青海办事处（后改为青海分行），1954 年 10 月 1 日，建设银行青海分行成立，接管交通银行青海分行业务。1950 年 7 月 1 日，中国人民保险公司青海分公司成立。1955 年 5 月 1 日，中国农业银行青海省分行成立。至此，全省已形成了一个纵横交错的金融组织网络，满足了经济发展的需要。1979 年以前，金融机构的组建服从于社会主义计划经济的需要。建设银行属于财政部，履行财政职能，行使财政对基本建设项目的拨款与监督使用；农业银行的主要职能是开办农村金融业务，指导农村合作金融组织。人民银行既是国家管理金融的行政组织，又是经营货币的信用经济组织，成为青海省的现金、出纳、簿记和结算中心。这种金融组织与信贷制度，在三年国民经济恢复期与“一五”计划时期，其优越性发挥得淋漓尽致。

二、改革开放以来至 1985 年青海金融业的发展历程

1979 年中共十一届三中全会后，随着经济体制的改革，金融体制改革也开始进行。在经济体制中重新引入商品货币因素，首先致力于建设一个多元化的金融体制。1979 年 12 月 26 日，中国农业银行青海省分行恢复；1980 年 1 月 1 日，中国银行西宁分行正式成立，主要经办外汇、外贸结算业务；1980 年 6 月 14 日，中国人民保险公司青海省分公司重新成立，开办国内外保险业务；1984 年 1 月 1 日，中国工商银行青海分行诞生，主要办理城市工商信贷业务，根据当时的实际情况，与人行暂不分设，采取一个机构、两块牌子，资金与账务划开。1984 年 4 月 20 日，中国建设银行正式纳入金融体制。同年，根据国务院决定，中国人民银行作为国家中央银行，履行对各金融机构的管理、协调、监督、稽核职能。至 1985 年，我国逐渐形成了以中国人民银行为领导、国家专业银行为主体、多种金融机构并存和协调发展的金融组织体制。1985 年末，青海省金融机构各项存款余额 26.63 亿元，各项贷款余额 21.15 亿元。

三、1986年至2005年青海金融业的发展历程

1986年至2005年的20年间，青海省金融业认真贯彻执行国家金融方针政策，紧紧围绕全省经济社会发展目标，加强和改善金融宏观调控，深化金融体制改革，为促进全省经济社会发展做出了突出贡献。

1. 金融机构体系逐步建立

1986年，人行青海省分行与工行青海省分行正式分开，人行青海省分行开始正式行使央行职能。1998年末组建人行西安分行西宁金融监管办事处和人行西宁中心支行。从1999年1月1日起，西宁中心支行认真履行央行职能，开始实施金融宏观调控、发行货币、经理国库、支付结算、票据清算等金融服务，维护地方金融稳定。1987年初，工行青海省分行正式成立，从此形成了工行、农行、建行、中行四大专业银行，业务适当交叉，开始竞争的局面。

截至2005年末，青海省银行业金融机构1075个，营业网点遍布城乡，从业人员12985人，初步建立了符合青海省情、适应市场经济体制需求的，在中央银行领导下的以国有政策性银行、商业银行为主体，地方性股份制银行及农村信用社并存，分工协作、功能互补的银行机构体系，为社会各界提供了多层次、多功能的高效优质服务。

2. 金融改革稳步推进

1988年2月，人行西宁市分行成立西宁资金市场，开展同业短期拆借业务，调节资金余缺。人行青海省分行相继成立了青海省外汇调剂中心与青海省融资中心，有条件地开放黄金市场，进一步搞活了青海省资金市场。20世纪90年代中期以来，工行、中行、建行、农行不断深化内部改革，转换经营机制，建立现代金融企业制度。一是完善资金计划管理制度，认真实行资产负债比例管理；二是改革信贷管理制度，全面推行贷款五级分类制度；三是建立健全以人均创利为核心的财务运作机制，增收节支，开源节流；四是改革人事管理与分配制度，实行干部公开竞聘制、全员劳动合同制。截至2005年末，4家国有商业银行各项存款余额553.89亿元，各项贷款余额377.84亿元。1996年12月1日，青海省实现人民币经常项目可兑换。1997年再次大幅度提高青海省居民个人因私用汇标准，截至2005年末，青海省各项外汇存款余额5921万美元，国际金融业务有了较大发展。

3. 证券、保险业务快速发展

1986年以来，青海省证券管理监督部门实施“培育改制一批，辅助申报一批，发行上市一批”梯次推动战略，选择市场前景好、经营效益好的企业上市发行股票，积极稳妥发展资本市场。截至2005年末，西宁特钢、青海华

鼎、贤成实业、金瑞矿业等9家公司上市发行，平均每股净资产1.76元，总股本26.48亿股，总市值152.51亿元，主营业务收入72.51亿元，市场交易总额92.51亿元，资本市场的功能得以发挥，直接融资比重提升，证券机构盈利能力提升。

20世纪80年代初，青海省恢复保险业务。1996年实行保险分业经营，平安保险业进入青海市场，青海省保险业发展迅速。2005年全省保费收入7.86亿元，赎款与给付支出1.99亿元，分别比1985年末平均增长2.6%和8.9%；保险深度（保费收入/GDP）为1.45%，保险密度（按常住人口计算的人均保费收入）为144.66元/人，比1986年分别增长7.5%和20.9%。

4. 金融监管日益完善

1986—1998年，人行青海省分行履行监督稽核全省银行业机构的职能，严把市场准入关，合理规划全省机构网点设置，纠正滥设网点行为，清理整顿金融性公司与金银市场，维护金融秩序。1999—2002年间，人行西安分行西宁金融监管办事处全面落实金融监管责任制度，积极推动全省金融安全区建设。2003年10月青海银监局成立，按照“管法人、管内控、管风险、提高透明度”的监管新理念，综合运用现场检查、非现场监管、市场准入监管、银行高级管理人员任职审查、责任追究等措施，加强对银行业风险的有效监管。

中国证监会青海监管局（以下简称青海证监局）的前身是青海省证券管理办公室，1999年7月1日移交中国证监会垂直领导并正式挂牌为中国证监会西宁特派办，2004年3月更名为中国证监会青海监管局。

1986年，各级人行设立保险管理机构。2001年中国保监会西宁保监办成立，2004年更名为青海保监局，负责全省保险业监管工作。2001年以来，全省保险监管部门坚持“抓监管、防风险、促发展”这一中心任务，引导辖内保险机构积极拓宽服务领域、创新保险产品、发展保险事业，并坚持现场监管与非现场监管相结合，对辖内保险机构进行市场巡查、专项检查、投诉检查、整规检查100多次，强化保险风险防范控制，规范全省保险业健康发展。

5. 金融科技发展迅速

1986年至2005年的20年间，全省各金融机构坚持科技兴行的战略思想，实现了业务处理的电子化、网络化，机关办公自动化，电子服务向多元化方向发展，电子化网点覆盖率达到100%。到2005年各家银行计算机网络覆盖各州、市、地、县，网上银行、电话银行、自助银行等新兴业务如雨后春笋，ATM机、POS机遍布城乡，为社会各界提供综合性、多功能、全天候服务；资金结算渠道形式多样，功能齐全；各种电子产品各具特色，中间业务发展层出不穷，满足了不同层次客户的不同需求，拓宽了收入渠道提高了经济效益。截至2005年末，全省金融机构累计发行各种银行卡180.6万张，跨行交易额27.5亿元。

四、“十一五”以来青海金融业发展历程

“十一五”期间，在省委、省政府的坚强领导下，全省金融系统积极应对复杂多变的国内外经济环境，努力克服国际金融危机冲击带来的不利影响，金融业取得了前所未有的发展，金融业整体资产质量和经营业绩不断提升，对经济社会的支撑力和带动力明显增强，有力支持了青海重点项目、重点企业和重点区域的资金需求，金融的经济核心地位进一步凸显，为“十二五”时期金融业实现跨越式发展奠定了坚实的基础。

1. 金融综合实力显著提升

（1）存、贷款总量快速增长

全省银行业认真落实国家金融政策，不断加大信贷投放力度，有力支撑了青海经济社会发展。截至2010年底，各行人民币存、贷款余额分别为2319.64亿元和1822.65亿元，与“十五”末相比，分别增长216.42%、185.41%；银行业总资产3030.9亿元，增长240.26%；银行网点995个，增长12.55%；从业人数15374人，增长19.95%。

（2）资本市场快速发展

上市公司质量不断提高，再融资能力显著增强，证券、期货经营机构历史遗留问题逐步解决，业绩进一步提升。上市公司由9家发展到10家，与“十五”末相比，增长11.11%；上市公司总市值2082亿元，增长1253.37%；融资额319.06亿元，增长354.2%；总资产844.16亿元，增长387.95%；销售收入484.58亿元，增长568.29%；净利润61.95亿元，增长1324.14%。

（3）保险业发展迅速

保险市场进一步拓展，保险品种不断丰富，保险覆盖面不断扩大，保费收入不断增加，保险的分散风险和保障功能进一步显现。截至2010年底，全省保险机构总资产41.6亿元，与“十五”末相比，增长462.3%；2010年，全省实现原保费收入25.7亿元，比2005年增长226.97%；2010年全省保险深度和保险密度分别为1.91%和456.94元/人，分别比2005年增加0.46个百分点和311.51元/人。

（4）非银行金融机构稳步发展

覆盖全省的融资性担保体系初步形成，首批试点的小额贷款公司发展顺

利，5 家小额贷款公司贷款总额 1.38 亿元。典当行、拍卖行规范健康发展，为中小企业、“三农”提供融资服务的能力不断增强。截至 2010 年底，全省 56 家融资性担保机构在保责任余额 60.93 亿元，平均放大倍数 2.86。

（5）产权市场创新发展

产权市场有效发挥投融资、信息集聚、价格发掘的功能，市场规模不断扩大，促进产权有序流转、资源优化配置，功能不断增强。截至 2010 年底，共为各类企业处置各类资产 99 宗，总成交额 16.93 亿元，实现增值 1.39 亿元，增值率为 8.91%。

2. 金融市场体系日臻完善

（1）银行业组织体系不断完善

随着工、农、中、建、交等大型商业银行股份制改革顺利完成并成功上市，青海各分行公司治理结构进一步优化，管理水平明显提高，经营业绩大幅提升。国家开发银行青海省分行的开发性业务在全省经济社会发展中发挥了重要作用，中国农业发展银行青海省分行发挥着政策性银行服务于农牧区农业基础设施建设和农牧产业化发展的作用，中国邮政储蓄银行青海省分行服务“三农”作用初步显现，青海银行增资扩股和跨区域经营取得重大进展，农村信用社县市统一法人社改制工作全面完成。

（2）资本市场体系日趋完善

10 家上市公司全部完成了股权分置改革工作，法人治理结构进一步完善，再融资能力进一步增强，融资规模持续扩大，国有资本实现了保值增值。天源证券公司和财富期货公司通过重组，股权关系进一步明晰，经营业绩逐步好转。证券期货经营机构设置更趋合理，“证券小营业部”试点工作有序开展。

（3）保险市场体系日趋完备

截至 2010 年底，全省共有保险公司省级分公司 9 家，比 2005 年底增加 4 家。各级保险分支机构由 126 家发展到 217 家，从业人员由 2767 人发展到 7560 人。保险产品种类不断丰富，保险覆盖面进一步扩大，农业保险财政补贴工作开展顺利。

（4）非银行金融机构发展迅速

通过不断探索具有青海特点的非银行金融机构发展模式，非银行金融机构实现了跨越发展。截至 2010 年底，相继成立了 56 家融资性担保机构、5 家小额贷款公司、19 家典当行、13 家拍卖行、3 家新型农村金融机构；设立了青藏高原第一支创投基金——昆仑基金、第一支产业基金——西宁国家低碳产业基金；组建了西部第一家金融超市——青海金融超市；重组成立了五矿国际信托有限公司，金融市场体系进一步完善。

第二节 青海金融业发展现状及存在的主要问题

“十二五”时期，在青海省委省政府的坚强领导下，青海省金融系统全力落实《青海省“十二五”金融业发展规划》确定的各项目标任务，先后出台《青海省深入推动金融改革发展的若干政策措施》《关于着力缓解企业融资难、融资贵的实施意见》等40余项政策文件，不断深化金融改革，加大金融创新力度，拓宽金融服务领域，加强和改善金融监管。金融生态环境持续改善，新型金融业态迅速发展，提前或超额完成社会融资规模、金融业增加值、贷款余额、企业上市挂牌等4项主要指标，成为青海省新的支柱产业。自2011年以来，省政府累计兑现支持金融业发展专项资金7763.26万元和金融支持工业、小微企业发展奖补资金近8630.18万元，开创了财政金融“双轮”驱动、经济金融良性互动的新局面，为“十三五”时期青海经济社会发展奠定了坚实基础。

一、青海省金融业发展现状

1. 金融业整体实力显著增强

“十二五”期间，全省累计完成社会融资规模5448.87亿元，2015年完成社会融资规模1111.82亿元，年均增长15.5%；全省企业累计完成直接融资1441.47亿元，其中，2015年完成直接融资486.32亿元，占社会融资规模比重较2010年提高39.63个百分点。截至2015年末，全省金融机构本外币各项贷款余额5124.1亿元，本外币各项存款余额5227.96亿元，年均增长分别为22.83%、17.57%。贷款余额、存款余额和累计完成社会融资规模均突破5000亿元大关。2015年全省原保费收入56.3亿元，完成保险赔付支出20.32亿元，年均增长分别为19.3%、25.03%。上市公司总数10家。2015年，全省金融业增加值220.87亿元，占地区生产总值比重达到9.1%，年均增长32.28%。

2. 金融组织体系日趋完善

近年来，青海省金融行业一直保持较好的发展势态。金融业务种类、范围都在扩大，由最初单一的银行储蓄业务发展到保险、证券、财务、投资等业务，各类金融机构发展稳步前进。金融机构改革稳步推进，组织结构体系更加完善（如图8-1所示）。

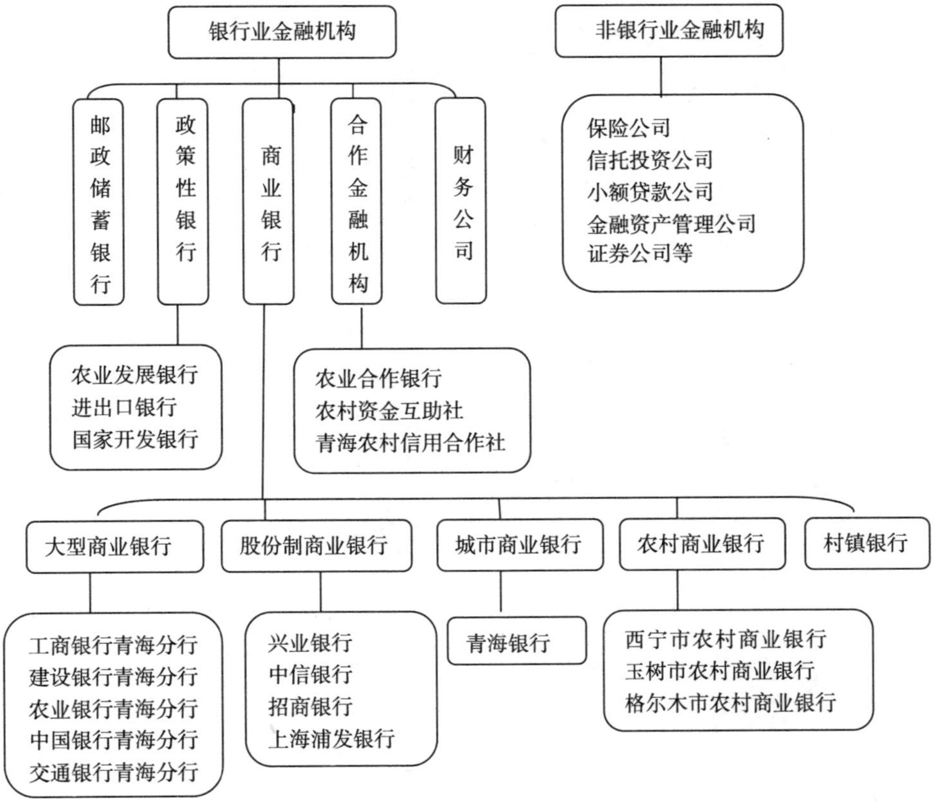

图 8－1　青海省金融机构体系构成

（1）银行业金融机构平稳发展

银行业金融机构发展迅速，保持良好的发展态势，资产规模和质量同步提高。近两年来，随着大型股份制商业银行交通银行入驻青海，浦发银行西宁分行、招商银行西宁分行、中信银行相继开业，西部矿业财务公司、信达资产管理公司青海省分公司等金融机构运行以来，使青海省逐步形成了以国有商业银行和政策性银行为主力军，以股份制商业银行、邮政储蓄银行、城市商业银行、农村信用社为生力军，以新型农村金融机构、财务公司、信托公司为有益补充的结构合理、功能完备的多层次金融组织体系。2014 年，通过加大金融招商力度成功引进全国性股份制商业银行 5 家，新设村镇银行 3 家，银行业机构总数达到 49 家。

2005 年国有商业银行中国银行、中国工商银行和中国建设银行，首先开始股份制改革，受股份制改革的影响，青海省银行类金融机构营业网点和从业人员开始精减，至 2005 年末，营业网点较 2004 年减少 70 个。从业人员较

2004年减少369人，但资产总额较2004年有所增加；2006年继续保持2005年趋势，机构、人员同时精减，各家银行在改革过程中，适度调整机构和人员数，保持了资产稳定增长的趋势，资产总额首次突破千亿元达到1085亿元；2010年之后，青海省金融业迎来了快速发展时期，金融机构经营能力和经营效益不断提升，金融资产总额逐年增加，至2012年底资产总额为4839亿元。现代金融体系逐步完善，全省银行业从业人员数和营业网点再次增加。2012年底，分别为15985个从业人员和1030个网点。2014年，青海省银行业金融机构资产总额6487.0亿元（如表8－1所示），同比增长12.1%，增速较上年下降7.8个百分点；负债总额6251.7亿元，同比增长12.0%，增速下降7.1个百分点。实现利润101.7亿元，同比多盈利15.3亿元。银行业金融机构资产质量总体向好。2014年末，青海省不良贷款余额47.6亿元，较年初增加3.3亿元。不良贷款率较年初下降0.14个百分点。

表8－1　2014年青海省金融机构情况

机构类别	营业网点			法人机构（个）
	机构个数（个）	从业人数（个）	资产总额（亿元）	
大型商业银行	430	9798	2815	0
国家开发银行与政策性银行	27	577	1653	0
股份制商业银行	17	445	419	0
城市商业银行	74	1530	533	1
城市信用社	0	0	0	0
小型农村金融机构	376	3534	726	31
财务公司	1	28	61	1
信托公司	1	303	52	1
邮政储蓄	180	937	215	0
外资银行	0	0	0	0
新型农村金融机构	4	51	14	3
其他	1	27	0	0
合计	1111	17230	6487	37

注：营业网点不包括金融机构总部数据，小型农村金融机构包括农村商业银行、农村合作银行、农村信用社；新型农村金融机构包括贷款公司、村镇银行和农村资金互助社；“其他”包括金融租赁公司、汽车金融公司、货币经纪公司、消费金融公司等①

① 数据来源于青海银监局网站。

（2）金融生态环境的改善，促进了创新型金融机构的成长

非银行类金融机构迅速崛起并占有一席之地，各家证券公司、保险公司、投资理财顾问公司等纷纷在青海设立分公司，促进青海融资的多元化发展。由青海省统计局编制的《青海省第三产业调查资料（2006—2011年）》（以下简称为《汇编》）显示：全省金融业机构数量由2006年的969个增长至2011年的1240个，年均增长5.1%，其中证券业机构数量、其他金融机构（包括融资性担保机构、小额贷款机构、典当及拍卖等机构）数量年均增长分别达到21.1%和29.9%。随着各类金融机构数量的不断增加，青海金融组织体系日趋完善。非银行机构建立了风险救济金，构建了有效的风险预警和缓释机制。新增证券业机构8家，证券营业部总数达到21家；引进保险业机构7家，保险业机构总数达到16家；组建了省信用担保集团公司、青海股权交易中心；新增融资性担保机构47家；小额贷款公司83家；股权投资基金3只、基金管理机构12家；财务公司1家、民间投融资服务中心1家、互联网金融服务公司2家、资金互助社1家，各类创新型金融机构总数达到183家。全省初步形成了银行、证券、期货、保险、信托、基金等多种金融机构并存，全国性、区域性、地方性金融机构协调发展的多元化金融组织体系。

截至2014年末，青海新设小额贷款公司、融资性担保机构、互联网金融服务公司等创新型金融机构160余家。其中，新设小额贷款公司85家，完成规划目标的4.25倍；贷款余额49.71亿元，年均增长165.5%；融资性担保机构69家，在保责任余额337.18亿元，完成规划目标的2.25倍，年均增长53.4%。相继组建成立了青海省信用担保集团公司、西部矿业财务公司、西宁民间投融资综合服务中心、青海汇金金融服务有限公司、青海创新金融信息服务有限公司等政策性、创新性金融机构，多样化的地方金融服务体系逐步形成。

（3）资本市场融资体系日趋完善

青海省证券业经过十几年的发展，取得了很大的进步，并且一直保持稳健发展的步伐。全省在2012年末，辖区有证券公司1家，证券服务部5家，证券营业部6家，已有8家完成股权分置改革（如表8－2所示）。证券市场在经过2007—2009年的大起大落之后，经营状况趋于好转。

一是直接融资规模快速增长，融资结构更趋合理。截至2012年12月底，全省通过上市公司再融资、企业债、信托融资、中期票据、短期融资券、保障房私募债等方式直接融资273.45亿元，为2006年的40.81倍，占新增银行贷款的比重提高至49.61%。二是直接融资品种日益丰富，融资渠道不断拓宽。2012年50亿元保障房私募债成功发行，使青海成为继北京之后全国第二

个发行保障房私募债的省份；中期票据融资45亿元，实现了零的突破。三是企业上市工作有序推进，建立了符合青海实际的梯次培育工作机制，上市后备企业达到103家。

表8-2 青海辖内上市公司一览表

青海省上市公司名称	上市时间
青海盐湖工业股份有限公司	2011.3
远东智慧能源股份有限公司	1995.2
青海春天药用资源科技股份有限公司	2001.5
西宁特殊钢股份有限公司	1997.12
西部矿业股份有限公司	2007.7
青海金瑞矿业发展股份有限公司	1996.6
青海华鼎实业股份有限公司	2000.11
青海明胶股份有限公司	1998.8
广誉远中药股份有限公司	1996.11
青海互助青稞酒股份有限公司	2011.12

（4）保险业发展规模不断壮大

目前，青海省保险业发展速度较为平稳，在2008年对财产保险分支机构的分类方法做了调整之后，全省保险公司分支机构个数一直保持9家不变，到2012年增加为12家，同时保费收入一直在持续增长。保险机构稳健经营，保险覆盖面逐渐扩大。保险业稳中有升，在2012年，县级区域实现了保险机构的全面覆盖；保险业务的类型和范围不断扩大，业务量迅速增长。一是以保险公司为主体的专业保险中介机构、保险代理机构服务体系逐步形成。截至2013年9月底，全省共有13家保险公司在青海设立分支机构，比年初增加1家，其中财产险公司7家、人身险公司6家；专业保险中介公司11家，比年初增加2家；保险兼业代理机构769家，比年初增加47家。2013年9月底，全省共有保险营销员5831人，比年初增加544人。全省原保险保费收入由2006年的8.72亿元增长至2012年的32.4亿元，年均增长24.45%，其中2012年增速居全国第二位。二是保险理赔难问题逐步得到缓解。2012年，全省累计赔付支出10.9亿元，较2006年的3.12亿元增加了7.78亿元。三是农业保险服务能力进一步提高，开办区域和品种范围逐步扩大（如表8-3所示）。

表 8－3 青海省原保险保费收入增长情况（2006—2012）

年份	2006	2007	2008	2009	2010	2011	2012
原保险保费收入（亿元）	8.72	10.74	14.11	18.21	23.3	27.89	32.4
同比增速（%）		23.16	31.29	29.08	27.95	19.72	16.16
增速在全国位次		24	28	1	4	5	2

3. 金融业规模快速扩张

一是金融业增加值快速增长。2006—2011 年，全省金融增加值由 20.9 亿元增加至 79.98 亿元，翻了近两番，年均增长 23.3%，占第三产业的比重由 8.7% 提高到 13.9%，提高了 5.2 个百分点。二是金融企业固定资产和资本规模不断增加。2006—2011 年，金融企业固定资产原价由 17.93 亿元增加至 38.64 亿元，年均增长 16.6%；实收资本由 14.46 亿元增加至 123.15 亿元，年均增长高达 53.48%。三是金融机构信贷规模不断扩大。统计数据显示，2006—2012 年，青海金融机构人民币存款余额由 896.78 亿元增加至 3528.41 亿元，年均增长 25.65%，人民币贷款余额由 723.18 亿元增加至 2791.68 亿元，年均增长 25.25%。其中，2012 年青海金融机构人民币存款余额增幅居全国 31 个省（区、市）之首，人民币贷款余额居全国 31 个省（区、市）第 3 位。贷款继续保持较快增长，结构调整力度加大。

2014 年，青海省金融机构本外币贷款同比增长 22.8%。其中，第一产业贷款同比增长 16.1%；第二产业贷款同比增长 12.4%（如图 8－2 所示）。薄弱领域信贷投入加大，青海省涉农贷款余额占全省各项贷款余额的 37.2%，余额占比较去年同期提高 7.2 个百分点；扶贫贴息贷款、小型企业贷款、下岗失业人员小额担保贷款、各类助学贷款和民族贸易企业优惠利率贷款贴息金额同比分别增长 231%、22.18%、30%、11% 和 51.4%。2014 年末，全省农村合作金融机构股本金总额达 28.0 亿元，较年初增加 2.2 亿元，法人股占比达 52.7%。大通、互助等县农村信用社改制农村商业银行工作稳步推进。国开行有约束、可持续的业务发展模式加快建立，农发行自营性业务审慎开展，邮储银行二类支行改革稳步推进。此外，部分地方法人金融机构成立了同业业务专营事业部。

人民银行西宁中心支行合理应用各种货币政策工具组合，保持全省银行体系流动性合理充裕，引导金融机构增加对关键领域和薄弱环节的信贷支持。2014 年累计发放再贷款 220 亿元，累计办理再贴现 44 亿元，年末再贷款及再贴现余额 94 亿元，同比增长 36.6%。

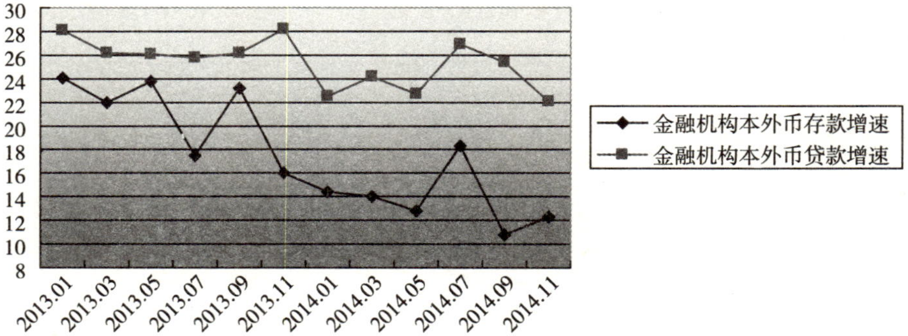

图 8－2 2013—2014 年青海省金融机构本外币存贷款增速变化①

4. 金融发展环境持续优化

省、市（州）及部分县相继设立了金融工作办公室，先后出台了 40 余项政策文件，强化了对金融业改革发展的窗口指导和对金融运行的综合协调服务，为全省金融业与经济社会实现良性互动发展提供了有力的政策和制度保障。财政金融联动作用明显加强。2011 年以来，省政府累计兑现支持金融业发展专项资金 102807 万元，金融支持小微企业奖补资金 14240 万元。深入推进金融人才队伍建设，举办各类金融培训班 165 期，培训 13589 人（次）。征信系统覆盖范围进一步扩大，信用体系建设取得新成效。截至 2015 年末，全省征信系统共为 2.43 万户企业和 383.92 万个自然人建立了信用档案，共评定信用乡（镇）130 个、信用村 1611 个、信用户 33.75 万户。妥善处理了青海碱业、贤成矿业等风险，打击和处置非法集资工作成效显著，守住了不发生区域性、系统性金融风险的底线。

5. 金融企业经营业绩稳步提升

近年来，青海金融企业经营业绩不断增长。青海金融企业营业收入增长迅速，由 2006 年的 40.62 亿元增长至 2011 年的 214.37 亿元，年均增长达到 39.47%；金融企业净利润整体呈上升态势，由 2006 年的 17.23 亿元增长至 2011 年的 46.99 亿元，年均增长 22.22%。

① 数据来源于人民银行西宁中心支行。

6. 利率走势总体平稳，差别化定价趋势明显

2014 年，青海省金融机构人民币贷款利率走势整体平稳。各期间贷款加权平均利率较上年小幅上升 1 个基点。从各家金融机构利率浮动情况来看，差异化定价趋势明显，大型国有银行存款利率上浮幅度小、上浮贷款比重低；中小地方金融机构存款利率上浮幅度大、上浮贷款比重高。政策性银行上浮利率贷款占各项贷款的比重为 30.6% 左右，国有商业银行占 49.9%，区域性股份制商业银行占 57.9%，地方法人占 73.5%（如图 8－3 所示）。

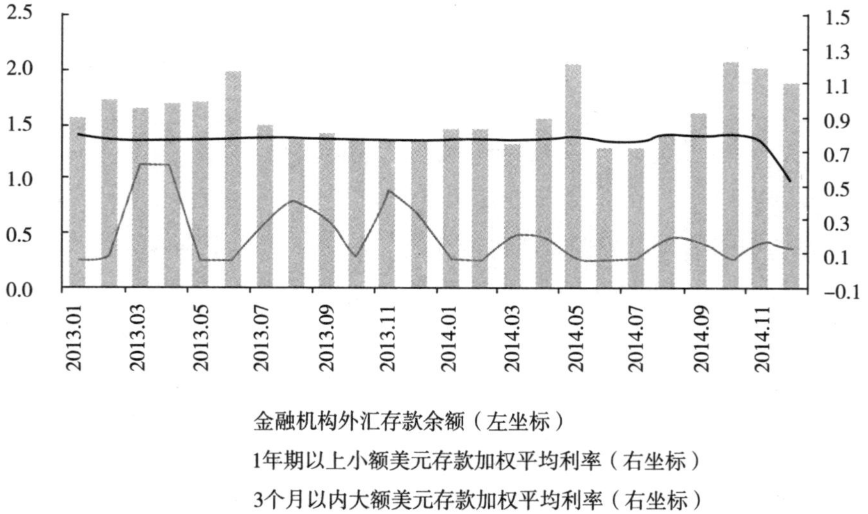

图 8－3 2013—2014 年青海省金融机构本外币存款余额及利率①

二、青海金融业存在的主要问题

“十二五”期间，全省金融业实现快速发展，但相对于全省经济社会发展新需求还有一定差距：一是金融组织体系有待完善。金融机构发展不平衡，法人机构及区域性总部较少，地方法人金融机构及新型农村金融机构规模小、实力弱，服务地方经济社会发展能力和水平有待加强。二是金融市场结构有待优化。经济社会发展依然主要依赖信贷融资，且贷款的行业和地区集中度偏高，多层次资本市场利用不充分，直接融资比重有待提高，债券市场、期货市场、基金市场等发展相对缓慢，市场间联动机制有待完善。三是金融创新发展及开放融合力度有待加强。金融机构创新能力依然不足，高素质金融

① 数据来源于人民银行西宁中心支行。

人才缺乏，金融业对外开放程度不高，利用国际国内两个市场、两种资源本领有待加强。四是金融发展环境有待改善。企业“融资难、融资贵”问题依然存在，信用体系、担保体系还不完善，风险防范水平有待提升。

1. 金融业规模和实力整体偏低

从银行业看，青海省存款、贷款、资产总额等总量指标居西北五省区末位，占全国比重很小。截至2012年末，全省金融机构人民币各项存贷款余额分别仅占全国的0.38%、0.41%，而甘肃、新疆均在1%以上；人均人民币存款余额较全国平均水平低0.62万元，社会财富聚集程度较低。

从证券业看，青海省资本市场发展更为滞后，直接融资功能较弱。截至2012年末，青海仅有10家上市公司（沪市7家，深市3家），占全国上市公司总数的0.4%，与西藏并列全国末位。从发展速度来看，近10年来，全国上市公司增加1300多家，而同期，青海仅新增2家，制约了资本市场直接融资规模的扩张。

从保险业看，青海省保险业发展尚处于起步阶段，保费收入、保险密度、保险深度等指标居西北五省区末位。2012年，全省保费收入仅占经济总量相近的宁夏的51.68%；保险密度为565.28元，较全国平均水平低578.59元；保险深度为1.72%，较全国平均水平低1.26个百分点。

2. 金融资源区域分配不平衡

目前，青海信贷资源主要分布在西宁市区。截至2012年末，西宁市各项人民币存款余额2364.86亿元，占全省的67.02%，其他7个州地合计占全省的32.98%；西宁市各项人民币贷款余额2257.50亿元，占全省的80.87%，其他7个州地合计占全省的19.13%。信贷资源区域分布不平衡，不利于全省经济的协调发展，同时也造成果洛、玉树等偏远地区金融资源配置不足。

3. 青海各地金融组织体系不健全

自20世纪90年代末国有商业银行大幅精简机构和人员以来，青海县域地区银行业机构一直呈撤并、下降趋势，大量农牧区金融机构纷纷退出市场。截至2011年末，青海省354个州地乡镇平均拥有银行机构网点1.56个，有164个乡镇没有金融机构，占全省乡镇数的46.32%，乡镇级金融服务盲点覆盖率高达46.3%，较2009年增长49%。从各州地金融机构服务覆盖情况来看，金融服务覆盖率除海北（83.33%）、海南（75%）、黄南（63.64%）外，其余各州地均低于60%，其中偏远地区金融机构缺失情况较为严重，果洛、玉树金融空白情况分列全省第一、第二位，两州共有金融机构网点空白乡镇76个，占全省空白乡镇的46.34%，玉树金融服务空白区高达86.67%，果洛与玉树基本持平，金融服务空白区为86.36%。

4. 银行业、证券业、保险业发展不均衡

截至2011年末，全省共有银行业金融机构1010个，占金融机构总数81.45%，而证券业和保险业金融机构数量分别为13个和132个，仅占金融机构总数的1.05%和10.65%。从增加值来看，2011年银行业增加值44.34亿元，占全部金融业增加值的74.48%，证券业和保险业增加值分别为2.26亿元和7.76亿元，分别占全部金融业增加值的3.78%和13.04%。就从业人员数量而言，截至2011年末银行业从业人员15586人，占全部金融业从业人员的59.28%，证券业和保险业从业人员287人和8237人，分别占全部金融业从业人员的1.09%和31.33%。上述分析表明青海银行业、证券业和保险业发展不均衡。

5. 金融产品和服务创新动力不够

国有大型银行金融创新产品大多是其总行推出，结合青海特色的创新产品较少，针对个人消费的信贷产品不丰富，多样化、个性化的金融需求还未得到有效满足；针对中小企业和广大农牧区的业务创新和产品不足，难以满足中小企业和新农村建设的服务需求。2011年青海银行业金融机构利息收入195.69亿元，占全部营业收入的91.29%，表明传统业务收入仍然是青海省当前省银行业利润的最主要来源，中间业务发展较为缓慢，束缚了银行金融产品和服务创新的步伐。此外，青海大多数保险公司没有明确的市场细分目标，提供的产品没有本质的区别，针对青海特色的保险产品不足，消费者的保险需求未能得到很好的满足。

第三节　青海金融业发展展望

一、青海金融业发展策略

1. 建立健全融资服务机制，构筑多层次金融服务体系

（1）完善融资性担保体系

完善融资性担保体系建设规划，继续扶持融资性担保机构建设，鼓励和引导担保机构扩大规模、创新产品、深化服务，全面提升其为中小企业、种养殖加工户、个体工商户等提供融资担保的能力。

（2）加快发展创业投资体系

加快发展创业投资企业。增加政策性创业引导基金规模，通过参股或跟进投资等方式引导各类创业投资聚集，为青海重点产业特别是新兴战略性产业发展提供资金支持。

(3) 积极推动产业投资基金的设立和运作

充分发挥青海作为资源大省的优势，着力发展资源金融。通过设立产业投资基金，广泛聚集和引导社会资金投入青海优势资源领域，以创新的金融产品和工具支撑资源综合利用。积极推动设立“西宁国家低碳产业投资基金”，为低碳经济发展提供金融支持。

(4) 加快发展各类金融中介服务组织

充分发挥行业协会在自我约束、利益协调、信息沟通、改善服务等方面的独特作用。通过改制、重组、引进等方式，发展一批专业性强、信誉度高、服务水平好、有竞争能力的会计师事务所、审计师事务所、律师事务所、资产评估公司以及资信评级、投资理财、经纪、租赁、代理等金融中介服务机构。积极推广涉及面广、功能较为完备的“金融超市”，为企业及金融机构提供多元化、全方位的服务平台，推动金融中介服务规模化、集约化发展。

(5) 加大金融机构引进力度

积极引入省外股份制（外资）银行、证券公司、期货公司、保险公司、信托公司、基金公司、金融租赁公司等金融机构到青海设立地区总部和分支机构，引导和鼓励各类产权交易机构落户或在青海设立分支机构，繁荣青海金融市场。应制定优惠政策，吸引全国股份制商业银行及外资银行入驻青海。完善中小企业融资担保体系，推动村镇银行等新型农村金融机构发展，鼓励发展地方性商业银行、信用社、信托公司、租赁、典当等多种中小型地方性金融组织。进一步开放金融市场，鼓励、引导和规范民间资本进入金融服务领域，形成多元、有序的市场竞争格局。

(6) 合理配置金融资源，促进金融服务向农牧区延伸

合理配置金融资源有助于全省经济的协调发展，各家金融机构应继续增加“三农”信贷投入，鼓励金融机构将当地的存款转化为对当地的信贷支持，推动金融资源要素向农牧区配置。积极引导金融机构在金融服务空白地区设立机构和营业网点，尽早实现农牧区金融服务的全覆盖。

(7) 创新金融服务方式和产品，不断拓宽金融服务领域

完善的金融服务方式和丰富的金融产品供给是推动金融业健康发展、满足企业及居民有效金融需求的前提条件。为此，要创新金融服务机制，不断推出新金融产品。积极拓展委托贷款、代客理财、信用证等中间业务，努力满足消费者多层次金融需求。积极培育战略性新兴产业、先进制造业、现代服务业、文化旅游业等信贷投放市场，不断拓宽金融服务领域。

2. 实施有差别的信贷政策，营造宽松的宏观环境

为实现可持续发展，一方面需要对青海金融机构实行差别存款准备金率，例如，对农村信用社实行较低的存款准备金率；对地方性商业银行——青海银行实行介于农信社和国有商业银行之间的存款准备金率。另一方面，应在金融机构准入、利率浮动及差别性考核方面给予倾斜。降低金融机构准入门槛，放松利率浮动范围，增加支农再贷款的限额和延长再贷款期限，对涉农金融机构实行差别性考核等。

3. 加大资本市场发展力度，拓宽直接融资渠道

（1）推动符合条件的优质企业上市融资

鼓励大中型企业到主板市场融资，支持中小企业通过创业板上市融资。支持具备条件的上市公司通过增发、配股等方式进行再融资。建立上市后备企业储备库，实行分类指导、动态管理，形成“培育一批、申报一批、发行一批”的上市后备企业梯队。积极推动企业上市融资及再融资。金融管理部门应建立上市后备企业储备制度，做好上市公司重组和再融资工作。鼓励盐湖股份、西部矿业等具备条件的上市公司通过增发、配股等方式进行再融资，推动符合条件的优质企业上市融资。证监局等部门应充分发挥监管与服务职能，邀请上交所、深交所专家开展调研，介绍新股发行制度和创业板规则，协助拟上市企业与中介机构对接，为双方互动提供平台。

（2）积极支持和推动上市公司并购重组工作

充分发挥上市公司的融资平台作用，通过向上市公司注入优质资产的方式，使其迅速做大做强。鼓励优质企业通过买壳或收购控股权等方式重组已上市公司，或通过并购重组的方式，彻底解决上市公司历史遗留问题，发挥互补优势，切实提高上市公司质量。

（3）鼓励符合条件的企业进行债券融资

鼓励上市公司发行公司债券、可转换债券。积极推动中小企业发行集合债券。扩大支持和引导符合条件的企业通过发行中期票据、短期融资券等债务融资工具，募集企业发展资金。鼓励金融机构积极创造条件申请发行次级债券等资本性债务工具和金融债券。鼓励企业积极参与和利用国内期货市场进行价格发现、套期保值、规避风险，使期货市场成为企业提高收入、控制成本、管理库存和稳定生产的重要工具。大力发展债券市场融资。丰富中小企业债券融资品种，继续发展中小企业集合票据，探索尝试发展中小企业集合债。积极探索发行科技债券，通过资本市场为企业融资开辟道路。发展地方政府债券融资，尝试发行热贡文化产业、循环经济、生态移民、藏区经济等主题债券，增强地方政府调节地方经济的能力，解决大规模经济建设中所

遇到的资金严重短缺问题。

（4）鼓励企业通过风险投资、股权投资等工具进行融资

吸引风险投资和股权投资机构来青海投资，带动战略性新兴产业发展。积极推动“三江源生态保护基金”“柴达木循环经济产业投资基金”“西宁国家级低碳产业投资基金”等专项基金和新兴产业基金的管理与运作。

4. 加快保险市场发展，积极探索保险创新

（1）健全保险组织体系和市场功能

支持各类保险公司到青海设立分支机构，重点发展养老保险、健康保险、农业保险和责任保险等险种。大力支持保险代理、经纪、公估等中介机构发展，发挥保险中介机构在销售服务、风险评估、查勘定损等方面的积极作用，提高保险市场的运行效率。

（2）进一步发展“三农”保险

运用政策扶持、保费补贴等手段，支持和促进政策性农业保险试点工作的开展，进一步扩大种植业保险和养殖业保险的试点范围。不断探索和完善农业保险经营机制和发展模式，通过设立地方性、政策性农业保险专用基金等方式确保农业保险的顺利开展。

（3）积极推进保险业务创新

积极探索保险机构创新适合青海经济社会发展的保险产品。切实加大保险资金在青海基础设施和重点项目建设中的投资，增加建设资金来源。加大保险服务创新力度，进一步推动小麦、油菜、马铃薯、蚕豆等大田作物保险和温棚保险、林业保险的扩面工作。不断改进能繁母猪、奶牛保险工作机制，逐步扩大奶牛保险的覆盖面，积极开展青稞、牦牛、藏系羊等藏区农牧业保险工作。积极开发适合地方经济社会发展特点的保险产品，不断扩大保险覆盖面，创新保险服务手段，提高服务能力，更好地发挥保险社会“稳定器”和经济“助推器”的作用。

5. 加强社会信用体系建设，构建良好的金融生态环境

（1）加强社会信用体系建设

按照建设“信用青海”要求，以金融业统一征信平台建设为切入点，大力推进和完善金融信用建设。进一步完善企业和个人信用评价制度，强化失信惩戒机制，地方政府协助金融机构消化历史沉淀的不良贷款，对不讲信用的企业和个人采取严格的惩戒措施。加快全省农村信用体系建设，推进“金融生态县”“信用村镇（乡）”“信用社区”创建工作。进行全省范围内的州地市（县）金融生态建设评比，评选优秀“金融生态安全区”“金融创新区”“金融生态县”。一是针对部分人员和一些地区诚信意识淡薄、信用环境差的

实际，各地政府、金融部门要加强联系，建立信息共享机制，加强信用建设宣传力度，大力开展创建农牧区信用社户、信用村、信用乡（镇）等活动，努力营造优化的社会信用环境，为金融支持经济搭建起畅通的平台。二是地方政府应继续推进金融安全区创建，建立以政府信用为核心的社会信用体系，加大失信惩戒力度，支持和协助金融机构清收欠款，保护金融机构合法权益。三是加强银行机构与人民银行个人征信系统的联结与互动，逐步实现贷款信息进入教育、社保、公安、工商等信息系统，推动社会信用体系建设。

（2）维护金融市场良好的竞争秩序

依法打击金融犯罪活动，大力打击逃废金融债务行为、骗保骗赔行为，加强金融债权司法保护。依法取缔非法集资、地下钱庄、地下保单、非法外汇、非法发行股票及证券交易等非法金融机构和非法金融活动。坚决打击金融欺诈、高利贷、非法买卖外汇、制贩售假人民币和洗钱等非法活动。加强典当、担保、寄售（寄卖）、非融资租赁信用评级等相关行业的发展规划。

（3）建立健全金融监管平台和制度

建立促进创新的金融监管平台与制度，形成和维护相对宽松的金融创新监管环境，建立政府相关部门与监管机构的信息共享的金融监管平台与制度，增强全省经济金融信息的对称性，实现经济综合部门与金融机构的无偿信息数据交流。促使金融机构建立起有效的风险防范机制，对金融风险进行有效识别、预测、防范和化解。抓好金融稳定工作，确保金融安全。加强与公、检、法、司及新闻单位之间的合作与协调，认真做好风险防范和舆论引导工作，加大打非工作力度。

（4）进一步完善金融法制建设

加强法制建设，加快地方金融立法步伐，促进金融业的健康发展，维护和保障地区金融安全和经济安全。

6. 完善金融监管体制，防范各类金融风险

（1）发挥各类金融机构防范金融风险的主体作用

鼓励和支持各金融机构进一步完善法人治理结构，提高内控管理水平，有效防范各类经营风险。进一步加强行业协会的建设，引导金融机构加强行业自律、合规经营。

（2）完善风险预警机制和应急处理机制

建立金融突发事件通报及金融风险预警通报制度，探索风险处置协调工作制度，进一步完善金融突发事件应急预案，落实风险处置责任。

（3）规范引导民间融资行为

切实改善投资环境，增强政策的透明度，加强对民间融资的监督和管理，

及时分析和监测民间融资情况，防止非法金融活动，促进民间融资健康发展。

（4）逐步建立与完善中央和地方双层金融监管框架

合理划分金融监管的边界，既不能出现金融监管盲区，也要尽可能避免重复监管。对于明确归“一行三会”监管的业务内容，地方金融管理部门要做好服务和协调工作，帮助中央金融监管部门更好地发挥监管引领作用，服务金融机构更好地发展。对“一行三会”监管不到的金融机构或业务，地方金融管理部门应承担起监管职责。此外，地方金融管理部门应承接中央金融监管部门交付给地方政府处置的一些案件和风险化解的工作，强化地方政府对地方中小金融机构的风险处置责任。

（5）完善地方金融管理部门和“一行三局”的沟通协调机制

进一步加强和完善金融稳定联席会议、金融形势分析会议、社会信用体系建设联席会议等联合协作机制。建立金融风险监督控制和预警体系，加强金融风险的前瞻性分析研究，及时发现重大金融风险的苗头，建立健全金融突发公共事件应急处置机制，形成及时、高效的金融风险处置机制。

7. 推进金融合作和创新，提升金融业服务水平

（1）鼓励和支持银行业金融机构做大做强

鼓励和支持各政策性银行、国有商业银行、股份制商业银行和地方银行业金融机构积极开展体制机制创新、组织模式创新、产品服务创新、技术手段创新，切实增强青海银行业金融机构的核心竞争力。加快省内金融市场体系、金融运行机制、金融运行管理等方面的全面对接，拓宽金融服务领域。

（2）突出金融对产业的服务和支持

加强政府部门与金融机构的沟通协调，充分发挥人民银行“窗口指导”的重要作用，营造有利于银行业优化信贷结构、增加有效信贷投放的良好政策环境。完善政银企长效合作机制，综合利用基金、贴息、担保等方式重点引导金融机构加大对柴达木循环经济试验区、三江源自然保护区、热贡文化生态保护区的支持，强化对支柱产业、特色产业、新兴产业、现代服务业的支持力度，切实保障骨干企业、重点项目信贷需求，加大对中小企业信贷资金的倾斜力度，逐步提高中小企业新增贷款占全部新增贷款的比重。

（3）推进农牧区金融业务创新

进一步完善支农、惠农、助农的金融政策，引导金融机构建立信贷“绿色通道”，简化贷款操作流程，提高贷款发放效率，为农牧区提供方便、快捷、高效的金融服务。加快组建新型农村金融机构，提高农牧区金融网点和服务覆盖率，引导商业银行加大对农牧区和县域经济的信贷支持力度。

二、青海金融业发展前景展望

2016年是实施"十三五"规划、全面建成小康社会决胜阶段的开局之年，也是推进结构性改革的关键年、攻坚年，做好金融工作意义重大。全省金融系统要全面贯彻落实党的十八大和十八届三中、四中、五中、六中全会及中央经济工作会议精神，以邓小平理论、"三个代表"重要思想、科学发展观为指导，按照"五位一体"总体布局和"四个全面"战略布局以及青海省委、省政府对金融工作的具体要求，从青海发展的阶段性特征出发，统筹稳增长、促改革、调结构、惠民生、防风险，紧紧围绕市场在金融资源配置中的决定性作用，深化改革创新，突出民生保障，强化风险防控，继续执行好稳健的货币政策，保持流动性合理充裕。加强货币政策与区域产业政策、财政政策的协调配合，改善和优化融资结构和信贷结构，增强金融运行效率和服务实体经济能力。加强风险监测和预警，牢牢守住不发生系统性、区域性金融风险底线。扎实做好全省金融支持精准扶贫工作，深入推进普惠金融、绿色金融、移动金融发展。优化金融生态环境，提升金融基础性服务水平，让现代金融服务更好地惠及青海广大人民群众，促进地方经济社会全面、协调、可持续发展，为实现"十三五"时期经济社会发展良好开局贡献力量。

到2020年，基本形成功能完善、结构合理、服务高效、开放适度、生态良好、安全稳健、更富有弹性的多元化现代金融体系。金融集聚效应明显增强，金融要素配置大幅优化，金融机构和市场体系更加健全，金融监管和协调服务机制进一步完善，金融风险得到有效防范和化解，金融服务实体经济效率和支持经济社会发展能力显著提高。

金融总量保持平稳较快增长。"十三五"期间，社会融资规模累计超过6000亿元，新增贷款累计超过4000亿元。到"十三五"末，贷款余额超过9000亿元，全省金融业增加值达到300亿元以上，占GDP比重达到10%左右。金融业作为支柱产业的地位得到进一步巩固和提升。

金融结构进一步调整优化。金融体系建设取得重要进展，融资结构不断优化，多层次资本市场在全省地方经济发展中的作用进一步凸显。到"十三五"末，直接融资累计超过1800亿元，占社会融资规模的比重达到30%。

金融机构改革进一步深化。市场化改革深入推进，核心竞争力明显提升。各金融机构驻青分支机构服务地方经济社会发展作用进一步凸显。农村信用社、青海银行、省信保集团等地方法人金融机构创新发展能力明显提升。

金融资源集聚成效显著。区域金融发展定位明确，金融机构、金融中介组织及各类金融要素集聚发展，银行、证券、保险、期货、基金等金融组织体系更为完善，金融资源配置优化，金融集聚和辐射效应增强。

金融风险总体可控。到“十三五”末，覆盖全社会的征信系统基本建成。金融机构资产质量保持较高标准。风险预警、防范和化解机制不断健全，金融生态环境进一步优化。

【专栏：青海省普惠金融综合示范区】

普惠金融是为社会各阶层和群体提供适当、有效的金融服务。小微企业、农民、城镇低收入人群、贫困人群和残疾人、老年人等特殊群体都是当前我国普惠金融重点服务对象。

为贯彻落实党的十八届三中全会和国家“十三五”规划关于发展普惠金融的重要部署，根据《中共中央国务院关于打赢脱贫攻坚战的决定》（中发〔2015〕34 号）以及国务院《推进普惠金融发展规划（2016—2020 年）》（国发〔2015〕74 号）等文件精神，提升青海省普惠金融服务水平，人民银行制定并印发了《青海省普惠金融综合示范区试点方案》（以下简称《试点方案》），提出了深化金融支持精准扶贫、推动绿色金融发展、推广金融科技运用、完善基础金融服务、加强宣传教育和科学组织推进等 7 个方面总计 23 项任务。力争通过 3 年建设，提升金融服务的覆盖率、可得性和满意度，形成金融支持精准扶贫与绿色发展可复制、可推广的青海模式。《试点方案》强调，发展普惠金融体系要瞄准精准扶贫和绿色发展，通过全面建立精准扶贫金融服务档案、完善扶贫开发主办银行制度、实施“530 信用贷款工程”、创新“四位一体”扶贫融资模式，提升金融服务覆盖率、可得性和满意度，为社会公众提供全面、高效、便利的金融服务，实现金融助推民族地区脱贫致富；通过优化绿色金融发展环境、支持“三江源国家公园”建设、开展绿色信贷导向评估，提高绿色金融服务水平。青海省普惠金融综合示范区的特点及主要目标如下：

特点：绿色普惠量体裁衣

由于区域地理条件、资源禀赋、经济社会发展差异较大，发展普惠金融不能采取“撒胡椒面”的方式，必须因地而异，坚持“量体裁衣”。从国际上看，普惠金融“明星”国家孟加拉国大力发展乡村银行（Grameen Bank），印度推广“自助小组+银行”，肯尼亚和赞比亚发展手机移动金融，巴西推广代理银行业务模式，俄罗斯则是开展全国性金融扫盲工作。从国内看，普惠金融蓬勃发展，实践中也体现出差异性，如我国第一个普惠金融综合示范区宁波大力发展移动金融，广东省和陕西省宜君县则重点完善农村金融基础设施建设。

青海省集西部、民族、贫困地区等特点于一身，是国家重要的生态安全屏障，特殊的省情决定了普惠金融发展必须考虑以下问题：一是生态地位极其重要，绿色生态资源惠及范围广；二是经济发展不平衡，生态功能区是金融服务薄弱区；三是产业结构“偏重”，绿色经济在融资市场处于弱势地位；四是制约因素多，普惠金融可持续发展难度大。2016 年 3 月，习近平总书记在全国“两会”期间参加青海省代表团审议时做出了“扎扎实实推进生态环境保护、扎扎实实推进脱贫攻坚、扎扎实实推进民族地区发展”的重要指示。为此，青海省发展普惠金融，需要以服务生态发展为出发点，把绿色生态理念贯穿到金融产品和服务模式创新发展中，着力打造绿色普惠金融体系，促进生态环境优化改善，使绿色资源产生的巨大生态效益、经济效益和社会效益惠及全国。

目标：精准扶贫绿色发展

为完善金融扶贫工作机制，青海金融业将加快推进精准扶贫金融服务档案创建工作，全面、动态掌握贫困户生产发展、贷款需求额度、用途期限等信息，争取在《试点方案》规定时间前完成全省金融服务档案创建任务。完善扶贫开发金融服务主办银行的筛选、管理、激励、考核等环节，推动主办银行积极创新扶贫开发金融产品和贷款管理机制。加大扶贫开发信贷政策导向效果评估力度，将评估结果与货币政策工具的运用结合起来，促进金融政策在青海省的有效贯彻落实。

与此同时，当地金融机构将继续加大扶贫信贷支持力度，创新金融服务模式。实施“530 信用贷款工程”，继续对通过信用评定的建档立卡贫困户，给予 5 万元以下、3 年以内的信用贷款，原则上执行基准利率；对新型农业经营主体、产业化龙头企业等发放的扶贫开发贷款，协调财政部门按照基准利率的 50% 和 30% 给予贴息。完善“金惠工程导入+村级信用体系建设+信用贷款+支农再贷款定向支持”的“四位一体”支农融资新模式，做好一般农牧户以及家庭农牧场、农副产品加工企业等新兴经营主体的融资服务工作，带动贫困户致富。推进“两权”抵押担保试点工作，创新湟源县“房屋抵押”思路，加快开展互助县、海晏县、门源县、乐都区、大通县“土地抵押”，形成以资产流转带动脱贫致富的新模式。推广以各类产权为标的的质押贷款模式，加快研发特色农产品、手工艺品、林下产品订单作为抵质押物的信贷产品。探索推动扶贫小额贷款保证保险，发挥银保联动机制在扶贫开发中的积极作用。

在支持“三江源国家公园”建设方面，当地金融机构将主动对接项目金融需求，加大信贷投放，支持沿途及园区公路、水电、垃圾污水处理等基础设施建设，强化园区现金存取、电子支付等金融服务能力，优化园区支付环境和基础金融服务环境，实现公园建设与周边人口聚集区金融服务的共享与互动，加大三江源地区节能减排、环境整治、美丽城乡建设等项目的融资支持力度，在重大生态工程建设项目过程中提高贫困人口的参与度和受益水平。

改变：打通“最后一公里”

在青海省普惠金融综合示范区建设中，随着金融机构改进涉农、涉牧、小微企业和城镇低收入人群、贫困人群的金融服务，建立支持“大众创业、万众创新”的融资新模式，青海省小微企业、农牧户、创业就业贷款户数将进一步增加，薄弱领域的信贷可得性将明显提高。

更为重要的是，当地金融机构下沉服务和网点，拓展惠农金融服务点功能，有助于完善城乡一体化的支付结算网络，明显增强人民群众对金融服务的获得感，显著提升金融服务满意度，实现城乡存取款、转账汇款、查询缴费、申贷还款等基础金融服务的全覆盖，满足人民群众日益增长的金融服务需求。尤其在青海省偏远农牧区，支付结算环境会得到进一步改善，将形成“基础金融不出村、综合金融不出镇”的服务能力，打通金融服务“最后一公里”，使每个人、每个家庭、每个阶层都能享受高效、便捷、个性化、均等化的金融服务。

青海省是我国多民族聚居地区，具有地广人稀、生态价值重要、生态建设任务艰巨等特殊省情，在青海省开展普惠金融综合示范区建设，不仅是推动精准扶贫和生态改善实现双赢的重要举措，也是人民银行为激发民族地区金融市场活力、提升金融服务水平而采取的有益尝试，对西部民族地区发展普惠金融，实现“创新、协调、绿色、开放、共享”发展具有重要的探索意义。到2018年底，全省将实现县域以上地区金融IC卡和移动金融非接商圈的全覆盖；实现农牧区手机银行个人客户年增长率达50%以上，农户信用档案建档率（含贫困户）达到70%以上；实现小面额现金供应主办网点在所有乡镇和重点行政村全覆盖。

第九章　青海精准扶贫研究

【学习目标】

1. 了解精准扶贫的概念、青海省贫困现状以及精准扶贫的主要做法和成就

2. 掌握青海省精准扶贫的指导思想、基本原则、总体思路和发展任务

3. 掌握精准扶贫的政策措施

精准扶贫是粗放扶贫的对称，是指针对不同贫困区域环境、不同贫困农户状况，运用科学有效程序对扶贫对象实施精确识别、精确帮扶、精确管理的治贫方式。习近平总书记指出，“扶贫开发推进到今天这样的程度，贵在精准，重在精准，成败之举在于精准”，“关键是要找准路子、构建好的体制机制，在精准施策上出实招、在精准推进上下实功、在精准落地上见实效”。

第一节　青海贫困现状分析

青海省是我国典型的集中连片特殊困难地区之一。由于自然条件严酷、各种灾害频繁、生态环境脆弱、产业结构单一、经济基础薄弱、公共服务短缺等因素，农牧民收入差距不断扩大，贫困相对突出，返贫现象严重，扶贫开发工作难度较大，脱贫攻坚任务仍十分艰巨。

一、贫困人口规模

根据“两线合一”[①] 的贫困标准，截至2015年底，全省共有建档立卡贫

① “两线合一”是指农村居民最低生活保障标准与当年国家扶贫标准“两线合一”。

困人口[①]约16万户、52万人，贫困发生率为13.2%，高于全国7.5个百分点，其中建档立卡贫困村1622个，7.95万户、28万人；非贫困村建档立卡贫困户8.05万户、24万人（如表9－1所示）。

表9－1 青海省贫困人口统计表

州市名	贫困户和贫困人口					
	总计		其中：贫困村		其中：非贫困村	
	户数	人数	户数	人数	户数	人数
合计	159961	519847	79470	280471	80491	239376
西宁市	22461	75968	12013	42246	10448	33722
海东市	47799	172643	27256	102598	20543	70045
海北州	7273	22775	3687	11998	3586	10777
黄南州	11911	43427	5582	21056	6329	22371
海南州	17236	52995	8583	27816	8653	25179
果洛州	10018	33299	5506	18004	4512	15295
玉树州	40528	112152	15448	53201	25080	58951
海西州	2735	6588	1395	3552	1340	3036

数据来源：《青海省“十三五”脱贫攻坚规划》，2016年

二、贫困人口的分布

由于特殊的地理、历史等原因，目前青海省贫困人口主要集中分布在三个层面：一是集中连片特殊困难地区；二是国家和省级扶贫开发工作重点县；三是建档立卡贫困村。

1. 集中连片特殊困难地区

青海省六盘山片区和青海藏区是我国集中连片特殊困难地区[②]之一，全省92%的贫困人口主要集中在这两大片区[③]。其中，青海省六盘山片区[④]共有贫困人口6.13万户、21.61万人，贫困发生率为14.02%，高于全省0.82个百

① 贫困人口识别是指以2015年农民人均可支配收入2970元（相当于2010年2300元不变价）的国家农村扶贫标准为识别标准，低于这一标准为建档立卡贫困人口。

② 集中连片特殊困难地区简称为连片特困地区，指《中国农村扶贫开发纲要（2011—2020年）》明确的新一轮扶贫攻坚主战场，全国共划分为14个片区，青海主要被列入六盘山片区和四省藏区。

③ 共济：《全国连片特困地区区域发展与扶贫攻坚规划研究》，人民出版社，2013。

④ 青海省六盘山片区主要包括西宁市的湟中县、湟源县和海东市的互助县、乐都区、民和县、化隆县和循化县。

分点，高于全国6.82个百分点；青海省藏区①共有贫困人口8.97万户、27.12万人，贫困发生率为18.14%，高于全省4.94个百分点，高于全国10.94个百分点。

2. 扶贫工作重点县

全省共有25个扶贫工作重点县。其中，15个国家级扶贫开发工作重点县，10个省级扶贫开发工作重点县。共有建档立卡贫困人口15.99万户、52万人。其中，8.68万户、28.71万贫困人口分布在15个国家级扶贫开发重点县；4.69万户、15.38万贫困人口分布在10个国家级扶贫开发重点县，分别占全省贫困户和贫困人口83.58%和84.82%，剩余部分分布在非国家、省定扶贫开发工作重点县（如图9-1所示）。

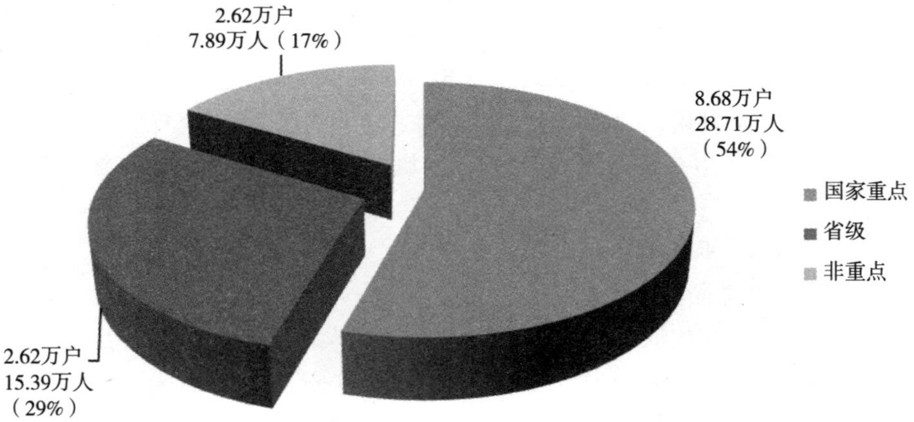

图9-1　贫困户及贫困人口分布图

3. 建档立卡贫困村

全省共有建档贫困村1622个，在全省六州二市均有分布，但主要集中分布在青海六盘山片区，占全省建档立卡贫困村总数的60%。共有7.95万户、28.05万建档立卡贫困人口主要分布在建档立卡贫困村，占总建档立卡贫困人口的53.95%。

三、贫困特征

青海省是全国集中连片特殊困难地区之一，经济社会发展整体水平仍然偏低，区域发展不平衡问题突出，贫困问题具有明显的“区域性、民族性、

① 青海藏区主要包括海北藏族自治州、黄南藏族自治州、海南藏族自治州、果洛藏族自治州、玉树藏族自治州以及海西蒙古族藏族自治州6个州的33个县（市、行委）。

特殊性、综合性”特征，“小集聚、大分散、程度深、返贫高、难度大”特点依然突出，具有贫困户、贫困村、贫困县、贫困区（片）等多级并存和空间分布格局。

1. 贫困区域分布比较集中

青海省有40个县（市、行委）属于全国连片特殊困难地区，有2个县为国家扶贫开发工作重点县，扶贫范围全覆盖。根据统计，现有47.98万贫困人口主要集中在干旱缺水、生态环境恶劣的东部干旱山区和青海藏区的偏远地区。

2. 致贫成因复杂，脱贫难度大

目前，青海省贫困问题是最难啃的硬骨头，自然条件、市场影响、政策因素与区域环境、个体素质等致贫原因复杂多样、相互交织。贫困人口中，22.6%因病致贫、6.7%因学致贫、6.0%因灾致贫、3.3%因残致贫，缺劳动力、缺技术、缺资金分别占22.2%、30.4%、42.9%，还有不少缺水、缺土地。全省剩余的贫困人口大部分仍然居住在干旱山区和高寒牧区，还有一些农牧户处于脱贫边缘，抵御自然和市场风险能力弱，脱贫攻坚难度大、成本高。

3. 贫困人口收入水平低，收入差距大

2015年青海省农牧民人均可支配收入仅为7933元，与全国农民人均可支配收入11422元相比低3489元，仅为全国农民人均纯收入的69%。全省贫困人口人均可支配收入为6861元，低于全省农牧民人均收入水平，仅占全省农牧民人均可支配收入的86%。在农牧民人均纯收入中，现金收入比例低，且大部分收入来源于政策转移收入，支出中用于生活的比重大，再生产的能力很弱。青海贫困地区农牧民人均可支配收入与城镇居民人均可支配收入之比为1∶3，城乡之间、地区之间发展差距大，不平衡问题突出。

4. 少数民族地区贫困人口比重大

青海是多民族聚居的省份。在全省15个国家扶贫开发工作重点县中，4个是民族自治县[①]，6个是民族自治州所属县[②]。少数民族贫困人口36.82万。因此，青海省的贫困问题在一定程度上是少数民族的贫困问题。

① 4个民族自治县是指大通回族土族自治县、民和回族土族自治县、化隆回族自治县、循化撒拉族自治县。

② 6个民族自治州所属县是指黄南州的泽库县、果洛州的甘德县、达日县、玛多县以及玉树州的杂多县、治多县、囊谦县和曲麻莱县。

5. 贫困人口综合素质低

由于贫困地区历史上形成的教育、科技、文化、卫生事业的落后状态还没有根本改变，因此，全省贫困地区的人口综合素质还很低，突出表现为文化素质低、身体素质差。全省贫困地区文盲、半文盲占52.8%以上，青南牧区高达70%以上；学龄儿童入学率、巩固率低。对于贫困人口而言，除了自己的劳动能力外，缺乏增加收入的劳动技能和手段，掌握和运用实用技术能力差，转移就业十分困难。加之，自然环境封闭、长期贫困等因素，群众的信息交流和生产手段比较落后，生产力发展缓慢，严重影响扶贫效益的发挥。

6. 农牧业产业化发展滞后

目前，贫困地区的农牧业产业化初步形成规模，但存在着品质不优、科技含量不高、对资源的利用率低等问题。同时，缺乏拥有精深加工的龙头企业，生产、加工、销售的产业链没有真正形成，缺乏深加工增值、缺少品牌效应带动，制约全省贫困地区农牧业产业化发展；农牧民专业合作组织缺乏凝聚力、吸引力；服务能力和规范程度有待提升，产业化龙头企业与农牧民的利益联结机制还不够紧密，带动能力不强。

第二节　青海致贫原因分析

“十二五”以来，青海省经过多措并举，先后实施了一系列的扶贫重大政策措施，使贫困地区面貌明显改善，贫困人口大幅减少，取得了显著成效。青海省是个集中连片特困地区的多民族省份，剩余贫困人口贫困程度更深、减贫成本更高、脱贫难度更大，脱贫攻坚正处于啃硬骨头、攻坚拔寨的冲刺阶段。因此，“十三五”时期，青海省打赢脱贫攻坚战提前实现整体脱贫面临一系列重点难点问题。

一、自然条件差、资源缺乏

青海省贫困地区生存环境十分恶劣，是全国生存环境最恶劣的地区之一。全省平均海拔偏高，地形地貌类型多样，气候变化无常，农牧业生产受自然环境和自然条件的约束较大，干旱、冰雹、霜冻、雪灾等各种自然灾害频频发生，轻则减产减收，重则劳而无获。特别是青南牧区自然环境严酷，生产条件极为艰苦，农牧业避灾设施建设滞后，遭受自然灾害的风险更大。草地生态局部好转、整体恶化的趋势尚未根本扭转，保护和建设草原生态的任务艰巨；耕地质量不高，中低产田面积大，产量低而不稳。贫困地区经济发展严重滞后，资源缺乏，自我发展能力十分有限，成为贫困人口难以实现脱贫的瓶颈。

二、基础设施和技术装备水平落后

交通、能源、通信等基础设施薄弱是青海省全面建成小康社会面临的基本困难之一，也是导致提前整体脱贫的不稳定和脱贫人口重新返贫的重要原因。农牧业基础设施和技术装备水平相对落后，农牧区发展相对滞后的局面尚未从根本上改变。农牧业生产缺乏大型骨干水利设施支撑，全省仍有一半左右的耕地没有任何灌溉设施，且水利设施老化失修严重，部分中小型水利设施不能正常发挥效益。草原畜牧业正处在由传统畜牧业向现代畜牧业转变的关键时期，但装备水平不高，全省农牧业生产“靠天吃饭”“靠天养畜”的局面尚未从根本上得到扭转，严重制约农牧业综合生产能力的提高和农牧业增长方式的转变。

三、贫困地区公共服务仍然不足

全省剩余的贫困人口大部分仍然居住在干旱山区、高寒牧区等特殊类型贫困地区，发展相对滞后，脱贫成本高，难度较大，需要移民的比例上升。据调研数据显示，全省建档立卡的1622个贫困村中无房户、危房户达4.2万户，占建档立卡户的28.2%；未通宽带（含有线、无线）共计158个。其中，重点贫困村100个、一般贫困村58个，涉及2.32万贫困户、116万农村贫困人口。1457个贫困村尚无标准化文化活动室，68个贫困村无卫生室，331个贫困村不通宽带，465个自然村不通电话，523个贫困村不通硬化路。住房难、行路难、饮水难、用电难、上学难、就医难、通信难等问题依然存在，贫困地区公共服务总体不足。

四、农牧民增收渠道比较窄，持续增收难度加大

全省贫困地区农牧业资源禀赋先天不足，人均耕地少、质量差、基础设施不配套、水资源利用严重不足，农牧民从结构调整中增收的空间和潜力小。新常态下经济下行压力加大，对农牧业稳定发展的挑战持续增大，农产品价格接近“天花板”① 和生产成本“地板”② 不断攀升的“双重挤压”持续凸

① “天花板”是指我国农产品的价格比国际上的一些优质农产品的价格还要高，已经达到了一个天花板。

② “地板”：是指农产品生产成本。

显，农牧业经济效益不断下降，导致贫困农牧民增收困难。同时，随着经济发展新常态和生态保护力度加大，二、三产业给贫困农牧民提供的就业机会开始下降，青海省六盘山片区，群众增收最有效、最直接的途径是外出务工，工资性收入占家庭总收入的60%以上。青海省藏区常住居民政策性收入、采挖虫草收入占到家庭总收入的80%以上，其经营性收入和劳务收入不足20%。全省贫困地区特别是集中连片特殊困难地区发展相对滞后，在加快整体脱贫的进程中，新旧矛盾相互交织，不平衡、不稳定、不协调的问题增多，导致贫困问题日益突出。

五、科技支撑体系不健全

全省贫困地区农牧民科技文化素质低，农技推广体系不健全，农民在发展种植业、养殖业等产业过程中遇到的问题得不到有效解决，经营粗放，基地标准化建设滞后，新品种、新技术得不到普遍推广运用。

六、农牧业劳动力结构性短缺

随着工业化、城镇化、信息化加快推进，从事农牧业的劳动力结构发生巨大变化，农村劳动力转移步伐加快，广大农村牧区青壮年劳动力大量外出。农牧业经营呈现出分散化、兼业化、副业化和劳动力老龄化、妇女化、低文化的趋势，与现代农牧业发展的要求极不相适应。

七、思想观念落后，能力素质低

由于受地理环境、自然因素、历史条件及风俗习惯等因素制约，人均受教育程度低，文盲率高，文化水平低、思想观念落后，接受新生事物的能力差，进一步加剧了贫困人口散杂居地区的边远性，人员交往、物资交流和商品输出更加困难。至今仍然保留传统的耕作方式，部分处于自给自足的自然经济状态，经济来源主要靠传统的种植业、养殖业和部分外出务工收入，“等、靠、要”思想仍然严重。特别是贫困地区教育卫生事业的相对落后所导致的人力资本积累水平低下是造成贫困现象的最根本因素。

第三节　青海精准扶贫措施

一、省委省政府高度重视，扶贫投入大幅增加

“十二五”以来，省委、省政府把扶贫开发摆在“奋力打造‘三区’、全

面建设小康”的战略大局统筹谋划，进一步把扶贫开发工作摆在更加突出的位置，加大资金投入，实施重点工程，累计投入财政专项扶贫资金95.2亿元，年均增长17.8%，是“十一五”时期的3.3倍。其中：中央专项扶贫资金71.1亿元，年均增长14.7%；省级扶贫资金24.1亿元，年均增长72.8%。

二、扶贫重点工程协同推进，大扶贫格局基本形成

1. 专项扶贫创新实施，突出稳定增收核心

注重建设持续稳定增收的扶贫产业，投资27.15亿元，在1942个规划村建设扶贫产业基地，带动辐射全省39.4万贫困户，贫困户年均增收1000元以上；投入资金2.6亿元，整合资金近20亿元，建设省县两级扶贫产业试验示范园15个，直接或辐射带动15个县的2.5万余户贫困户增收；投入藏区专项扶持资金4.2亿元，建设基地174处，直接带动5.2万户年均增收1500元以上。投资15.65亿元，实施易地扶贫搬迁项目，累计搬迁安置5.92万户、26.27万人。“十二五”期间累计培训贫困劳动力4.21万名，资助“两后生”、贫困大学生5.8万名。

2. 行业扶贫聚力攻坚，着力改善发展条件

“十二五”以来，省直各有关行业部门认真贯彻落实中办发25号文件实施方案和集中连片特殊困难地区实施规划，紧紧围绕村道畅通、饮水安全、农电保障、危房改造、特色产业、乡村旅游、教育扶贫、卫生计生、文化建设、信息化工作等十项扶贫攻坚重点工程，不断加大投入力度，农牧民生产生活基础设施条件和社会服务均等化水平明显提升。

3. 社会扶贫统筹推进，引导各界积极参与

“十二五”期间，13家中央国家机关定点扶贫单位落实帮扶资金8963万元，协调引进项目资金40806万元。全省2990个省州县三级定点扶贫单位投入帮扶资金38630万元，引进项目资金12.4亿元。全省46180名党员干部和各界人士，结对帮扶34465户贫困户，投入各类帮扶资金5982万元。辽宁省投入帮扶资金22554.6万元，实施各类援建项目98个。“十二五”期间，6个发达省市和18家中央企业落实援青资金达到54.31亿元，在藏区6州实施了以基础设施建设和民生改善为主要内容的各类对口援建项目。

三、改革创新扶贫开发机制，着力解决突出问题

1. 强化考核，增加权重

将提高贫困人口生活水平、改善贫困地区生产生活和生态条件、减少贫困人口数量等指标纳入连片特困地区党政领导目标责任考核体系，明确了贫

困县党委政府的主体责任。从2014年开始，对三江源地区的各县不再考核GDP，主要突出对生态保护、民生改善、扶贫开发的考核。2015年将生态保护和扶贫开发重点县、经济发展和扶贫开发重点县的扶贫工作考核权重平均提高到62.5%，高于国家60%的要求。

2. 精准识别，夯实基础

精心组织开展了建档立卡贫困户精准识别工作，全面掌握了贫困底数和分布状况。精准识别贫困村1622个、贫困人口16万户、52万人，为贯彻落实精准扶贫、精准脱贫战略奠定了基础。

3. 驻村联户，建好“管道”

按照“两到户、两覆盖”要求，与省委组织部联合印发《青海省扶贫开发干部驻村及联户工作实施方案》，全省抽调7865名干部组建1622个第一书记和驻村工作队开展驻村帮扶，9.7万余名党员干部以不同形式联户帮扶贫困村13.2万余户贫困户。

4. 银政合作，帮解“民忧”

为解决贫困群众贷款难、担保难、贷款贵的问题，青海积极探索财政扶贫资金“补改贷”运行模式。2014年以扶贫资金质押贷款方式，扶持贫困户发展特色产业，扶贫部门全额贴息。投入资金1.68亿元，在148个贫困村开展了金融扶贫试点，落实扶贫贷款18.6亿元。2015年创新建立了金融扶贫服务主办银行制度，着力扩大扶贫领域信贷投放。

5. 下放权限，强化督导

为确保资金投向科学精准，健全完善了以扶贫结果和贫困人口规模为导向的因素资金分配机制①。按照简政放权思路，将财政扶贫资金项目审批权限下放到县，资金切块到县，强化了县级政府的主体责任和省市州扶贫部门的监管责任。2014年以来切块下达资金29.7亿元，是全国第一个实现扶贫项目资金全部切块到县的省份。

6. 突出重点，聚力攻坚

按照解决最突出、最迫切问题的思路，投入财政扶贫资金6.37亿元，整合资金60亿元，实施了青甘川交界地区、果洛州、海北州牧区农事队、同德县、兴海县南部三乡等6个特殊类型贫困地区扶贫攻坚工程。其中，以超常举措、举全省之力、聚各类资源实施的同德县特殊类型三年扶贫攻坚，已落

① 因素资金分配机制是指依据脱贫成绩、工作成果以及贫困人口规模等因素进行财政扶贫资金分配。

实资金40.2亿元，实施综合扶贫攻坚项目近709个。“同德模式”做到了区域扶贫攻坚与精准扶贫的有机结合，为藏区扶贫攻坚提供经验借鉴。

7. 配备专干，强化“三基”

为解决基层扶贫队伍力量薄弱、人员不稳定等问题，协调省委组织部在全省360个乡镇配备了扶贫专（兼）职干事。同时，积极协调推进基层扶贫组织和机构建设，大部分市州、县扶贫部门实现了单设，配齐配强了班子，使全省扶贫干部队伍由2012年不足500人增加到了1500人。

第四节　青海精准扶贫主要成就

“十二五”特别是党的十八大以来，省委省政府将扶贫开发作为重大政治任务，坚定不移地贯彻落实党中央、国务院扶贫战略和决策部署，坚持精准扶贫与区域攻坚相结合，不断改革创新扶贫工作机制和方式，积极探索符合青海实际的扶贫开发新路径，精准扶贫工作取得了显著成效。

一、农村牧区贫困人口大幅减少

青海省扎实推进产业扶贫、整村推进、“雨露计划”等扶贫工程，“十二五”期间累计减少贫困人口104.6万人，年均减贫21万人，圆满完成减贫百万人口的目标任务。贫困发生率从2010年的37.6%下降到2015年的13.2%，年均降幅4.7个百分点。

二、贫困地区农村常住居民增收步伐加快

青海省贫困地区农村常住居民人均可支配收入从2010年的3464元增加到2015年的7933元，年均增长18%，比全省农牧民平均收入增幅高2.5个百分点。

三、贫困地区基础设施明显改善

贫困地区水电路建设全面提速，2015年青海省行政村道路通畅率达85%以上，大电网覆盖范围内自然村通电率100%，解决了43.98万贫困人口的饮水安全问题，37.2万户贫困农牧户住房条件得到改善，行政村通宽带率达92%。

四、基本公共服务水平持续提高

青海省农村新型合作医疗参合率、广播、电视综合人口覆盖率分别达到

98%、97%、97.5%。九年义务教育巩固率达93.02%，城乡最低生活保障基本实现应保尽保。

五、特殊类型扶贫攻坚成效凸显

青海省实施了同德、兴海县南部三乡、青甘川交界地区等特殊类型贫困地区扶贫攻坚工程，落实主体责任，统筹整合资金，凝聚多方力量，解决最迫切问题，形成了以“同德模式”① 为代表的典型经验，为藏区脱贫攻坚探索了路子、提供了借鉴。

六、扶贫开发机制创新取得新突破

青海省将深化改革作为推进工作、解决突出问题的根本动力。增加党政领导班子目标责任考核扶贫权重，建立完善了专项扶贫、行业扶贫、社会扶贫、援青扶贫“四位一体”② 的大扶贫格局和财政扶贫资金分配使用、金融扶贫等扶贫开发新机制，进一步增强了扶贫开发工作的针对性和有效性。

七、扶贫开发精准度不断提高

青海省各地积极实施精准扶贫，加大对贫困村贫困户的扶持力度，构建了精准扶贫、精准脱贫的工作体系，全面完成了扶贫对象建档立卡工作；会同省财政厅制定出台了《青海省扶贫开发项目审批权限下放管理办法（试行）》，提前了项目启动实施时间；完善了联点帮扶举措，党政机关和企事业单位定点扶贫覆盖所有贫困县乡，干部驻村帮扶和第一书记覆盖所有贫困村。

八、片区扶贫攻坚高位推进

片区所在地方承担了主体责任，项目资金投入力度进一步加大。总的来看，到“十二五”末，片区全部指标如期实现，贫困地区的就业、发展、住房等状况明显改观，公共服务水平不断提高，基础设施逐步完善，贫困地区发展基础不断夯实。

---

① “同德模式”是指青海在同德县实施了特殊类型扶贫地区的扶贫攻坚工程，形成的“同德模式”，其主要经验就是突出顶层设计，将分散资金统筹整合、集中投入产生的聚合效应，案例具体内容见本章第六节。

② “四位一体”是指专项扶贫、行业扶贫、社会扶贫和援青扶贫“四位一体”大扶贫格局。

第五节 青海“十三五”精准扶贫总体思路①

一、指导思想

全面贯彻落实党的十八大和十八届三中、四中、五中、六中全会以及中央扶贫开发工作会议精神，深入贯彻习近平总书记系列重要讲话精神，紧紧围绕“四个全面”战略布局和省委“131”② 总体要求，按照“四年集中攻坚，一年巩固提升”的总体部署，牢固树立创新、协调、绿色、开放、共享的发展理念，把精准扶贫、精准脱贫作为基本方略，坚持扶贫开发与经济社会发展相互促进，坚持精准帮扶与集中连片特困地区开发紧密结合，坚持扶贫开发与生态保护并重，坚持扶贫开发与社会保障有效衔接，采取特殊举措和过硬办法，抓紧落实“1+8+10”③ 脱贫攻坚政策体系，强力推进“八个一批”脱贫攻坚行动计划、“十个专项”行业扶贫方案，举全省之力，加大力度，加快速度，加紧进度，齐心协力打赢脱贫攻坚战，为全面建成小康社会创造必备条件。

二、基本原则

1. 坚持党政主导，分级负责

按照“省负总责、市（州）县抓落实”的管理体制，落实各级党委和政府对本地区整体脱贫、脱贫攻坚工作的主体责任，坚持问题导向和目标导向，倒排工期、挂图作战、强力推进。建立考核评价激励机制，确保脱贫攻坚各项任务落到实处。

2. 坚持精准扶贫，精准脱贫

坚持以“六个精准”统领贫困地区脱贫攻坚工作，瞄准贫困人口、找准穷根、因人施策、对症下药、靶向治疗，大力实施一批精准脱贫工程，提高精准扶贫、精准脱贫的针对性、有效性和可持续性。

“六个精准”是指对象要精准、项目安排要精准、资金使用要精准、措施

---

① 青海省扶贫开发局：《青海省“十三五”脱贫攻坚规划》，青海省人民政府办公厅引发，2016。

② “131”是指“十三五”时期，全省经济社会发展的总体要求，即实现“一个同步”、奋力建设“三区”、打造一个“高地”。

③ “1”是指青海省省委、省政府关于打赢脱贫攻坚战提前实现整体脱贫的实施意见；“8”是指8个一批扶贫行动计划；“10”是指10个行业专项扶贫方案。

到位要精准、因村派人要精准、脱贫成效要精准。

3. 坚持突出重点，分类指导

以解决贫困群众最关心的安居、乐业、有保障和制约贫困地区经济社会发展突出问题为重点，根据不同地区经济社会发展水平、扶贫对象现状，因地制宜制定脱贫攻坚政策，实行有差异的扶持措施。

4. 坚持创新机制，协调推进

以改革创新推动脱贫攻坚，健全完善与实现提前整体脱贫相适应的工作机制，协调推进整体脱贫、脱贫攻坚与新型工业化、信息化、城镇化和农牧业现代化、生态保护建设，着力促进贫困人口就业增收，逐步解决区域性整体贫困问题。

5. 坚持保护生态，绿色发展

牢固树立绿水青山就是金山银山的理念，把贫困地区生态环境保护摆在更加重要位置，探索生态脱贫有效途径。脱贫攻坚不能以牺牲生态为代价，推动扶贫开发与资源环境相协调，脱贫致富与可持续发展相促进，使贫困人口从生态建设与修复中得到更多实惠。

6. 坚持群众主体，激发动力

坚持群众主体地位，保障贫困群众平等参与、平等发展权利，充分调动贫困地区干部群众的积极性、主动性、创造性，发扬自强自立精神，依靠自身努力改变贫穷落后面貌。注重扶贫先扶智，增强贫困人口自我发展能力。

三、总体思路

根据省委扶贫开发工作会议提出的总体部署，按照“四年集中攻坚、一年巩固提升”的总体要求，总体思路是：实现“一个目标”、完成“三个确保”、坚持“六个精准”、实施“八个一批”、推进“十个专项”（简称“136810”）。具体就是，把握中央、省委提出的目标和要求，稳定实现农村牧区贫困人口“两不愁、三保障”① 的目标；确保现有标准下贫困人口全部脱贫，确保贫困村全部退出，确保贫困县全部摘帽；聚焦全省建档立卡贫困村、贫困户，做到扶持对象精准、项目安排精准、资金使用精准、措施到户精准、因村派人精准、脱贫成效精准；大力实施八个一批脱贫攻坚行动计划（即发展产业脱贫、转移就业脱贫、易地搬迁脱贫、生态保护脱贫、资产收益脱贫、

① “两不愁、三保障”是指《中国农村扶贫开发纲要（2011—2020 年）》提出针对扶贫对象的工作目标，即“到 2020 年”稳定实现扶贫对象不愁吃、不愁穿，保障其义务教育、基本医疗和住房。

教育支持脱贫、医疗救助脱贫、低保兜底脱贫)，加快贫困人口精准脱贫；大力推进十个行业扶贫专项方案（即交通扶贫、水利扶贫、电力扶贫、医疗扶贫、通信扶贫、文化惠民、金融扶贫、科技扶贫、电子商务和市场体系、农牧民危旧房改造)，加快补齐贫困地区发展短板。

四、主要任务①

1. 实施精准扶贫方略，加快贫困人口精准脱贫

（1）发展特色产业脱贫一批

因地制宜，制定贫困地区特色产业发展规划，将贫困户纳入现代农牧业产业发展体系，实施“一户一法”“一村一策”。提高户均产业扶贫投资标准，对有劳动能力和生产发展愿望的贫困人口，重点扶持特色种养业，充分尊重群众自主选择产业的权利，适宜发展什么就扶持什么，宜农则农，宜牧则牧，宜林则林，宜商则商，宜游则游。对有劳动能力，但自身没有经营能力的贫困人口，通过扶持农牧民专业合作社和龙头企业，发展特色种养、民族手工、乡村旅游、特色文化等优势产业，强化与贫困户的利益连结机制，通过扶持发展生产，实现就地脱贫。大力发展县域经济，支持发展农畜产品加工业，加快一二三产业融合发展，让贫困户更多分享农牧业产业链和价值链增值收益。加大对贫困地区农畜产品品牌推介营销支持力度。有条件的县要积极建立扶贫产业园，扶持建设一批贫困人口参与度高的特色农林牧业生产基地，辐射带动贫困地区和贫困户延伸产业链条，提高附加值。积极探索跨地区兴办扶贫产业。

（2）实施转移就业脱贫一批

实施职业技能提升和转移就业培训工程。统筹整合各类培训资源，开展订单、订岗、定向培训，推进培训、鉴定、输转一体化，支持有条件的贫困县建立综合培训平台。大力开展针对贫困劳动力的“雨露计划”培训、新型农牧民培训和职业学历教育资助工程，确保有意愿的贫困劳动力都能掌握一门致富技能，实现靠技能脱贫致富。将贫困户纳入创业促进就业扶持政策和创业贷款担保基金支持范围，支持贫困地区农民工返乡创业，落实好降低创业门槛、定向减税、普遍性降费、财政支持、金融服务、提供创业园平台等方面的优惠政策。大力开展贫困村致富带头人培训，增强带领贫困农牧民脱贫致富的示范引领能力，以创业带动就业，推动大众创业、万众创新。大力

---

① 资料来源于《中共青海省委青海省人民政府关于打赢脱贫攻坚战提前实现整体脱贫的实施意见》。

发展劳务经济，提高“拉面经济”“采摘枸杞”“新疆摘棉”等传统劳务品牌的带动效应，鼓励劳务经纪人和能人带动贫困劳动力务工就业。支持家政服务、物流配送、养老服务等产业发展，拓展贫困劳动力就业务工渠道。加强驻外劳务服务站和基地建设，完善职业培训、就业服务、劳动维权“三位一体”的工作机制。对在城镇工作生活一年以上的农牧区贫困人口，输入地政府要承担相应的帮扶责任，并优先提供基本公共服务，促进有能力的在城镇稳定就业和生活的农牧区贫困人口有序实现市民化。

（3）实施易地搬迁脱贫一批

以县为单位编制易地搬迁扶贫规划。对“一方水土养活不起一方人”的贫困人口，坚持“政府主导、群众自愿、积极稳妥、分类实施”的原则，采取行政村内就近集中安置、建设移民新村集中安置、依托小城镇、工业园区和乡村旅游区安置、插花安置和投亲靠友等其他方式安置。根据不同类型，采取差别化政策，适当提高搬迁贫困户户均补助标准，加大扶贫贷款跟进支持力度，减轻贫困户自筹负担。运用货币化移民模式，对愿意自主进城定居的贫困家庭，适当提高标准，给予一次性货币补贴。与贫困户同步搬迁的其他农牧户所需建房资金，通过整合易地搬迁建房补助、农村危旧房改造项目、政策性优惠贷款和农牧户自筹等方式统筹予以解决。移民集中安置区要结合高原美丽乡村、美丽城镇建设，统筹规划，合理布局，突出特色，同步配套建设水、电、路、网等基础设施，做好搬迁群众的后续管理工作，解决好医疗、社保、子女就学等问题，方便群众生产生活。统筹考虑搬入地土地、草场及生态承载能力，注重就近搬迁，完善搬迁后续产业扶持政策，确保搬迁对象有业可就、稳定脱贫。建立三江源地区易地搬迁群众后续产业发展扶持基金，加大对生活困难易地搬迁群众的产业发展扶持力度。建立易地扶贫搬迁用地手续办理审批绿色通道。落实城乡建设用地增减挂钩政策，对易地扶贫搬迁地区，优先安排城乡建设用地增减挂钩项目，其周转指标在优先保障本县范围内贫困农牧民安置和生产发展用地的前提下，节余指标可在本市（州）范围内有偿使用。探索农牧民进城落户和易地搬迁后自愿有偿退出的农村空置宅基地利用方式，以及有偿转让承包经营权机制。

（4）实施生态保护脱贫一批

坚持生态保护优先，建设生态文明先行示范区，积极探索生态保护脱贫的新路子。加快实施三江源生态保护和建设二期、环青海湖地区生态保护和环境综合治理、祁连山和柴达木水源涵养地、河湟地区生态环境治理等重大生态工程，在重大生态工程建设项目实施中，提高贫困人口的参与度和受益水平。加快推进中国三江源国家公园体制试点，形成可复制可推广的保护管理模式，国家公园内有劳动能力的牧户每户安排 1 名生态管护员。确保在三江源、祁连山等重点生态功能区内具备条件的贫困农牧户，每户有 1 人从事生态公益性管护工作。对农区重点林区、牧业乡村草场面积较大地区的贫困户，适当增加生态管护岗位。力争有生态保护任务的地区每个贫困户有 1 名生态管护员，以保生态增就业，实现稳定脱贫。在稳定现有生态补偿政策的基础上，健全完善湿地、草原、公益林等生态补偿机制，加大重点生态功能区转移支付力度。新一轮退耕还林还草工程项目要向贫困村、贫困户倾斜。进一步完善草原生态保护补助奖励政策。

（5）实施发展教育脱贫一批

加快实施教育扶贫工程，让贫困家庭子女都能接受公平有质量的教育，阻断贫困代际传递。“十三五”期间全面普及 15 年免费教育，大力发展职业教育。扩大学前教育资源覆盖面，支持农牧区贫困家庭幼儿接受学前教育，积极发展民族地区学前“双语”教育；改善中小学基本办学条件，加快标准化建设，强化贫困地区“控辍保学”① 工作，提高九年义务教育巩固率；普及高中阶段教育，加强有专业特色并适应市场需求的中等职业学校建设，让未升入普通高中的初中毕业生都能接受中等职业教育；高校招生政策向贫困地区倾斜，实行精准到县的专项招生计划。建立贫困家庭子女在西宁市初、高中学校异地上学制度。努力办好贫困地区特殊教育和远程教育。实施乡村教师支持计划，加强贫困地区教师队伍建设。加大对贫困地区基础教育投入力度，建立城乡统一的义务教育经费保障机制。从 2016 年春季开学开始，对藏区 6 州所有家庭和西宁、海东贫困家庭的学生实施 15 年免费教育，对学前 3 年免除保教费，对义务教育 9 年免除学杂费和教科书费，对寄宿生给予生活补助；对高中阶段 3 年（普通高中、中职）免除学杂费和教科书费，继续提供助学金；对就读高等院校的贫困家庭大学生加大资助和助学贷款力度，让贫困学子安心就学，不让一户脱贫户因学返贫，不让一个学生因贫失学。继续实施农牧区义务教育阶段学生营养改善计划。实施省内东部城市优质学校结对帮扶行动计划。发挥对口援青省市的智力优势，加大对藏区异地办学的支持力度，扩大异地办学规模。

（6）开展医疗保险和救助脱贫一批

推进贫困地区基本公共卫生服务均等化，构筑基本医疗保险、大病保险、医疗救助“三重医疗保障”，维护贫困人口健康权益，提高贫困人口健康素质，有效遏制和阻止因病致贫、因病返贫。实施健康扶贫工程，对贫困人口

① “控辍保学”是指控制辍学，保证学龄儿童都能上学。

实行基本医疗和大病保险制度全覆盖。对贫困人口参加城乡居民基本医疗保险个人缴费部分，由各级财政按比例承担，给予全额资助。完善重大疾病救助制度，将贫困人口全部纳入重特大疾病救助范围，加大医疗救助、临时救助、慈善救助等帮扶力度，降低贫困人口医疗救助起付线，最大限度减轻贫困人口的医疗负担。加强贫困地区残疾人康复服务。建立贫困人口健康卡，对贫困人口实行特殊医疗保障和救助政策。

（7）实行农村低保制度兜底脱贫一批

加强农村最低生活保障制度与扶贫政策的有效衔接，加大最低生活保障资金投入力度，在2015年底实现全省农村最低生活保障标准与扶贫标准“两线合一”。对无劳动能力的家庭以及经产业帮扶、就业帮助后仍无法摆脱贫困的特殊贫困人口和残疾人，实行政策性保障兜底。对符合条件的贫困家庭及时纳入最低生活保障范围，做到应保尽保。对因灾、因病等原因造成的临时致贫或返贫群众，加大医疗救助、临时救助等专项救助力度，减少因灾、因病返贫现象发生。建立民政与扶贫部门年度核查工作机制，对通过帮扶已经达到脱贫标准的农村低保户应及时退出低保范围。加快完善城乡居民基本养老保险制度，适时提高基础养老金标准，提高保障水平。健全完善贫困残疾人口生活和护理保障制度。

（8）资产收益脱贫一批

结合发展特色扶贫产业，在不改变用途的情况下，财政专项扶贫资金和其他涉农资金投入设施农牧业、特色养殖、乡村旅游、光伏建设等项目形成的资产，具备条件的可折股量化给贫困村和贫困户，尤其是发展产业选择难和无经营能力的贫困户。探索将扶贫资金通过量化折股的方式配置给贫困户，入股参加农林牧业龙头企业、农牧民专业合作社、家庭农牧场或互助资金组织等，创新带动贫困户增收的有效机制。运用政府购买扶贫社会服务方式，将财政专项扶贫资金委托给有社会责任、讲诚信、有实力的实体经济，开发把贫困户纳入旅游业、光伏业等业态的扶贫新模式，拓宽贫困群众增收渠道。结合城镇化和园区建设，通过产业扶贫项目，在市场需求旺盛的县域和中心镇异地建商铺旅社等，以房租等方式增加贫困户的资产性收益。建立完善对折股量化投入扶贫资金的监督管理机制，明确资产运营方对财政资金形成资产的保值增值责任，建立健全收益分配机制，确保资产收益及时回馈持股贫困村和贫困户。支持农牧民专业合作社和其他经营主体通过土地、草场等托管、牲畜托养和吸收农牧民土地、草场经营权入股等方式带动贫困户增收，建立长期受益的利益联接机制。贫困地区水电、矿产等资源开发，赋予土地、草场被占用的村集体股权，让贫困人口分享资源开发收益。

2. 加强贫困地区基础设施建设，加快补齐贫困地区发展短板

（1）着力改善贫困地区基础设施条件

优先解决道路、饮水、电力、通信等制约贫困地区发展的突出问题。实施贫困村路网畅通工程。加快推进贫困村通乡硬化路建设，三年内所有贫困村实现通畅。加强贫困地区抗旱水源建设、中小河流治理、山洪地质灾害防治及水土流失综合治理。实施饮水安全巩固提升工程，提高自来水普及率，适度提高集中供水率。加大农网建设力度，实现国家电网全覆盖。采取集中与分布相结合的方式，统筹解决项目建设用地和并网运行问题，加快推进光伏扶贫工程建设。运用有线、无线、卫星等协同覆盖方式，加快推进广播电视户户通和实现数字广播电视全覆盖。将有治理条件的贫困村优先纳入农村牧区环境整治和高原美丽乡村建设实施范围，集中开展村容村貌综合整治，加大贫困村改水改厕、垃圾处理、村庄美化绿化力度，建立长效保洁机制，全面提高农牧区净化美化水平。

（2）着力提升贫困地区基本公共服务水平

加强医疗卫生保障。加快贫困村卫生室建设，改造升级贫困村卫生室。强化贫困村医生队伍建设，加大业务培训力度，支持贫困地区实施全科医生特设岗位计划，提高基层医疗卫生服务水平。建立省级医疗机构结对帮扶贫困地区县级医院及乡镇卫生院制度，重点加强对包虫病等地方病、传染病、慢性病防控救治工作。全面实施贫困地区重大公共卫生项目，力争让贫困地区群众享有全省同等的基本公共卫生和基本医疗服务。实施文化惠民工程，加强贫困地区公共文化设施建设，整合资源，重点实施贫困村村级综合文化服务中心（广播站）建设项目，深入推进贫困地区文明村镇和文明家庭创建。继续实施农村公益电影放映工程。加快贫困地区社会福利和养老设施建设，在自愿的前提下对农村牧区“三无”人员实行集中供养，重视解决贫困地区留守儿童、留守妇女、留守老人问题。

（3）着力构建贫困地区科技服务体系

加快科技成果应用转化，大力推广增产增收新技术，健全完善农牧科技服务和技术推广体系。实施农牧业科技创新工程，开展贫困地区产业技术支撑、科技扶贫示范、科技人才支撑、科技信息支撑等行动，支持科技特派员开展创业式扶贫。实施“宽带乡村”工程。加大“互联网+”扶贫力度，推进贫困县电商扶贫，拓展特色农畜产品网上销售渠道。加快贫困地区物流配送体系和公益性交易市场建设，支持商务、邮政、供销社等系统在贫困地区建立服务网点，推动贫困地区农畜产品进城，促进工业消费品和农业生产资料下乡。加强农村牧区电商人才培训，对贫困家庭开设网店给予网络资费补助、小额信贷等支持，扩大信息进村入户的覆盖面。

第六节 青海精准扶贫案例：同德模式[①]

同德县地处海南藏族自治州东南腹地，土地总面积5001平方公里，总人口6.67万人，藏族人口占全县总人口的91.6%。长期以来，人均耕地和草场资源少、高寒缺氧、区位偏僻、交通不便、自然灾害频发、缺少二三产业支撑、整体发展水平低于全省藏区平均水平。2012年11月，青海省按照瞄准最困难地区、扶持最困难群众、解决最紧迫问题的思路，在海南州同德县实施了《同德县特殊类型三年规划》，决定用三到五年的时间解决同德县特殊类型贫困问题。通过加强基础设施建设、转变经济发展方式、培育特色优势产业、提高贫困群众自我发展能力、推进生态文明建设、推动基本公共服务均等化，使特殊类型扶贫攻坚工作取得突破性进展，实现了城乡社会发展的重大转型，为全面建成小康社会奠定了坚实基础。其主要经验就是突出顶层设计，将分散资金统筹整合、集中投入，产生聚合效应，并形成了“同德模式”。

在实践过程中，同德县通过采取分策扶贫、资源整合、特色发展、民生保障、制度建设、联点负责等一系列措施，有重点、有步骤、较为系统地进行了扶贫攻坚的探索和创新。一是以“三三布局”战略为蓝图，推动县域经济跨越式发展。①将三分之一的牧户搬迁到县城定居，牧户在原有的草场耕地承包关系不变的基础上，以入股方式从专业合作社取得牲畜和草场的股份分红，同时在县城新区建设扶贫开发农贸市场和购置铺面为农牧民转产转业提供创业平台，鼓励农牧民从事对外租赁、交通运输、商贸餐饮等行业进城创业以增加收入；②将三分之一的牧户（2170户）搬迁到各农业点新建住房与原有牧户集中定居，引导和鼓励牧户将草场、牲畜、饲草料通过入股方式获得分红，合作经济组织将所有劳动力组织起来，分别在养殖小区从事牛羊育肥、生猪养殖，以扩展增收渠道；③剩余三分之一的牧户在原有草场，通过草场流转牧户逐步向现代家庭牧场发展。二是以资源整合为平台，整体扭转贫困落后面貌。同德县围绕基础设施、产业发展、民生改善、社会事业发展与公共服务和能力建设五大类扶持项目，积极发挥各部门优势，有效整合游牧民定居、危房改造、奖励性住房、易地扶贫搬迁、人畜饮水、村道建设等项目资金，实现了资源整合和协同作战。这种整合资源协同作战的扶贫模式，从根本上扭转了该县的贫困面貌。三是以特色产业发展为核心，增强农

① 张西明等：《“精准扶贫”成果汇编》，青海省社科联，2016。

牧民发展能力。同德县依托当地的草地资源、畜种资源和高原农作物资源，大力发展高原有机牦牛、绵阳育肥、肉牛养殖、生猪繁育、珍珠鸡养殖等特色种养业，着力打造饲草料、牛羊肉、有机肥料、乳制品、藏服、石雕、民族工艺品等特色产品加工园区，推动了产业集约化、组织化、规模化发展，有效带动贫困农牧户增收。四是大力发展“一村一品”产业培育，发展壮大村集体经济。同德县通过国家扶贫产业园、省级扶贫产业园的建设、加大招商引资力度，采取企业带动和帮扶的方式，带动了村集体经济发展，提高了贫困户自我发展的主动性和积极性。五是以民生保障为基础，创建民族团结进步先行区。同德县始终坚持从思想教育和制度建设两方面入手，突出抓好治安环境整治，全力维护社会和谐稳定。探索建立健全城乡居民基本医疗保障、重特大疾病二次补助、大病医疗救助和大病商业医疗保险“四道保障线”，进一步完善了各类新型救助制度。六是以制度建设为保障，建立项目后期管理长效机制。同德县加强制度建设，不断完善项目管理机制，逐步建立了扶贫项目选择、论证、审批、实施、验收、审计、后期管理机制，贫困人口的建档立卡机制，县级领导及部门联点帮扶的保障机制，绩效考核激励机制和村民自我管理机制等扶贫项目后续管理“五大”长效机制，并制定了《同德县特殊类型三年扶贫攻坚建设项目纪检监察监督实施办法》，对扶贫攻坚工作进展情况进行专项督查，全方位接受社会各界的监督。七是以联点负责为抓手，落实干部考核激励机制。同德县委、县政府制定下发了《关于选派干部组成工作组驻扶贫攻坚示范村（社区）开展项目建设工作的通知》，抽调 26 名县级领导干部具体负责项目村建设，形成了由 1 名县级领导联点、1 名乡镇班子成员牵头负责、1 名县直机关干部和 1 名包村干部具体负责的四级干部联动共建格局，实行了“领导包片、单位包村、干部包户”的工作机制。同时建立健全了考评体系和奖惩机制，将工作成效作为干部考核、选拔任用和奖惩的主要依据，为按时间、高质量完成目标任务提供了有效的工作保障。

经过三年特殊类型扶贫攻坚，同德县落实各类扶贫资金 40.2 亿元，实施项目 709 个，使 3.69 万名农牧民摆脱贫困，创造了 6 个全省牧区第一，成为全省牧区第一个全面解决人畜安全饮水和农林灌溉用水问题的县，第一个实现县乡村三级路网和生产生活用电全覆盖的县，第一个实现公共医疗卫生、教育文化基础建设、村综合办公服务中心、广播电视和网络宽带全覆盖的县，第一个牧民全部实现定居、全面解决危房户和无房户问题的县，第一个实现全县行政村产业发展和村级集体经济全覆盖的县，第一个提前达到退出贫困县标准的县。“同德模式”是集中力量办大事、精准扶贫与区域发展相结合的成功典范，为民族地区脱贫攻坚提供了借鉴。

参考文献

[1] 陈希凤，李三鱼，李新鹏．对青海金融业现状的调查［J］．西部金融，2009，2.

[2] 丁生喜，王晓鹏等．基于人口—经济—生态协调发展的青海省新型城镇化研究［J］．生态经济，2015，3.

[3] 方创林．区域发展战略［M］．北京：科学出版社，2001.

[4] 冯云庭．城市经济学［M］．2 版．大连：东北财经大学出版社，2008.

[5] 辜胜阻．非农化及城镇化理论与实践［M］．武汉：武汉大学出版社，1999.

[6] 高新才，姜安印．西北区域经济发展蓝皮书［M］．北京：人民出版社，2008.

[7] 郭京福，毛海军．民族地区特色产业论［M］．北京：民族出版社，2006.

[8] 国务院．物流业发展中长期规划（2014—2020 年）［Z］．2014.

[9] 共济．全国连片特困地区区域发展与扶贫攻坚规划研究［M］．北京：人民出版社，2013.

[10] 青海省商务厅．2015 年调研课题汇报［R］．2015.

[11] 青海省人民政府办公厅．关于印发加快我省物流业发展政策措施的通知［Z］．2014.

[12] 青海省扶贫开发局．青海省“十三五”脱贫攻坚规划［Z］．2016.

[13] 青海省人民政府．青海省人民政府关于促进金融业发展的意见［Z］．2015.

[14] 青海省地方志编纂委员会．青海省志·金融志（1986—2005）［M］．西宁：青海民族出版社，2014.

[15] 青海省地方志编纂委员会．青海省志·金融志［M］．合肥：黄山书社，1997.

[16] 郝寿义，安虎森．区域经济学 [M]．北京：经济科学出版社，1999.

[17] 郝鹏．政府工作报告 [R]．青海省第十二届人民代表大会第五次会议，2016.

[18] 金元欢，王建宇等．区域经济学 [M]．浙江：浙江大出版社，2001.

[19] 江小涓，杨圣明，冯雷．中国对外经贸理论前沿Ⅲ [M]．北京：社会科学文献出版社，2003.

[20] 省统计局综合处．凝心聚力　劈波斩浪　共创辉煌——建国65年来青海省经济社会发展成就综述 [J]．青海统计，2014，10.

[21] 李勇等．青海科学发展之路研究 [M]．西宁：青海人民出版社，2013.

[22] 刘永利，董春风．西北五省区现代物流与对外贸易发展的协调效应研究 [J]．铁道运输与经济，2016，7.

[23] 刘永合．青海州地金融机构"一行一品"发展探析 [J]．青海金融，2012，10.

[24] 马震．西部地区城镇化发展模式 [J]．柴达木开发研究，2013，4.

[25] 牛旺林．现代物流管理的观念及流程 [J]．商场现代化，2010，5.

[26] 诺思．制度：制度变迁与经济绩效 [M]．上海：格致出版社，2008.

[27] 欧瑞军，汪金祥．青海省金融业发展的问题及对策 [J]．青海金融，2013，3.

[28] 裴长洪．中国国际商务理论前沿（6）[M]．北京：社会科学文献出版社，2011.

[29] 孙翠兰．区域经济与新时期空间经济发展战略 [M]．北京：中国经济出版社，2006.

[30] 宋东水．产业经济学 [M]．北京：高等教育出版社，2005.

[31] 孙久文，叶裕民．区域经济学教程 [M]．北京：中国人民大学出版社，2003.

[32] 孙凌宇．新常态下格尔木工业经济发展的路径探析 [J]．攀登，2015，5.

[33] 吴殿廷．区域经济学 [M]．北京：科学出版社，2008.

[34] 王飞．区域经济学 [M]．山西：山西人民出版社，2006.

[35] 王一鸣．中国区域经济政策研究 [M]．北京：中国计划出版

社，1999.

［36］王燕，谢芬兰．推进青海新型城镇化发展的建议［J］．青海统计，2014，5.

［37］王朝良．宁夏区域经济［M］．北京：中央广播电视大学出版社，2011.

［38］王兴顺．金融支持青海民族地区经济发展策略研究［J］．青海社会科学，2009，5.

［39］杨自沿．对外贸易与经济增长相关性分析［C］．探索　求真　创新——中央党校九九级党员领导干部在职研究生（青海班）毕业论文集，2001.

［40］杨慧青．青海推进城镇化建设的对策措施［J］．经济研究导刊，2014，24.

［41］卓玛措．青海地理［M］．北京：北京师范大学出版社，2010.

［42］赵衍亮等．青海保险业可持续发展研究［J］．青海金融，2014，4.

［43］张忠孝．青海地理［M］．北京：科学出版社，2009.

［44］张金锁，康凯．区域经济学（第二版）［M］．天津：天津大学出版社，2003.

［45］张西明等．“精准扶贫”成果汇编［C］．青海省社科联，2016.

［46］中共青海省委关于制定国民经济和社会发展第十三个五年规划的建议［R］．中共青海省委十二届十次全体会议，2015.

［47］中共青海省委青海省人民政府关于打赢脱贫攻坚战提前实现整体脱贫的实施意见［Z］．2015.

后　记

《青海区域经济》一书从提出策划到编辑出版，历时半年多，由省内知名专家和青海电大多位教师参与编撰完成，全书共9章，近30万字。杨自沿同志担任主编，从整体策划、框架结构、编写团队组建等方面多加指导，并亲自审稿。青海广播电视大学的那小红教授、王照侠副教授担任副主编，负责全书的统稿、组织与实施。

本教材各章编写人员如下：第一章、第二章，青海广播电视大学那小红、王照侠；第三章，青海广播电视大学王嫚、青海省委政策研究室张继宗；第四章，青海省经济和信息委员会田斌、青海广播电视大学丁翠英；第五章，青海广播电视大学李成霞、青海省委政策研究室张继宗；第六章，青海广播电视大学杨自沿；第七章，青海广播电视大学白羽、青海省商务厅尹青文；第八章，青海广播电视大学文湘、青海省金融办芮立平；第九章，青海省扶贫开发局农业资源区划研究所李穗英。在本教材的编写过程中，我们还得到了青海省委政策研究室、青海省经济和信息委员会、青海省商务厅、青海省金融办等有关部门领导、专家和学者的大力支持，在此一并表示由衷的感谢！

《青海区域经济》作为青海广播电视大学各专业（本科生、专科生）通识课程教材使用，也可作为普通高校相关专业学生学习和认识青海经济的参考书。

由于水平有限，书中难免会有疏漏和不妥之处，敬请读者批评、指正。

编　者

2017年2月